btb

Buch

Sie war eine der bedeutendsten deutschen Malerinnen und zugleich eine der unterschätztesten: Paula Modersohn-Becker (1876–1907). Bis heute hat sich hartnäckig das Bild von der gefühlvollen jungen Frau gehalten, die in der Idylle der niedersächsischen Künstlerkolonie Worpswede zu Herzen gehende Briefe schrieb und Porträts von Kindern malte. Anderen gilt die Tragik ihres kurzen Lebens und ihrer Ehe mit dem bekannten Landschaftsmaler Otto Modersohn (1865–1943) als beispielhaftes Frauenschicksal des ausgehenden 19. Jahrhunderts, in dem die eigene Selbstverwirklichung als Künstlerin an der klassischen Frauenrolle und den sozialen Zwängen der Zeit scheiterte.

Doch wer war diese Frau wirklich? In ihrer grundlegenden, mit Briefen und Tagebuchaufzeichnungen dokumentierten Biographie deckt die Autorin bisher verborgene Seiten der außergewöhnlichen Persönlichkeit Paula Modersohn-Beckers auf und zeichnet ihre eigenwillige künstlerische Entwicklung nach. Anhand von teilweise unbekanntem Quellenmaterial schildert sie die Höhen und Tiefen eines kurzen, aber ungeheuer intensiven Lebens an der Schwelle zum 20. Jahrhundert.

Autorin

Marina Bohlmann-Modersohn ist in Bremen geboren und arbeitete nach ihrem Sprachenstudium an der Sorbonne für die Pariser Redaktion des »Spiegel«. Langjährige Arbeitsaufenthalte führten sie nach London, München und Hamburg. Marina Bohlmann-Modersohn ist verheiratet, hat zwei Kinder und lebt heute als freie Autorin bei Bremen.

Marina
Bohlmann-Modersohn

Paula Modersohn-Becker
Eine Biographie
mit Briefen

btb

Umwelthinweis:
Alle bedruckten Materialien dieses Taschenbuches
sind chlorfrei und umweltschonend.

btb Taschenbücher erscheinen im Goldmann Verlag,
einem Unternehmen der Verlagsgruppe Bertelsmann.

3. Auflage
Genehmigte Taschenbuchausgabe Juni 1997
Copyright © der Originalausgabe 1995
by Albrecht Knaus Verlag GmbH, München
Umschlaggestaltung: Design Team München
Umschlagfoto: Otto-Modersohn-Museum, Fischerhude
Satz: Filmsatz Schröter GmbH, München
RK · Herstellung: Augustin Wiesbeck
Made in Germany
ISBN 3-442-72169-5

*«Denn irgendwo ist eine alte Feindschaft
zwischen dem Leben und der großen Arbeit.»*

Rainer Maria Rilke

Inhalt

Prolog, Dresden-Friedrichstadt und die Schwachhauser Chaussee in Bremen
Seite 9

«Was meine Gedanken jetzt am meisten beschäftigt»
Seite 17

«Ich lebe jetzt ganz mit den Augen»
Seite 33

«Worpswede, Worpswede, Du liegst mir immer im Sinn»
Seite 47

«Gott sage ich und meine den Geist, der die Natur durchströmt»
Seite 65

«Ich muß doch ruhig meinen Weg weitergehen»
Seite 87

«Und mein Leben ist ein Fest, ein kurzes, intensives Fest»
Seite 113

«Denn daß ich mich verheirate, soll kein Grund sein, daß ich nichts werde»
Seite 126

«Und daß ich dieses Muß in meiner Natur habe, dessen freue ich mich»
Seite 150

«Und ist es vielleicht nicht doch besser ohne diese Illusion?»
Seite 166

«Ich werde etwas»
Seite 186

«Mir wird das Stillesitzen hier manchmal sehr schwer»
Seite 213

«Dieses unentwegte Brausen dem Ziele zu,
das ist das Schönste im Leben»
Seite 233

«Die Kunst ist schwer, endlos schwer. Und manchmal
mag man gar nicht davon sprechen»
Seite 248

«Wenn man nur gesund bleibt und nicht zu früh stirbt»
Seite 268

Dank · Quellennachweis · Bildnachweis ·
Literaturverzeichnis · Register
Seiten 281–287

PROLOG

Dresden-Friedrichstadt und die Schwachhauser Chaussee in Bremen
1876–1892

Der 8. Februar 1876 war ein stürmischer Tag. Das königliche Dresden lag unter dunklen, schnell dahinziehenden Wolken, schwere Schauer wechselten mit Schneegestöber. Schon seit Tagen war die Elbe vom Sturm aufgewühlt. Eisschollen trieben an ihren Ufern entlang. Das Hochwasser – man konnte es den Wasserstandsanzeigen auf der Königin-Carola-Brücke entnehmen – stieg bedrohlich. Rund um die Uhr war Carl Woldemar Becker damit beschäftigt, seinen Leuten Anweisungen zu geben, wie die erst vor kurzem unter seiner Leitung fertiggestellten Bahndämme am Fluß zu schützen seien, die aufgrund des heftigen Wellenschlags an manchen Stellen bereits einzubrechen drohten. Die Lage war heikel. Nicht nur große Summen standen auf dem Spiel, sondern auch der Ruf Carl Woldemar Beckers als Bau- und Betriebsinspektor der Berlin-Dresdener Eisenbahngesellschaft.

In der Wohnung der Familie Becker im ersten Stock des Hauses in der Schäferstraße 42/Ecke Menageriestraße in Dresden-Friedrichstadt wartete die dreiundzwanzigjährige Mathilde Becker unterdessen auf die Geburt ihres dritten Kindes. Die Wehen hatten schon vor Mitternacht eingesetzt und waren in den frühen Morgenstunden so stark geworden, daß die werdende Mutter glaubte, jeden Moment könne das Kind kommen. Pausenlos rüttelte der Sturm an den Fenstern des Eckhauses. Die kleine Flamme in der gläsernen Petroleumlampe flackerte unruhig. Wann nur würde es endlich vorbei sein? Um kurz vor elf Uhr mittags war es soweit: Mathilde Becker brachte ein Mädchen zur Welt. Sein Name: Minna Hermine Paula.

Ungern hatte Carl Woldemar Becker seine Frau in dieser Situation allein gelassen. Sein Blick beim Abschied war sorgenvoll gewesen, ängstlich fast. Zwar kümmerte sich eine Pflegerin um die junge Wöchnerin, aber sie war ungeschickt und der dramatischen Lage so wenig gewachsen, daß Mathilde Becker die Anwesenheit dieser Frau eher lästig als hilfreich empfand und den Augenblick herbeisehnte, da ihr Mann wieder bei ihr wäre.

Nur wenige Tage nach der Entbindung verspürte die junge Mutter plötzlich einen starken Schmerz in der rechten Brust. Sie bekam hohes Fieber. Der Hausarzt diagnostizierte eine Brustentzündung. Die Geburt ihrer Tochter Paula war die einzige ihrer insgesamt sieben Geburten, von der sich Mathilde Becker erst ein halbes Jahr später erholen sollte.

Noch im Geburtsjahr des Kindes, das am 17. April vom Diakon Frommhold der Friedrichstädter Matthäuskirche in seinem Elternhaus getauft wurde, verließen Carl Woldemar und Mathilde Becker die Schäferstraße und zogen in die nahegelegene Friedrichstraße in das Haus Nr. 46 um, das der Witwe des sächsischen Ingenieurs Professor Johann Andreas Schubert gehörte. Besonders schön war es in diesem Viertel nicht. Industrieunternehmen begannen sich anzusiedeln. Erst kürzlich war die Friedrichstadt zum Fabrikbezirk erklärt worden. In den Erdgeschossen der alten, mehrstöckigen Häuser hatten Schuster und Schneider, Drechsler und Eisengießer ihre Werkstätten, Metzger und Möbelhändler ihre Läden. Nur vereinzelt fand sich ein bürgerliches Haus.

Aber von seiner geräumigen Dienstwohnung in der Friedrichstraße hatte es Carl Woldemar Becker nicht weit bis an seinen Arbeitsplatz, denn Friedrichstadt war der Spezialbahnhof der Eisenbahnlinie Berlin–Dresden mit einem Güter- und Rangierbahnhof und einem Ausbesserungswerk. Es war ein großes Gelände mit breiten Gleisanlagen. Lokomotiven pfiffen schrill, Lastkarren rumpelten über die Bahnsteige. Ununterbrochen dröhnten die Hammerschläge der Werkleute. Von der eisernen, vom Ruß der Schlote und Züge geschwärzten Eisenbahnbrücke hatte man einen weiten Blick: Drüben, im Südosten, hob sich die Silhouette der königlichen Residenzstadt Dresden gegen den lichtblauen Himmel ab. Türme und Kuppeln, Brücken und Terrassenanlagen. Das Schloß, Kirchen, Museen und ein prächtiges Hoftheater. «Blühe, deutsches Florenz, mit deinen Schätzen der Kunstwelt! Stille gesichert sei Dresden – Olympia uns!» So hatte Johann Gottfried Herder die Stadt während seiner Aufenthalte an den grünen Ufern der Elbe gefeiert.

Das Schönste am neuen Beckerschen Zuhause war der große Garten. Ein Garten mit vielen schmalen Sandwegen, verwunschenen Ecken und Blumenbeeten, auf denen Narzissen und Reseden, Goldlack und Levkojen blühten. Still war es hier, und es duftete warm und üppig. Paula, das Kind, liebte diesen Garten, in dem ein alter Schuppen stand. Sie liebte auch den Spielplatz des Großen Ostrageheges an der Elbe nördlich der Friedrichstadt, wo sie und ihre Geschwister am Strand Butterbemmen aßen. Oft machten Carl Woldemar und Mathilde Becker mit ihren Kindern einen Ausflug zum Carolasee im Großen Garten und ließen sich in der Gondel über das Wasser schaukeln, und zu den größten familiären Vergnügungen gehörte die alljährlich im Sommer auf den Elbwiesen oberhalb Dresdens stattfindende Volkswiese, ein buntes Fest mit Buden und Karussells. An warmen Sommertagen bestiegen die Beckers am Sonntag die Droschke und fuhren hoch zum «Weißen Hirsch» vor den Toren der Stadt mit seinen großen Waldparks, Wanderwegen und Freiluftbädern.

Als Paula zehn Jahre alt war, hatte sie in der freien Natur eines der einschneidenden Erlebnisse ihrer Kindheit: Beim Spielen in einer großen Sandkuhle in Hosterwitz bei Dresden mit ihren beiden Lieblingscousinen Maidli und Cora Parizot, erstickte die elfjährige Cora unter einer zusammenstürzenden Sandgrubenwand. «Wir konnten uns retten», wird Paula Becker später an Rainer Maria Rilke schreiben. «Dieses Kind war das erste Ereignis in meinem Leben. (...) Mit ihr kam der erste Schimmer von Bewußtsein in mein Leben.»

Paula Becker wuchs mit fünf Geschwistern auf. Da war ihr Bruder Kurt, der Erstgeborene, der 1873 auf die Welt kam. Ihm folgte 1874 Bianca Emilie, Milly genannt. Der Bruder Günther wurde 1877 geboren, 1880 Hans. Dieses Kind starb mit zwei Jahren an den Folgen einer Diphtherie. Die beiden Jüngsten waren die 1885 geborenen Zwillinge Herma und Henry. Die Bindung unter den Geschwistern war groß. Die wohl engste Beziehung aber sollte Paula zu ihrer fast um zehn Jahre jüngeren Schwester Herma haben.

Der Vater entstammte einer deutsch-baltischen Familie. Carl

Woldemar Becker wurde 1841 in Odessa am Schwarzen Meer geboren und wuchs dort auf. Sein Vater, Paul Adam von Becker, hatte es als Sprach- und Literaturwissenschaftler an einer Hochschule in Odessa zu Ansehen und Wohlstand gebracht. Er war zum kaiserlich-russischen Staatsrat ernannt und geadelt worden. Die Familie Becker gehörte, wie die meisten der in die baltischen Länder Rußlands Ausgewanderten, zur führenden gesellschaftlichen Schicht. Sie war deutschsprachig und pflegte durch Korrespondenz und viele Reisen die Verbindung zur Heimat. 1862 kehrte Paul Adam von Becker mit seiner Familie nach Dresden zurück.

Während seiner Jugendjahre in Rußland war auch Carl Woldemar Becker oft auf Reisen gewesen. Er hielt sich in Paris und London auf, lernte Französisch und Englisch und sprach fließend Russisch. Einen gewissen herben Akzent im Deutschen würde er nie ablegen können. Trotz seiner literarischen Neigungen galt sein überwiegendes Interesse den neueren Naturwissenschaften, so daß sich der junge Mann schließlich zu einem technischen Studium entschloß. Er wollte Ingenieur werden. Im Zeitalter der zunehmenden Technisierung und Industrialisierung ein Beruf mit Zukunft, wie er glaubte. Die Entscheidung des Sohnes wird bei Paul Adam von Becker zwar nicht gerade auf Widerstand gestoßen sein, aber erklären können hat er sie sich wohl kaum. Schließlich gehörte seine Familie einer Gesellschaftsschicht an, aus der vorwiegend Gelehrte und Geistliche, Juristen und vielleicht noch Ärzte hervorgingen. Aber auch Woldemar Beckers Bruder Oskar wählte einen Weg, der dem Vater nicht recht gewesen sein kann. Am 14. Juli 1861 unternahm der Student Oskar Becker auf der Lichtentaler Allee in Baden-Baden einen Attentatsversuch auf den preußischen König: «Seine Majestät» habe der Einigung Deutschlands im Weg gestanden, lautete die Begründung für die Aktion. Oskar Becker wurde zu zwanzig Jahren Zuchthaus verurteilt. 1866 begnadigte ihn König Wilhelm I.

Nach Abschluß seines Studiums fand Carl Woldemar Becker eine Anstellung bei der Berlin-Dresdener Bahn, die ihren Hauptsitz in Dresden-Friedrichstadt hatte. Der Beginn, davon ging er aus, einer verheißungsvollen Beamtenlaufbahn. 1872 heiratete der einunddreißigjährige Bahnbeamte die 1852 geborene Mathilde von

Bültzingslöwen. Die zwanzigjährige Tochter des bis 1866 in Lübeck stationierten Offiziers Adolph Heinrich Ludwig Friedrich von Bültzingslöwen hatte zwar einen guten Schulabschluß, ansonsten jedoch keine weitere Ausbildung. Aber das junge Mädchen war intelligent, wach, wissensdurstig und sprachbegabt. Mathilde las gern, liebte das Theater, die Musik, die Malerei. Ihre drei Brüder hatten sich in Übersee eine Existenz aufgebaut.

Der Zusammenhalt zwischen den Familien Becker und von Bültzingslöwen, die beide aus dem sächsisch-thüringischen Raum stammten, muß außergewöhnlich stark gewesen sein. Die Bereitschaft der begüterten Verwandten, den weniger wohlhabenden Familienmitgliedern zu helfen, war groß. Diese Tatsache sollte sich auf den Lebensweg der jungen Paula Becker noch entscheidend auswirken.

Im Jahr 1888 siedelten Carl Woldemar und Mathilde Becker mit ihren Kindern in die norddeutsche Hanse- und Handelsstadt Bremen über. Aus beruflichen Gründen. Bei der «Preußischen Eisenbahnverwaltung im Bremischen Staatsgebiet» übernahm Carl Woldemar Becker wieder den Posten des Bau- und Betriebsinspektors.

Ein fremder Arbeitsplatz. Eine fremde Stadt. Eine vorwiegend von alteingesessenen Patriziern und wohlhabenden Handelsherren geprägte, hanseatisch verschlossene Gesellschaft, die Fremden den Zugang schwermachte. In der Beckerschen Dienstwohnung im Hause Schwachhauser Chaussee 29, wieder eine Wohnung mit Garten, ging es vergleichsweise bescheiden zu. Aber Mathilde Becker verstand es hervorragend, in ihrer heiter-herzlichen und liebevoll-anteilnehmenden Art Menschen auf Anhieb für sich zu gewinnen. Es gelang ihr sehr bald, interessante Kontakte herzustellen und das neue Bremer Zuhause zu einem Ort regen kulturellen Austausches und zu einem Zentrum für einen großen Freundeskreis zu machen. Heinrich Vogeler, der junge Kaufmannssohn aus Bremen, gehörte dazu. Der Kunsthistoriker Gustav Pauli, der 1905 Direktor der Bremer Kunsthalle wurde, und der Schriftsteller Rudolf Alexander Schröder kamen häufig. Eine enge Freundin Mathilde Beckers war Christiane Rassow, die Tochter des Bremer Bürgermeisters Friedrich Grave und Frau des späteren Senators Gustav Rassow. Sie engagierte sich ganz besonders stark für das vor allem vom Kunstverein und vom Künstlerverein geprägte kulturelle Leben in der Hansestadt und setzte sich für die Gründung eines Mädchengymnasiums in Bremen ein. Die Freunde mochten Mathilde Beckers Begeisterungsfähigkeit und Phantasie. Wenn es um die Gestaltung von familiären oder öffentlichen Festen ging, war sie diejenige, die ideenreich zu organisieren verstand. Gemeinsam wurde gesungen und gemalt, gedichtet und Theater gespielt. Innerhalb des weitverzweigten Becker-Bültzingslöwischen Familienverbandes spielte Mathilde Becker eine zentrale Rolle.

Carl Woldemar Becker mag die temperamentvolle, gelegentlich auch zu schwärmerische und deshalb oft oberflächlich wirkende Art seiner Frau nicht immer behagt haben. Der eher streng wirkende, aber in Wirklichkeit warmherzige und gütige Woldemar Becker war ein introvertierter Mensch, ein ernster, stiller Mann, mit einem ausgeprägten Pflichtbewußtsein und Verantwortungsgefühl, der zu Schwermut und Depression neigte und als schwierig und gelegentlich hart in seinem Urteil galt. Für die wilhelminische Zeit jedoch und im Vergleich zu der Mehrzahl seiner Mitbürger aus dem liberalkonservativen Lager war er ein ausgesprochen aufgeschlossener, geistig reger Mensch, der neben seinem Interesse am technischen Fortschritt auch einen ausgeprägten Sinn für philosophische Fragen und künstlerische Themen hatte.

Paula Beckers Kinder- und Jugendjahre fielen in die sowohl politisch als auch kulturell bewegte Zeit des deutschen Kaiserreichs unter Wilhelm I. und Reichskanzler Bismarck. Der industrielle Fortschritt und das damit heranwachsende Industrieproletariat, wissenschaftliche Forschung und Entdeckungen veränderten die Gesellschaft von Grund auf. Die Städte wurden größer, die Maschine begann, den Menschen zu ersetzen. Während die Fabrikarbeit am Fließband für die Frauen aus der Arbeiterschicht zunehmend selbstverständlich wurde, galt die Berufstätigkeit von Frauen in den kultivierten bürgerlichen Kreisen immer noch als nicht «gesellschaftsfähig». Ihre Töchter wurden allenfalls zu Erzieherinnen oder Lehrerinnen ausgebildet. Als «Gouvernanten» konnten sie die Zeit bis zu ihrer Ehe sinnvoll überbrücken, und sollten sie unverheiratete «Fräulein» bleiben, war ihnen so eine gewisse ökonomische Unabhängigkeit gesichert.

Die nationale Politik des deutschen Kaisers wirkte sich auch auf die Kunst in Deutschland aus. Ebenso wie in den übrigen europäischen Ländern prägte die akademisch bestimmte Natur- und Genremalerei den Geschmack des ausgehenden Jahrhunderts. Großformatige Historienbilder und romantische Landschaften schmückten die Wände der Museen und repräsentativen Bauten. Gegen die Kunstpolitik der Gründerzeit revoltierten die meisten Künstler in Deutschland erst zu Beginn der neunziger Jahre, als sich in Frankreich und England bereits eine Avantgarde zu bilden begann, Impressionismus und Symbolismus sich formten. Mit ihren Sezessionsgründungen in Berlin und München lehnten sich Maler wie Max Liebermann, Walter Leistikow und Lovis Corinth gegen das von oben verordnete pathetisch-nationale Denken auf und setzten sich für mehr künstlerische Freiheit ein. Die Maler forderten eine stärkere Auseinandersetzung mit den künstlerischen Entwicklungen jenseits der Grenzen Deutschlands, insbesondere Frankreichs.

Paris wurde zum Wallfahrtsort.

1. KAPITEL

«Was meine Gedanken jetzt am meisten beschäftigt»
1892–1895

Frühjahr 1892. Nur wenige Tage nach ihrer Konfirmation, am 7. April, packt die sechzehnjährige Paula Becker ihre Koffer und geht in Begleitung ihres Vaters an Bord des großen Schiffes, das in Calais auf die Reisenden nach England wartet.

Das Gedränge ist groß. Alle Plätze sind besetzt, als der Dampfer zu den Klängen einer Blaskapelle ablegt. In den Gängen türmt sich das Gepäck, die Luft ist schlecht. Paula versucht sich einen Weg auf das Oberdeck zu bahnen. Sie hat ihren kleinen grünen Hut ganz fest auf den Kopf gedrückt, damit ihn der Wind nicht davonträgt. Darunter das Haar, zu einem Zopf geflochten, der rötlichbraun schimmert.

England! Wenn Paula hätte entscheiden können, stünde sie jetzt nicht an Deck dieses Schiffes. Warum diese Einladung nach England? Bei Tante Marie werde sie es gut haben und viel lernen, hatten die Eltern sie zu ermutigen versucht und Paula vorgeworfen, sie mache sich keine rechte Vorstellung von der Realität des Lebens. Sie müsse doch, wie es sich für ein Mädchen aus bürgerlichem Haus gehöre, Englisch lernen und kochen und auch in den wichtigsten hauswirtschaftlichen Dingen Bescheid wissen. Wie gerne wäre Paula zu Hause geblieben! Gerade jetzt, nachdem die Schule abgeschlossen war, hätte sie endlich mehr Zeit zum Zeichnen gehabt.

In England war die Halbschwester Woldemar Beckers, Marie Bekker, mit dem wohlhabenden britischen Kaufmann und einstigen Plantagenbesitzer Charles Hill verheiratet. «Willey» hieß der großzügige Wohnsitz der Hills, ein Gut in der Nähe Londons. Tante Marie, von all ihren Tanten Paula die liebste, muß eine warmherzige und fürsorgliche, zugleich aber auch sehr strenge Frau mit äußerst klaren Vorstellungen von der standesgemäßen Ausbildung und Erziehung eines jungen Mädchens gewesen sein. Sprachen lernen, einen Haushalt führen können – das war das eine. Aber es gehörte auch dazu, daß ein Mädchen Klavier und Tennis spielen konnte und zu reiten verstand.

Paula macht alles, was Tante Marie von ihr verlangt. Sie setzt sich sogar an die Nähmaschine. Weißnähen, Wäsche durchsehen, flikken, säumen. Spaß macht ihr die Hausarbeit nicht unbedingt. Aber, so tröstet sich die Sechzehnjährige über die an sie gestellten Forderungen hinweg, ihre Hände sind nicht ungeschickt, und schaden kann ihr diese Schulung auch nicht. Zu ihren liebsten Aufgaben zählt Paula das Melken. «Cowslip» heißt die ihr anvertraute Kuh. Sehr bald schon weiß das Stadtkind aus Bremen, wie man Milch zu Butter verarbeitet. Freitags ist immer Buttertag. Ihrer Großmutter Cora von Bültzingslöwen berichtet die Enkelin aus England:

Meine liebe Großmama,
eben habe ich zwölf ganze Pfund Butter gemacht, ganz allein, ich bin natürlich furchtbar stolz darauf.
29. Juli 1892

Das Gut der Hills lag in einer besonders schönen, von dichten kleinen Wäldern, satten Wiesen und vereinzelten Gewässern geprägten Landschaft. Wann immer es ihr die Zeit erlaubte, suchte Paula eine stille Lichtung am Waldrand auf, die sie bereits bei ihren ersten Streifzügen durch die Umgebung entdeckt hatte. Sie liebte es, dort in der Stille zu sitzen. Stundenlang, das Strickzeug in der Hand, ein Buch oder den Skizzenblock. Einfach nur schauen, beobachten. Das war das Schönste. Eichhörnchen. Kaninchen. Das Spiel der Tiere, ihre Bewegungen. «Neulich habe ich mir kleine Kaulquappen gefangen und habe sie mir alle Tage angesehen, wie sie sich zu Fröschen entwickelten. Das war riesig interessant», schrieb Paula nach Hause. Mit schnellem Strich versuchte die Sechzehnjährige auch die Tierwelt auf dem Hillschen Gut festzuhalten:

(...) aber wenn ich eine Gans halbfertig hatte, legte sie sich hin, und als ich von einem Pferde den Kopf gerade gezeichnet hatte, wurde es in den Stall geführt, und soviel Phantasie habe ich natürlich nicht, daß ich mir das Übrige dazu denke.
7. August 1892

Immer stärker wird der Wunsch zu zeichnen. Paula, in fremder Umgebung eher zurückhaltend, fast scheu, faßt sich ein Herz und spricht den Onkel an. Ob er ihr Zeichenkurse in London ermöglichen könne? Sie möchte so gerne weiterkommen, lernen. Charles Hill antwortet nicht sofort, aber die Ernsthaftigkeit, mit der das Mädchen seinen Wunsch vorträgt, gefällt ihm. Merkt er, daß es seiner Nichte um mehr geht als nur die Kultivierung ihrer künstlerischen Fähigkeiten zum Zwecke innerer Erbauung? Ahnt er, daß Paula der Umgang mit dem Zeichenstift, mit Pinsel und Aquarellfarbe mehr bedeutet als nur eine angenehme Ergänzung zu so alltäglichen Tätigkeiten wie Stricken, Nähen und Melken?

Anfänglich erhielt Paula Becker nur private Skizzenstunden, «Sketching hours», wie dieses Übungszeichnen genannt wurde. Zeichnen in der Natur, Landschaften mit brauner Sepiatusche oder Wasserfarbe. Tiere, dann auch Blumen und Früchte. Ab Mitte Oktober durfte sie, sicher auch auf Veranlassung Carl Woldemar Beckers, Kurse an der Londoner «School of Arts» belegen. Wenn sich seine Tochter schon so eifrig der Kunst widmete, mochte der Vater gedacht haben, sollte sie auch einen wirklich soliden Grundunterricht im Zeichnen bekommen. Die «School of Arts» gehörte zu jenen Kunstschulen Londons, auf denen sich die Schüler für die Aufnahmeprüfung an der staatlichen Kunstakademie vorbereiten konnten.

Paula Beckers Lehrer war ein Mr. Ward, ein Mann mittleren Alters, der sich selbst gern reden hörte und seine Eleven nicht mit Lob zu überschütten pflegte. Aber sein Unterricht gefiel Paula. Tag für Tag, von zehn Uhr in der Früh bis nachmittags um vier, saß die Malschülerin aus Bremen, ihr Kleid mit einer großen Schürze schützend, auf dem hohen Hocker vor der Staffelei und übte sich im Zeichnen. Arme, Hände, Finger, Beine. Dann folgten ganze Figuren. Männliche und weibliche Körper, stehend, sich beugend oder sitzend. Kohlezeichnungen von Köpfen nach Kopien griechisch-römischer Götter, Dichter, Denker.

Paula war die Jüngste unter der Vielzahl von Schülern, eine dilettierende Anfängerin unter Fortgeschrittenen, auch vielen Talenten, wie sie ihrer Familie gegenüber anerkennend feststellte. Sie wußte selbst, wie weit zurück sie noch war, aber dieses Bewußtsein hemmte sie

nicht. Im Gegenteil. Sie fühlte sich angeregt, ihren Ehrgeiz herausgefordert. «Was meine Gedanken jetzt am meisten beschäftigt», schrieb Paula an die Eltern nach Bremen, «sind natürlich die Zeichenstunden.»
Mathilde Becker reagierte hocherfreut!

Lieb Herz, wie glücklich macht es mich, daß Du so gründlichen Zeichenunterricht bekommst! Es ist mein großer Wunsch, daß Du alle Energie auf dies Feld konzentrierst, und ich bin Onkel Charles überaus dankbar, daß er Dir dies Glück zuteil werden läßt. Und nun, daß Seel und Leib gleichmäßig gut bedacht werden, noch Reitstunden obendrein! (...) Paule, Paule, ein braunes Reitstundenkleid mit 'ner Norfolkjacke! Das muß ja entzückend aussehen, und ich würde meine kleine Deern am Ende kaum erkennen!
24. Oktober 1892

Wie ungeduldig die Familie in Bremen auf Proben ihres Könnens wartete, wußte Paula. Aber würden sie sich nicht alle über sie lustig machen? Die Vorstellung, ihre Zeichenversuche könnten zum Gegenstand allgemeinen Spotts werden, verunsicherte sie, und natürlich hätte sie am liebsten gar nichts geschickt. Sollten sie doch noch warten! Als Paula schließlich nach Hause schrieb und eine Kostprobe ankündigte, war die Antwort des Vaters überraschend ermunternd. Es klingt fast so, als habe Carl Woldemar Becker zu diesem Zeitpunkt bereits mit dem Gedanken gespielt, seine Tochter zur Zeichenlehrerin ausbilden zu lassen:

Dein heutiger Brief kündigt uns demnächst Proben Deiner Fortschritte im Zeichnen an. Ich freue mich recht auf Deine Studienblätter. Wenn ich auch schonungslos kritisiere und nur über das Fehlerhafte mich aufhalte, so übersehe ich das Gute deshalb nicht. Meine Natur ist aber einmal so angelegt, daß mir die Fehler vor dem Guten auffallen. Es ist das kein liebenswürdiger Zug meines Charakters, aber wer kann sich in seinen alten Tagen noch ändern, wer mit seiner Meinung zurückhalten. Du mußt daher meinen Tadel gar nicht so empfindlich hinnehmen. Sage Dir immer, daß

zu jedem Schlechten doch auch etwas Gutes, was verschwiegen wird, dazu kommt, und laß in Deinem Eifer nicht nach. Solltest Du wirklich Talent zum Zeichnen und Malen haben, so werde ich gewiß gern versuchen, Dir auch hier in Deutschland noch Unterricht geben zu lassen, damit Du später auf eigenen Füßen stehen kannst. Bei dem jähen Wechsel, dem wir bezüglich der Glücksgüter in unserem Zeitalter unterworfen, bei der angestrengten Arbeit, die der Kampf ums Dasein mit sich bringt, muß jedes Mädchen danach streben, sich zur Not selbständig zu machen.
21. November 1892

Im Hause der Hills, in dessen Umgebung viele Familien mit einer noch weitaus größeren Kinderschar lebten, als Paula es von ihrem Bremer Freundeskreis gewohnt war, herrschte ein ausgesprochen reger Alltag. Kaum ein Tag verging, ohne daß nicht irgendwelche Gäste zum Tee erschienen oder Reisende sich überraschend ankündigten. Gemeinsam wurde Tennis gespielt, geritten; man versammelte sich zu großen Picknicks, machte Ausflüge nach London, ging ins Theater, tafelte am Abend in dem großen Speisezimmer. Lesestunden am Kamin schlossen sich an.

Novellen, Biographien. Thackeray, Scott. Manchmal wirkten die vielen Menschen, die vielen Gespräche ermüdend auf Paula. Dann verzog sie sich am liebsten und nicht immer zur Freude ihrer Tante gleich nach dem Abendessen in ihr Zimmer. Zum Lesen. Oder Schreiben.

Die meisten Briefe Paula Beckers aus ihrer Zeit in England waren an die Eltern gerichtet. Nicht, daß sie besonders gern schrieb. Im Gegenteil. An ihren «Schreibfreitagen» war ihr Herz manchmal «ganz zu». Was hätte sie darum gegeben, sich in solchen Augenblicken nicht an den kleinen Sekretär setzen zu müssen, der in ihrem Zimmer stand. Aber im Beckerschen Haus wurde die regelmäßige Korrespondenz zwischen den Familienmitgliedern draußen in der Welt und denen, die daheim geblieben waren, nicht nur als allgemeines Bildungsgut verstanden, sondern auch als Pflicht. Post von den Kindern wurde pünktlich zum Sonntag erwartet. Am schönsten war es, wenn der Briefträger gleich mehrere Kuverts aus seiner braunen Tasche zog! Einen Brief von Günther vielleicht, einen von Kurt.

Und wenn Paula geschrieben hatte, war das für Mathilde Becker ein besonders feierlicher Augenblick, den es zu zelebrieren galt. Die Mutter, die für sich ganz allein das Recht in Anspruch nahm, die Briefe ihrer Kinder zu öffnen, legte die Post neben ihren Frühstücksteller auf den sonntäglich gedeckten Tisch, und erst nachdem sie ihre Morgentoilette gemacht und der Familie den Tee eingeschenkt hatte, griff sie zum Brieföffner und zog die gefalteten weißen Bögen aus den Kuverts.

Kurt. Nun hatte er also doch geschrieben. Der gute Junge! Aber der Vater schien nicht ganz zufrieden mit seinem Sohn. Wie unvollständig seine an Kurt gerichteten Fragen beantwortet waren. «Du verlangst auch zuviel», erregte sich Mathilde Becker und blickte ihren Mann verständnislos an. «Kann der arme Junge auch jedes Mal einen Waschzettel voll Fragen beantworten!» Auch Paula kam häufig nicht viel besser weg als ihr Bruder. «Lauter Kritzelkratzel», beklagte sich nun die Mutter und fragte sich, warum die Briefe, die ihr die Tochter aus Schlachtensee geschrieben hatte, viel netter waren: «Damals bekam man einen Einblick in ihr Leben, und sie entwickelte manchmal so netten Humor; jetzt enthalten ihre Briefe nur wenig; sie geht nicht aus sich heraus, sie schreibt ihren Eltern ebenso, wie sie jedem anderen Fremden schreibt. Das Kind muß Heimweh haben.»

Paula hat Heimweh. Natürlich merkt sie, wie bemüht Tante Marie um sie ist, wie gut sie ihre Sache machen will. Sie kann es sich selbst kaum verzeihen, daß sie die Anweisungen der Tante nur noch selten mit Lust befolgt, daß ihre Geduld zu schwinden droht und sie sich immer mehr dem Einfluß Marie Hills zu entziehen versucht. Wie undankbar sie sich vorkommt! Aber Paula fühlt, wie sich ihr Inneres mehr und mehr aufzulehnen beginnt. Warum, so fragt sie sich, warum verlangt man von ihr, Dinge zu tun, für die sie sich einfach nicht interessieren kann? Es fällt Paula schwer, ihre Stimmungen nach Hause mitzuteilen. Aber sie muß es tun. Sie möchte hier weg.

Ich denke jetzt doch manchmal, ich habe Heimweh, und manchmal bin ich mit Tränen eingeschlafen. (...) Wenn Ihr mir eine Liebe tun wollt, so sprecht in Euren Briefen gar nicht davon. Ich

finde, je weniger man davon spricht, je besser ist es. Ich habe es Euch nur geschrieben als Grund für meine langweiligen Briefe, ich schwimme ja nicht immer in Tränen, aber ich werde so langweilig und gleichgültig. Ich komme mir jetzt manchmal so alt vor. (...) Ich habe jetzt auch wieder mehr Kopfweh und bin so müde. Aber das wird schon vorübergehen. – Ich geb' mir Mühe, hier recht viel zu lernen, damit ich unsern Haushalt recht gut führen kann, damit ihr recht gemütlich und zufrieden seid, ich weiß wohl, daß Ihr letzteres nicht immer über mich sein könnt. Doch nun will ich nur schließen. Ich habe lange darüber nachgedacht, was besser wäre. Es ganz allein abmachen oder Euch schreiben. Vielleicht ist es doch besser, Ihr wißt es, als daß Ihr denkt, ich wäre oberflächlich.
19. August 1892

Kopfweh, Müdigkeit, Schwindel. Melancholische Stimmungen. Sie sei oft so brummig, beklagt sich Paulas Umgebung. Man wirft ihr Eigenwilligkeit, Mißachtung der Forderungen Tante Maries und Besserwisserei vor. Reagiert das junge Mädchen mit körperlichen Symptomen auf die ihr widerstrebende Erziehung der Tante?

Marie Hill, die ihren Bildungsauftrag unter diesen Umständen nicht länger zu erfüllen bereit war und es als wenig sinnvoll empfand, die lustlose Nichte weiterhin in ihrem Haus zu behalten, schlug den Eltern Becker vor, ihre Tochter entweder in eine englische Pension zu geben oder sie nach Bremen zurückzuholen. Woldemar und Mathilde Beckers Reaktion auf diese unerwartete Entwicklung war wohlwollend und gelassen. War Paula nicht fast noch ein Kind? Der Vater zeigte sich zwar beunruhigt über den gesundheitlichen Zustand seiner Tochter, aber er war überzeugt, daß es sich hierbei nur um ganz vorübergehende, vielleicht mit dem Wachstum zusammenhängende Krankheitszeichen handeln mußte, und überließ Paula die Entscheidung zu tun, was sie als richtig empfand. «Jeder gefaßte Entschluß ist uns recht, und brauchst Du deshalb auf uns keine Rücksicht zu nehmen», schrieb Woldemar Becker nach England.

1892. Rechtzeitig zum Weihnachtsfest ist Paula Becker wieder zu Hause. Nein, schreibt sie am 14. Januar 1893 an ihre Tante Marie nach England und versucht, ihren plötzlichen Abschied von den

Hills sowohl zu entschuldigen als auch zu rechtfertigen. Nein, sie sei es wirklich nicht gewesen, die diesen Entschluß gefaßt habe. Die Mutter, so verteidigt sie sich gegenüber der Tante, die Mutter habe es für das Beste gehalten, daß sie in Bremen bliebe, um sich dort im Haushalt zu betätigen und kochen zu lernen. «Ich bin mit diesem Beschluß nicht ganz einverstanden», beteuert sie der Tante und fürchtet: «Hier bin ich mein eigener Herr und kann tun, was ich mag, und lassen, was ich nicht mag. Darin liegt eine große Versuchung.» Reumütig bittet Paula Marie Hill um Verzeihung für die vielen Verletzungen, die sie ihr zugefügt zu haben glaubt. «Ich habe es meist unabsichtlich getan.»

Erst im Mai 1893, Paula war bereits seit vier Monaten wieder in Bremen, hatte sie den nötigen Mut und Abstand zu ihrer Zeit in England, um ihrer Tante Marie schreiben zu können, was während des Aufenthaltes bei den Hills wirklich in ihrem Herzen vorgegangen war. Den Vorwurf, sie sei unbeteiligt, desinteressiert, muffig und bockig, sobald sie sich zurückzog und einfach nur für sich allein sein wollte und mußte, konnte sie doch nicht auf sich sitzen lassen:

Ich bin so glücklich, daß ich wieder Deutsch schreiben darf, ich kann mich im Englischen doch nur ganz dröge und gesittet ausdrücken, das finde ich so furchtbar langweilig. Jetzt sitze ich nun an Tante Minchens Sekretär, und ich kann mir so himmlisch einbilden, es wäre wie in alten Zeiten, wo ich noch Dein gutes Kind war. Ich will es jetzt wieder sein, und versuche Du nur, die ganze Zeit, wo ich in England bei Euch war, zu vergessen; wenigstens vergiß den schlechten Eindruck, den Du von mir hast. Ich bin nicht so, ganz gewiß nicht. Du hältst mich für äußerst egoistisch. Darüber habe ich so oft nachgedacht und richtig nach dem fürchterlichen Egoismus gesucht. Ich kann ihn nicht finden. Ich habe gefunden, daß ich herrschsüchtig bin und daß ich ganz ans Regieren gewöhnt bin. Aber alle unterwarfen sich mir, und weder sie noch ich merkten etwas davon. Ich fand es auch in der Schule ganz selbstverständlich, daß mein Wort das durchschlagende war. Aber hat das etwas mit Egoismus zu tun? Und wenn, könnte ich es helfen?

Jetzt und früher wurde ich fast immer von Mama gelobt, oder wir

sahen es als ganz selbstverständlich an, daß ich nicht viel Tadelnswertes tat. Ich kam zu Dir. Ich sah, daß ich fast in allem Dich nicht befriedigte oder Deine Hoffnungen vereitelte. Nun habe ich eine ungeheure Portion Stolz bekommen. Ja, konnte ich denn dies alles ertragen? Ich verzogenes Kind, konnte ich mich an dies alles gewöhnen? Jedesmal, wenn ich Deine Unzufriedenheit sah, wurde ich unglücklicher.
Dann kam eine Zeit, da hatte ich Angst vor Dir, das habe ich bis jetzt vor niemandem gehabt. Ich verschrumpfte mehr und mehr in mich selbst, ich wurde ein lebendiger Eisklumpen, der nichts von sich gab und für nichts ein glühendes Interesse oder Verlangen fühlte. Und das muß ich haben. Diesen Eindruck hast Du von mir. Ich bin nicht so, ich kann mir nicht denken, daß ich so war, ich bin mir selbst das größte Rätsel. Ich bin, wir alle sind nicht an Unterordnung gewöhnt. (...) Ich bin so anders erzogen und fühle so oft, daß ich Dich betrübte, ohne es zu wollen. Eben, dann habe ich meinen Stolz, er hat mich vor vielem bewahrt. Wenn ich mir sagte, das ist Deiner unwürdig. Mein Stolz ist mein Bestes. Nun kann ich aber nicht Demütigungen ertragen. Dann werde ich ganz lebensmüde. Mein Stolz war meine Seele. Aber er zeigte sich jetzt nur von seiner schlechten Seite. Nimm mich wieder als Deine Paula von früher an, das andere ist ja nur mein Zerrbild. Ich fühle es.
5. Mai 1893

Welch ein Glück, endlich wieder zu Hause zu sein! Zimmer aufräumen, Bettenmachen, Kochen? Damit hielt es sich in Grenzen. Mathilde Becker war ihrer Tochter gegenüber sehr großzügig, wenn der Tennisplatz lockte und die Freunde riefen. Paula war als junges Mädchen zwar schüchtern, aber temperamentvoll, und sie liebte es, Feste zu feiern, zu tanzen. Leidenschaftlich gern ließ sie sich über das Parkett des Ballsaals wirbeln. Viele Einladungen kamen ins Haus: zu Quadrille-Abenden, einer Ballettvorstellung. Donnerstags ging Paula mit der Mutter in den Künstlerverein, eine kulturelle Institution in Bremen. Im Vorstand war auch der schriftstellernde Jurist und bremische Bibliotheksdirektor Heinrich Bulthaupt, ein Freund der Beckers. Hier wurden Vorträge gehalten, Konzerte gegeben. Die Tränen rollten der Siebzehnjährigen über das Gesicht, als sie zum erstenmal Schuberts «Der Tod und das Mädchen» hörte.

Und das Zeichnen? Dafür war jetzt der bremische Oberbaudirektor Ludwig Franzius zuständig, ein künstlerisch begabter Freund des Vaters, dem es ein Vergnügen schien, sich um Paulas Talent zu kümmern und ihr ein paar Zeichenstunden zu geben.

Während Paula jeden Sonntagmorgen glücklich und beschwingt ihre Sachen packte und zu Franzius zum Zeichnen ging, «in Kohle, nach dem lebenden Modell», quälte sich Woldemar Becker mit der Frage, wie es bloß weitergehen sollte mit seiner Tochter, über deren herzliche Unbekümmertheit er manchmal schmunzeln, sich aber oft auch ärgern mußte. Machte sie sich denn selbst gar keine Gedanken über ihre Zukunft? Zeichnen und Malen! Paulas künstlerische Neigungen waren offensichtlich. Aber sich ganz den freien Künsten verschreiben? Das war doch unmöglich! Wie stand es mit dem Geldverdienen? Auch ein Mädchen mußte doch in der Lage sein, auf eigenen Füßen zu stehen. Und ob Paula jemals heiraten würde?

Es fiel Woldemar Becker nicht leicht, Paula auf das Thema Broterwerb anzusprechen. Aber er mußte es tun, mußte versuchen, seiner Tochter Sinn und Notwendigkeit einer qualifizierten Ausbildung begreiflich zu machen. Er wußte, daß er auf Widerstand stoßen würde. Paula, so entschied der Vater schließlich, sollte sich einer zweijährigen Ausbildung zur Volksschullehrerin unterziehen.

Sommer 1893. Die Achtzehnjährige besucht das Bremer Lehrerinnenseminar Janson. Zunächst widerwillig, aber schließlich auch wißbegierig und entschieden, die Zeit, die sie hier nun einmal absolvieren muß, zum Lernen zu nutzen. Zwar vertraut Paula ihrer Schwester Milly an, daß sie sich manchmal innerlich «so schrecklich ausgetrocknet» fühle, aber dann betont sie auch wieder, wie sehr sie doch über so manches schulische Erfolgserlebnis froh sei. Außerdem sei sie im Laufe des Unterrichts auf eine Reihe von Fragen aufmerksam gemacht worden, die ihr Interesse geweckt und sie zu Diskussionen mit ihren Studienkollegen angeregt hätten.

Wenig, viel zu wenig natürlich, kommt Paula zum Zeichnen.

Wie gut, daß es ihr der Vater ermöglicht, parallel zu ihren Studien noch Zeichenstunden zu nehmen. Paulas Lehrer ist der Bremer Maler Bernhard Wiegandt. «Prachtvolle Stunden!» notiert sie über seinen Unterricht. «Da muß ich vom lebenden Modell zeichnen, in Kohle. Das macht mir riesig viel Spaß.» Wie die Zeit verfliegt! Immer wieder nimmt Paula den Skizzenblock. Was sie braucht, sind Modelle. Aber wer hat schon die Geduld, für die junge Malschülerin zu posieren? Auf den Vorschlag Mathilde Beckers, Paula könne doch einfach den einen oder anderen Besucher fragen, ob sie von ihm ein Porträt zeichnen dürfe, mag Paula allerdings nicht eingehen. Überhaupt muß sie sich über die Art der Mutter, deren überschwengliche Begeisterung, manchmal richtig ärgern. Allen schwärmt sie von den Zeichnungen ihrer talentierten Tochter vor, und immer muß Paula irgend jemandem ihre Studien zeigen. Das mag sie nicht.

Mama will mir nun aber so gern zu Modellen verhelfen. Da frug sie neulich Herrn Bischof, als wir gerade beim Täßchen Kaffee gemütlich zusammensaßen, ob ich ihn nicht abzeichnen sollte. Mein Schreck! Aber es half kein beiderseitiges Weigern. Nun habe ich es an mir, die Leute nicht gerade zu idealisieren, vielmehr das Gegenteil. So hab' ich Herrn Bischof so ein wütendes Beamtengesicht gemacht, daß dieser mit rachesüchtigen Gedanken von uns schied. Seitdem zeichne ich mein teures Spiegelbild, und das ist wenigstens tolerant. –
26. April 1893

Tolerant und sehr geduldig war auch Herma Becker. Oft folgte die jüngere Schwester der älteren in das provisorische Atelier im oberen Geschoß des alten Stallgebäudes, das zu der Beckerschen Dienstwohnung gehörte, um Modell zu sitzen. Selbst wenn sie eigentlich ganz andere Pläne hatte, vermochte sich Herma Becker nicht der fordernden Bitte ihrer Schwester zu widersetzen. Paulas entschiedenem Blick folgend, ließ sie sich in dem kleinen Raum unter dem Dach so lange auf dem Hocker hin- und herdrehen, bis die Position für das Porträt in Paulas Augen stimmte. Während des Zeichnens herrschte Schweigen. Wie gern Herma ihrer geliebten Paula bei der Arbeit zusah! Ihre Augen beobachtete, die aufmerksam und versunken zugleich nach innen gerichtet schienen, ganz der Sache hingegeben.

Studien am Seminar und Zeichenunterricht bei Wiegandt. Daneben Vergnügungen aller Art. Feste, Tanzen, Schwimmen, Tennis, Schlittschuhlaufen im Winter, fröhliche Gesellschaften im Garten der Schwachhauser Chaussee. Reisen zu Verwandten, Ferien auf der Nordseeinsel Spiekeroog im Sommer 1894.

Im Frühjahr 1895 sorgte eine große Ausstellung in der Bremer Kunsthalle für Aufregung in der Hansestadt. Die «Künstlergemeinschaft Worpswede» präsentierte erstmals ihre Werke: Fritz Mackensen, Hans am Ende, Otto Modersohn, Heinrich Vogeler und Fritz Overbeck hießen die fünf jungen Maler aus dem nicht weit von Bremen entfernten einsamen Moordorf. Paula Becker hatte der Begriff Worpswede bisher nichts gesagt. Wer mochten diese Maler sein, über deren großformatige, feierlich-ernste Gemälde sich die Öffentlichkeit so empörte? Paula, durch eine vernichtende Kritik in der Zeitung aufmerksam und neugierig geworden, sah sich die Ausstellung an. Sie war beeindruckt. Der offiziellen Häme konnte sie sich nicht anschließen. An ihren Bruder Kurt schrieb sie:

Hast Du, wie Du hier warst, von den Worpsweder Malern gehört? Natürlich! Die haben jetzt ausgestellt und wirklich einige ganz famose Sachen. Du hörtest gewiß auch von der Heidepredigt, die der eine von ihnen, Mackensen, in einem eigens dafür gebauten Glaswagen malte. Dies ist ein riesig interessantes Bild. Die Gemeinde sitzt im Freien vor ihrem Priester. Aber wie lebenswahr der Künstler die einzelnen lebensgroßen Gestalten getroffen hat. Die leben alle. Natürlich alles riesig realistisch, aber ganz famos. Das einzige, was ich nicht ganz verstehen kann, ist die Perspektive. Ich möchte da riesig gern mal mit jemandem Kunstverständigen darüber sprechen. (...) Sonst interessierte mich noch riesig ein Modersohn. Der hat die verschiedenen Stimmungen in der Heide so schön geschildert, sein Wasser ist so durchsichtig und die Farben so eigenartig. Auch ein junger Bremer, Vogeler, Du wirst

ihn wohl kennen, er war auf dem Basar einer von den hübschen Italienern, der hat aber ganz verrückte Sachen gemacht. Er malt die ganze Natur nach der vorraphaelitischen Zeit ganz stilisiert. In unserem modernen Jahrhundert kann man aber über solche Späße nur noch den Kopf schütteln.
27. April 1895

Das Bremer Publikum, dessen Blick noch geprägt war von der Genre- und Historienmalerei der Düsseldorfer und Münchner Malschulen, reagierte zwiespältig auf die fünf Kunstschaffenden aus dem Moor. Die hanseatische Zeitungskritik beschimpfte sie als «Apostel des Häßlichen» und bezeichnete den Ausstellungsraum als «Lachkabinett». Aber indirekt führte diese Ausstellung zum Durchbruch der Worpsweder. Spektakulär war dann ihr Erfolg im Münchner Glaspalast im Sommer 1895. Für sein großes Gemälde «Gottesdienst im Freien» erhielt der einunddreißigjährige Fritz Mackensen die Goldene Medaille, und von Otto Modersohn kaufte das Königreich Bayern für die Münchner Pinakothek das Gemälde «Sturm im Teufelsmoor». «Beim Schaffen dieses jungen Westfalen macht das in der Natur Erschaute den rechten Weg vom Auge durch das Herz zur Hand», feierte der Münchner Kritiker Fritz von Ostiny den Landschaftsmaler Modersohn und sah in ihm das «stärkste Talent unter den Worpswedern».

Als die neunzehnjährige Paula Becker 1895 zum erstenmal von den Malern aus dem Heidedorf hört und ihre Bilder sieht, leben und arbeiten die fünf Künstler schon seit mehreren Jahren in Worpswede. Bereits während seiner ersten Düsseldorfer Akademieferien im Jahr 1884 hatte der damals achtzehnjährige Fritz Mackensen das kleine, zwanzig Kilometer nordöstlich von Bremen am Rande des unwegsamen Teufelsmoors gelegene Dorf entdeckt und seinen Freund und Studienkollegen Otto Modersohn überreden können, ebenfalls zu kommen. Vereint in ihrem Willen, die herkömmlichen Ideale eines erstarrten Akademiebetriebs hinter sich zu lassen und in der Tradition von Barbizon ein Leben in ländlicher Stille und Einfachheit zu führen, trafen sich Mackensen und Modersohn am 3. Juli 1889 zu gemeinsamen Sommerstudien in dem kleinen Ort am

Weyerberg. Wenig später folgte ihnen der Kunststudent Hans am Ende. Im August 1889 notierte Otto Modersohn, eben vierundzwanzig Jahre alt, in sein Tagebuch:

> Herrlicher grauer Tag, Weib auf dem Acker gegen die Luft – Millet. Bleiben auf der Brücke, die dort über den Kanal führt, stehen, nach allen Seiten die köstlichsten Bilder. Wie wäre es, wenn wir überhaupt hierblieben (...) wir werden Feuer und Flamme, fort mit den Akademien, nieder mit den Professoren und Lehrern. Die Natur ist unsere Lehrerin, und danach müssen wir handeln.
> *Ende August 1889*

In Worpswede hatten die Maler eine Landschaft gefunden, deren herbe, lichtvolle Schönheit sie begeisterte. Unter einem endlos weiten Himmel wechselten Flächen von feuchtem, bräunlichschwarzem Moor mit hellen Sandböden und üppig grünen Wiesen. Schmal und schnurgerade waren die Kanäle, auf denen Lastkähne mit schwarzen Segeln die gestochenen Torfballen zum Verkauf nach Bremen transportierten. Geduckt lagen ärmliche, strohgedeckte Katen neben prachtvollen, von mächtigen Eichen umgebenen Bauernhöfen. Der ständige Kampf mit der Natur hatte die Gesichter der Menschen gezeichnet: «Etwas von der Traurigkeit und Heimatlosigkeit ihrer Väter liegt über ihnen», wird Rainer Maria Rilke über diese Menschen aus dem Teufelsmoor schreiben, «das Lächeln der Mütter geht nicht auf die Söhne über, weil die Mütter nie gelächelt haben. Alle haben nur ein Gesicht; das harte, gespannte Gesicht der Arbeit. (...) Das Herz liegt gedrückt in diesen Körpern und kann sich nicht entfalten.»

Die drei Künstler hatten sich im Dorf beim Kleinbauern Segelken eingemietet. Sobald die Witterung es zuließ, malten sie gemeinsam vor der Natur. Es waren immer dieselben Motive: Wasserläufe und Wolkenbildungen, Herbststürme und Abendstimmungen, Moorkaten und bäuerliche Szenerien. Wenige Jahre später kamen zwei weitere Maler nach Worpswede, die beide aus Bremen stammten und in Düsseldorf studierten: Heinrich Vogeler und Fritz Overbeck.

September 1895. Paula hat ihr Lehrerinnenexamen in Bremen abgelegt. Erleichtert notiert sie:

Es ist ein so himmlischer Gedanke, daß der arme Kopf verdauen kann, was in ihn so hastig hineingepropft ist, und daß er alles, was ihn nicht interessiert, in Ruhe vergessen darf.
8. September 1895

Endlich hat sie es geschafft, ist wieder frei. Der Körper? Kopfschmerzen, manchmal eine leichte Übelkeit, Schwindel. Paula wirkt geschwächt. «Sie muß sich schonen», sagt die Familie. Der Arzt verordnet viel Ruhe. Eigentlich, das weiß die Absolventin des Lehrerinnenseminars ganz genau, müßte sie sich jetzt, nach Abschluß ihrer Studien, auf die Suche nach einer Gouvernantenstelle machen. Ihr eigenes Geld verdienen. Ihren Vater entlasten, den seine finanzielle Lage zunehmend bedrückt.

Carl Woldemar Becker war erst vor kurzem seine vorzeitige Pensionierung angekündigt worden. Dabei war er doch gerade erst vierundfünfzig! Begründet wurde die Entscheidung mit der Schließung des bremischen Eisenbahnbetriebsamtes, er trug also keine persönliche Schuld an diesem Mißgeschick. Aber das konnte ihn wenig trösten. Daß er plötzlich Privatmann sein sollte, was auch bedeutete, mit einem sehr viel niedrigeren Gehalt auskommen zu müssen, ging ihm äußerst nahe. Selbstzweifel quälten Woldemar Becker. Wie sollte er es schaffen, Kurt weiterhin studieren zu lassen und den beiden Jüngsten, die noch zur Schule gingen, eine gute Ausbildung zu finanzieren? Und wie würde sich das Fehlen einer eigenen Arbeit auf den Alltag, die Stimmung, sein Wesen auswirken? Fragen über Fragen. Es gab nur eine Antwort: Er mußte wieder eine Stelle als Ingenieur finden. Und wenn es außerhalb Bremens war. In Sachsen vielleicht. Dort hatte er doch noch alte Verbindungen.

Die schnell entschiedene Abreise des Vaters glich auch einer Flucht. Wochenlang war Woldemar Becker unterwegs, um auf verschiedenen Eisenbahnstellen in Sachsen Arbeit zu suchen, und während er sich – inzwischen in Leipzig – Sorgen um die Existenz seiner Familie machte, heckten Mathilde und Paula Becker in Bremen einen Plan aus, der schließlich, dank der Initiative der Mutter und ohne das Wissen des Vaters, im April in die Tat umgesetzt werden konnte: Paula durfte sechs Wochen lang an einem Kurs der «Zeichen- und Malschule des Vereins der Berliner Künstlerinnen und Kunstfreundinnen» in Berlin teilnehmen. Wohnen konnte sie in dieser Zeit bei ihrer Tante Paula von Bültzingslöwen in der Perlebergerstraße 23.

2. KAPITEL

«*Ich lebe jetzt ganz mit den Augen*»
April 1896 – Mai 1897

Berlin-Friedrichstadt. Der Zug aus Bremen ist eben eingerollt. Kurt Becker, der schon eine ganze Weile auf dem Bahnsteig steht, hält nach seiner Schwester Ausschau. Paula muß im letzten Waggon gesessen haben. Dort sieht er sie kommen, eine schwerleibige Frau an ihrer Seite, der sie beim Aussteigen geholfen hat und nun die Tasche trägt. «Damit Du Dich nicht ängstigst, was ich aber eigentlich doch nicht glaube», schreibt die junge Reisende umgehend an ihre Mutter, «will ich Dir nur sagen, daß Dein Küken in dem großen Berlin angelangt ist.»

Paula Becker als Schülerin der «Zeichen- und Malschule des Vereins der Berliner Künstlerinnen und Kunstfreundinnen». Die Zulassung zu dieser privaten Kunstschule war an keine Bedingungen geknüpft. Keine Aufnahmeprüfung, keine Mappe, die vorgelegt werden mußte. Die Kosten für die Kurse waren allerdings hoch, um ein Vielfaches höher als die Gebühren für die staatlichen Kunstakademien. Aber da den Frauen der Zugang zu diesen Akademien bis auf wenige Ausnahmen wie in Kassel und Frankfurt noch verwehrt war, blieben ihnen für die künstlerische Ausbildung nur die Privatschulen. Diese «Damenakademien» finanzierten sich durch Mitgliedsbeiträge, Schulgelder und Spenden und boten den Frauen die Möglichkeit eines soliden künstlerischen Unterrichts, nach dessen Abschluß sie sogar ihr Examen als Zeichenlehrerin machen konnten. Aber auch Frauen, die keine beruflichen Ambitionen hatten und künstlerisch frei arbeiten wollten, hatten hier Gelegenheit dazu. Natürlich konnten diese privaten Schulen mit den staatlichen Kunstakademien nicht konkurrieren. Ihr Fächerangebot war beschränkter, die Anzahl der Unterrichtsstunden geringer und die Mehrheit des Lehrpersonals weniger qualifiziert.

Paula Beckers Lehrer war Jacob Alberts. An vier Nachmittagen in der Woche ging die Zwanzigjährige zum Zeichenunterricht. Auf ihrem Weg dorthin studierte sie die Gesichter der an ihr Vorbeieilenden, versuchte das Charakteristische zu erfassen, Mimiken, Gebärden festzuhalten. Wenn sie sich mit jemandem unterhielt, beobachtete sie genau die Gesichtszüge ihres Gegenübers, achtete auf den Schatten, den eine Nase warf, bemerkte, wie dieser tiefe Schatten energisch auf der Wange ansetzte und doch wieder mit dem Licht verschmolz:

> Dieses Verschmelzen finde ich das Schwerste. Ich zeichne noch jeden Schatten zu ausgeprägt, ich bringe noch zu viel Unwichtiges auf das Papier, statt das Wichtige mehr herauszubringen. Dann bekommt die Sache erst Leben und Blut, meine Köpfe sind noch zu hölzern und unbeweglich.
> *23. April 1896*

Jacob Alberts muß ein strenger Lehrer gewesen sein, der von seinen Schülern alle Kräfte forderte und keinen Widerspruch duldete. Paula fand ihn interessant, manchmal auch «urkomisch» in seiner Art. Was sie aber bemängelte, war sein oft zu grobes Verhalten seinen Schülerinnen gegenüber, die nicht nur großen Respekt, sondern fast Angst vor ihm hatten, sich vor seiner Kritik scheuten und häufig schon deshalb nicht zeichnen konnten, weil ihre Hände ganz zittrig und feucht waren.

«Dreck, Dreck, nicht?» pflegte Jacob Alberts sein erstes Opfer zu rügen, wenn er am Vormittag seine Korrektur gab.

«Blödsinnig, nicht?» bekam die nächste Schülerin zu hören.

«Nüscht! Nüscht! Rien! Nichts! Nichts! Mit Andacht arbeiten, mit Passion!» zischte er der dritten Schülerin zu und schimpfte: «Mangel an Talent oder Mangel an Fleiß, he? Ganz verfehlt, also?»

«Noch einmal anfangen.»

«Es ist sündhaft, sündhaft, wenn Sie die Kunst so ohne Andacht behandeln.»

Alberts hatte die Angewohnheit, mit der ganzen Fläche seiner breiten Hand über die kleinen Kohlezeichnungen seiner eifrig um Korrektheit bemühten Schülerinnen zu wischen, mit seinem großen Daumen ein paar Schatten zu setzen, schließlich zu einem Stück Brot als Radiergummi zu greifen und damit für effektvolle Lichter zu sorgen. Das beeindruckte Paula. «Dann hat die Sache gleich Schick, genial, eigenartig, flott bis zum äußersten. Das Gute ist, daß er mehr Wert auf die Auffassung als auf die Mache legt, sonst würde die Sache etwas äußerlich», notierte sie. Sie selbst war so unzufrieden mit ihrem Können! Von den beiden Frauen, die sie gezeichnet hatte, war ihr nur die eine, die mit dem etwas müden, sanften Gesicht gelungen. Sie sei so schwer, diese «flotte» Behandlung mit Kohle, schrieb Paula Becker Mitte Mai in ihr Tagebuch. Würde sie doch vieles nur nicht so kindlich ungeübt sehen, so kleinlich! Aber hätte Alberts sie nicht trotzdem auch einmal so richtig loben können? Er mußte doch merken, daß sie von Herzen bei der Sache war:

> Das Ganze immer im Auge zu behalten, wo man doch zur Zeit immer nur das einzelne sieht. Ich lebe jetzt ganz mit den Augen, sehe mir alles aufs Malerische an.
> *18. Mai 1896*

Paula Becker, die sich in Berlin ausgesprochen wohl und keinen Augenblick lang einsam fühlte, schrieb ausführliche Briefe nach Bremen. Sie berichtete von ihren Kursen, von Besuchen in der Berliner Nationalgalerie. Dort widmete sie sich besonders den Deutschen. Holbein, Rembrandt. Bei Rembrandt, den sie als den «Größten» empfand, faszinierten sie die «himmlischen Lichtwirkungen». Der habe auch mit Andacht gemalt, vermerkte die Malschülerin angesichts des Rembrandtschen Bildes «Vision Daniels» in ihren Aufzeichnungen.

Würde die Zeit nur nicht so schnell verfliegen! «Mein lieber alter Tennis-Wüterich!» wendet sich Mathilde Becker liebevoll an ihre Tochter in Berlin und drückt ihr Bedauern darüber aus, daß sich die Zeichenstunden nun schon wieder ihrem Ende nähern. «Ob und wann es Dir vergönnt sein wird, Dein Lieblingsstudium wieder aufzunehmen, wer weiß es?» Nur allzugern würde sie ja Paulas Wunsch nach weiteren Kursen verwirklichen. Aber wie? Am 11. Mai 1896 erhält Paula Becker einen Brief von ihrem Vater:

> Leid tut es mir, daß Du Deine Zeichenstunden nicht länger fortsetzen kannst. Du hast bloß, um so zu sagen, in der Kunst

geschnüffelt, und der Erfolg kann daher kein großer sein. Wir wollen sehen, wie es sich in der Zukunft macht und ob ich die Mittel aufbringen kann, Dich bleibend im Zeichnen und Malen ausbilden zu lassen. Denn, wie Du ja selbst einsehen wirst, eine Änderung Deines Lebens muß bald erfolgen. Du kannst nicht immer im Hause bleiben und mußt auf irgendeine Weise selbständig werden. Schließe ich die Augen, so bist Du auf Dich selbst angewiesen, und würde das Dir um so schwerer fallen, je weniger Du selbständig geworden und Dich auf Deine eigenen Kräfte verlassen kannst. Aber diesen Sommer will ich Dir noch zur Erholung und Kräftigung gönnen, aber dann heißt es: an die Arbeit, und ich bin überzeugt, daß Du Energie und Kraft genug besitzen wirst, es zu etwas Ordentlichem zu bringen. Ich glaube nicht, daß Du eine gottbegnadete Künstlerin ersten Ranges werden wirst, das hätte sich doch wohl schon früher bei Dir gezeigt, aber Du hast vielleicht ein niedliches Talent zum Zeichnen, das Dir für die Zukunft nützlich sein kann, und Du mußt es zu entwickeln suchen. Wenn Du auch nicht Vorzügliches dann leistest, so kannst Du es durch Ausdauer über die grobe Mittelmäßigkeit bringen und nicht im Dilettantentum untergehen. Letzteres ist meiner Ansicht nach der Fluch der Frauenerziehung. (...) In dieser Beziehung sind die englischen Frauen den unsrigen überlegen: Sie haben den Kampf um das Dasein gegen die Männer mit Energie aufgenommen, und sie werden, glaube ich, die ersten sein, die sich einen neuen Wirkungskreis, eine neue Zukunft gründen werden.
11. Mai 1896

Paula Becker antwortete ihrem Vater postwendend. Selbst wenn sie in seinen Augen nichts weiter als vielleicht nur ein «niedliches Talent zum Zeichnen» haben sollte und selbst wenn er nicht daran glaubt, daß jemals eine große Künstlerin aus ihr werden könne – im Augenblick zählt für Paula nur eins: Sie darf ihre Zeichenstunden fortsetzen. Welch ein Glück! Und was in Zukunft sein wird – daran will sie jetzt gar keinen Gedanken verschwenden.

«Ich werde all meine Kräfte anspannen und so viel aus mir machen wie nur möglich!» versichert die Tochter ihrem Vater. «Ich sehe ein prachtvolles Jahr vor mir, voll Schaffen und Ringen, voll augenblicklicher Befriedigung und erfüllt vom Streben nach dem Vollkommenen.»

Unbeantwortet muß die Frage bleiben, ob es nun der labile körperliche Zustand seiner Tochter war, der Woldemar Becker zu der Erlaubnis bewogen hatte, Paulas Eintreten in das Berufsleben als Gouvernante noch aufzuschieben, oder ob diese Entscheidung Mathilde Becker zu verdanken war, die inzwischen fest daran glaubte, daß ihre Tochter über ein außergewöhnliches Talent verfügte, das gefördert gehörte. Auf jeden Fall war Woldemar Becker nicht nur überrascht, sondern auch verärgert, als er im Juli – immer noch in Leipzig, arbeitslos, sorgenvoll und verbittert angesichts seiner wohl aussichtslosen beruflichen Lage – von den neuen Plänen hörte, die Mutter und Tochter nach der Rückkehr Paulas aus Berlin im Mai geschmiedet hatten. Das Zeichenstudium sollte im Herbst fortgesetzt werden. Mathilde Becker war es gelungen, eine Ermäßigung des Schulgeldes an der Zeichen- und Malschule in Berlin durchzusetzen, und zudem hatten sich ihr Bruder Wulf von Bültzingslöwen und seine Frau Cora bereit erklärt, die junge Nichte in ihrem Haus in Berlin-Schlachtensee aufzunehmen und für den täglichen Unterhalt zu sorgen.

Wie groß sein Ärger über das Komplott zwischen Mutter und Tochter gewesen ist, zeigt ein Brief Woldemar Beckers aus Leipzig an seine Frau:

Was soll aus Paula werden: Auch sie ist und bleibt unselbständig und hat nicht die Energie, aus sich selbst etwas zu schaffen und sich selbständig zu machen. Du hast die ganze Berliner Malgeschichte ohne mein Wissen angefangen. Ich bin nicht entgegengetreten, aber glaubst Du wirklich, daß das Kind etwas Tüchtiges darin leisten wird, wenigstens so wird, daß sie ihren Unterhalt davon verdienen könnte. Ich bezweifle es. Hoffentlich behältst Du recht, wie bei Milly. (...)
Aber Paula? Sie ist nicht aus demselben Holze geschnitzt, prätentiös und leistet wenig, sehr wenig. Du hast immer Entschuldigungsgründe. Einmal soll sie schwächlich sein, das andere Mal noch zu jung. Wenn es sich um ein Vergnügen handelt, dann hat

sie Kräfte, alles auszuhalten, aber wenn es sich um etwas Tüchtiges handelt, was sie leisten soll, dann ist sie blutarm usw. (...) Ich glaube nicht, daß unsere Töchter sich verheiraten werden, Paula am wenigsten, weil sie für andere kritischer als für sich selbst ist und von ihnen viel mehr verlangt, als sie zu verlangen berechtigt ist, und da müssen sie auf eigenen Füßen stehen, wenn sie vorwärts wollen.
Ein Mädchen aber, das sich selbst erhalten soll, hat es gewiß nicht leicht im Leben.
3. Juli 1896

Am 12. Oktober 1896 war Paula Becker nach einer gemeinsamen Sommerreise mit ihrer Tante Marie ins Allgäu und nach München wieder in Berlin. In dem herrschaftlichen, von einem wunderschönen alten Garten umgebenen Haus der Bültzingslöwens in Berlin-Schlachtensee konnte sie sich, durch keine häuslichen Pflichten in ihrer Freiheit eingeschränkt, auf einen langen, arbeitsreichen Winter freuen. Die Lebensweise im Haus ihres Onkels und ihrer Tante war sehr großzügig. Es mangelte der jungen Nichte aus Bremen an nichts. Ausgiebig nahm sie am familiären und gesellschaftlichen Leben teil. Im Theater sah sie die «Versunkene Glocke» des Naturalisten Gerhart Hauptmann und Werke des norwegischen Dramatikers Henrik Ibsen. Paulas Glück war vollkommen, als die Mutter ihr mitteilte, daß sie in ihrer Bremer Wohnung in der Schwachhauser Chaussee ab Dezember zwei der Wohnzimmer vermieten und mit dem eingenommenen Geld Paulas Malstunden bezahlen könne. «Hurra!» jubilierte Mathilde Becker. «Und das freut mich höchlichst, weil Vater mir's oft vorwirft, daß ich ‹die Sache eingebrockt› habe.»
Paula geht es gut. Sehr gut sogar. Kein Kopfweh mehr, keine Müdigkeit, vielmehr Heiterkeit und leidenschaftliche Hingabe an ihre Studien. Acht Stunden täglich ist sie in der Schule. Zeichnen in Kohle vor dem lebenden Modell. Akt unter Ernst Friedrich Hausmann. Ist sich die junge Malschülerin bewußt, daß das Aktstudium bis vor kurzem noch ein Privileg der männlichen Künstler war und sie zu der ersten Generation von kunstschaffenden Frauen gehört,

denen die Darstellung des nackten Menschen erlaubt ist? Viele der männlichen Modelle tragen inzwischen auch keine kurzen Hosen mehr wie bisher, wenn sie posieren: «Abends im Akt hatten wir einen famosen Kerl. Zuerst, wie er so dastand, bekam ich einen Schreck vor seiner mageren Scheußlichkeit. Als er aber eine Stellung einnahm und plötzlich alle Muskeln anspannte, daß es nur so auf dem Rücken spielte, da war ich ganz aufgeregt.»

Die Landschaftsklasse wurde von Friedrich Dettmann geleitet. Schon nach wenigen Wochen hielt dieser Lehrer seine junge Schülerin für reif genug, in der Malklasse zugelassen zu werden.

«Gut, sehr gut», nickt Dettmann, Paulas Studien betrachtend. «Nächste Woche können Sie malen.»

Innerlich jubelt sie. Endlich Farben! Satte, kräftige Ölfarben! Mehr und mehr tritt die Landschaft vor dem Porträt zurück. Was Paula interessiert, ist der Mensch. Sein Gesicht, seine Gesten. Schon sehr früh spürt sie, daß ihr Schwerpunkt immer im Porträt liegen würde, daß sie nur im Porträt jenes unbewußte, innere Empfinden, welches manchmal leicht und lieblich in ihr summe, figürlich ausdrücken können würde.

Paula Becker schreibt beglückte Briefe nach Hause. Wenn sie ihnen zu viel vom Zeichnen vorbete, entschuldigt sich die Kunstschülerin bei ihrer Familie, solle man es ihr bitte mitteilen. Paula erzählt von der Schule und von ihren kleinen Erfolgserlebnissen in der Klasse. Bei der Korrektur etwa. Von ihrem Lehrer Martin Körte, ebenso wie Dettmann gleichzeitig auch Professor an der Akademie, kann Paula berichten, daß er ihre Fortschritte lobt und gerade eins von ihren Blättern für die Schulausstellung ausgewählt hat. Körte unterrichtet Pastell- und Rötelzeichnen. Unter Körte sind vermutlich auch die beiden Selbstporträts entstanden, die aus dieser Zeit datieren und zu den bekannten Arbeiten der Anfängerin gehören: eine Zeichnung in Rötel und Kohle, die ein helles, von einer üppigen Haarpracht umspieltes, ernstes Gesicht frontal zeigt, und ein mit Pastell fleckig-leicht auf hellbraunes Papier gezeichneter, etwas über die Schultern zurückgeworfener Kopf. Paulas Kolleginnen scheinen das Können der jungen Künstlerin aus Bremen nicht ohne ein gewisses Gefühl von Neid zu verfolgen:

Hier feiere ich immer meine größten Triumphe, bin deshalb bei den Konkurrenten sehr unbeliebt, was mich zu einem hochmütigen Air herausfordert und mir riesigen Spaß macht. Laß das Dein väterliches Herz nicht betrüben, Vater, und laß mich nur gewähren. Innerlich bin ich doch oft noch so zittrig und ängstlich wie in meinen Backfischtagen. Das läßt sich am besten überwinden, wenn man die Nase etwas hoch hält. Auf diese Weise kann man sich auch nur einige aufdringliche «wüschte» Mädels fernhalten.
10. Januar 1897

Die einundzwanzigjährige Paula Becker war zu einer Zeit in Berlin, da sich die kaiserliche Stadt zunehmend zur Kunstkapitale Deutschlands zu entwickeln begann. Im Mittelpunkt stand eine Gruppe moderner Künstler, die nicht stillschweigend hinnehmen wollte, daß sie vom Präsidenten der Preußischen Akademie der Künste, Anton von Werner, einfach abgelehnt wurde. Der vom Kaiser hofierte Historienmaler wollte Neues nicht zulassen. Bereits geprägt vom französischen Impressionismus, der um 1890 zum dominierenden Stil der europäischen Malerei geworden war und sowohl zeitgenössische als auch menschliche Themen den historischen und religiösen vorzog, riefen Künstler wie Max Liebermann und Walter Leistikow 1898 zur Loslösung von der Akademie auf. Sie und eine Reihe anderer Berliner Maler vereinigten sich zur Gruppe der «Elfer». Ihr Ziel war es, eigene, von der Akademie-Jury unabhängige Ausstellungen zu organisieren. Entrüstet reagierte die Gruppe, als eine vom Verein Berliner Künstler präsentierte Ausstellung des norwegischen Malers Edvard Munch in Berlin nach zwei Tagen bereits wieder geschlossen werden mußte. Die Öffentlichkeit hatte dem Maler Mangel an Form, Brutalität und vulgäre Emotionen vorgeworfen. Dieser Zwischenfall markierte den Beginn einer Spaltung in den Reihen der Berliner Maler, der schließlich zur «Berliner Sezession» führte. Ihr Präsident wurde Max Liebermann. Liebermann und Leistikow schloß sich als dritter Maler Lovis Corinth an.

Künstlerische Unzufriedenheit und Unruhe wuchsen. Künstlern wie Max Slevogt und Käthe Kollwitz wurde die Goldmedaille verweigert. Die Jury der Kunstausstellung hatte sie Käthe Kollwitz zwar zuerkannt, bei Seiner Majestät aber waren die sozialkritischen Zeichnungen der Künstlerin und ihre Radierfolge zu Gerhart Hauptmanns Werk «Die Weber» auf Ablehnung gestoßen. Wilhelm II. war sehr verärgert über die Abkehr der Sezessionisten und bezeichnete ihre Werke als «Rinnsteinkunst». Diese jungen Künstler wagten es, den offiziell verschriebenen Optimismus zu unterminieren und an dem kaiserlichen Willen, an seinem Wissen und seiner Macht zu zweifeln. Die deutschen Impressionisten aber ließen sich durch die kaiserlichen Beschimpfungen nicht irritieren. Auch die Kunsthändler, inzwischen nicht mehr nur reine Händler, sondern auch Mittler, die in enger Verbindung zu ihren Künstlern standen, stellten die Sezessionisten in ihren Räumen aus. Man konnte sie selbst in so konventionellen Häusern wie Schulte und Gurlitt sehen. Der Kunsthändler Paul Cassirer nahm sich ab 1901 sogar völlig der modernen Kunst an und zeigte erstmals Cézanne und van Gogh in Deutschland. 1896 holte der eben ins Amt berufene Hugo von Tschudi – gegen den ausdrücklichen Wunsch des Kaisers – als einer der ersten französische Impressionisten in seine Nationalgalerie. Allerdings mußten die Bilder der vom deutschen Herrscher so vielgeschmähten französischen Maler Monet, Manet, Pissarro, Renoir, Sisley und Cézanne ihr Dasein im obersten Stockwerk des Museums in einem schlecht beleuchteten Saal fristen.

Auch im Bereich der kulturellen Publizistik tat sich Neues und Spannendes. Ab 1895 gab es in Berlin die Zeitschrift «Pan», ab 1898 die «Insel». In München wurden 1896 der «Simplizissimus» gegründet und die «Jugend». Diese neuen, mit originaler Druckgraphik und zeitkritischen Texten kostbar und vielfältig ausgestatteten Zeitschriften trugen entscheidend zu der schnellen Verbreitung des Jugendstils in Europa bei. Einer der ständigen Mitarbeiter der «Insel» wurde der Worpsweder Maler Heinrich Vogeler.

Das geistige Klima im Berlin jener Jahre hätte nicht anregender sein können. Natürlich schickt Paula so schnell wie möglich erste Zeichnungen nach Hause. Während Mathilde Becker in ihren Briefen fast schwärmerisch ihr Glück über Paulas Vorankommen zum Ausdruck bringt, diese Aktstudie famos, jene Köpfe fesselnd findet, reagiert Woldemar Becker eher zurückhaltend. Im Gegensatz zu seiner Frau studiert er die Blätter sehr genau, geht kritisch auf sie ein, prüft sie auf ihre Durcharbeitung und Harmonie in der Form und lehnt sie ab, sobald sie ihm im klassischen Sinn nicht schön genug erscheinen. Während er an den in Kohle und Rötel gezeichneten Köpfen bemängelt, daß sich Licht und Schatten noch zu hart voneinander absetzten, Stirn und Kinn etwa zu wenig modelliert, zu vermischt seien, gesteht Baurat Becker seiner Tochter jedoch ein, daß jeder dieser Köpfe im großen und ganzen charakteristisch sei und dem Betrachter einen Gesamteindruck von der Persönlichkeit vermittle:

Ich spreche so, wie ich es verstehe, Du angehende ‹Künstlerin› magst ja über manches Dein Näslein rümpfen, aber das kann mich nicht abhalten, meine Kritik zu üben, wie verfehlt sie auch sein mag. Trotz aller kleinen Schwächen muß ich Dir aber das Zeugnis geben, daß Du recht fleißig gewesen bist und Fortschritte in den einzelnen Köpfen nicht zu leugnen sind. Wenn Du so fortfährst, wirst Du es gewiß noch zu einer Fertigkeit bringen und immer mehr Herrin des Materials und der Form werden.
4. November 1896

Die Korrespondenz zwischen Woldemar Becker und seiner Tochter Paula ging weit über einen schriftlichen Austausch von Mitteilungen und Plaudereien zum Zwecke gegenseitiger Information und Unterhaltung hinaus. Auf den dicht beschriebenen weißen Bogen, die sich Vater und Tochter gegenseitig zusenden, finden Auseinandersetzungen statt, Fragen werden gestellt, Antworten gesucht. Vornehmlich geht es um Kunst, aber die Schreibenden schneiden auch sozialpolitische Themen an, äußern philosophische Gedanken, und gelegentlich taucht eine Bemerkung zur Frage der Frauenbewegung auf. Doch Paula scheint sich für diese in ihrem unmittelbaren Umkreis häufig diskutierte Frage nicht besonders zu interessieren, obwohl ihr die «Stichwörter schon ganz geläufig» sind, wie sie in einem Brief an die Eltern schreibt. Einmal, als sie einen Vortrag über «Goethe und die Frauenemanzipation» gehört hat, äußert sie: «Die Vortragende, Fräulein von Milde, sprach sehr klar und sehr gut, auch ganz vernünftig. Nur haben die modernen Frauen eine mitleidige höhnische Art, von den Männern zu sprechen wie von gierigen Kindern.

Das bringt mich dann auch gleich auf die männliche Seite.» Und ein anderes Mal erregt sie sich: «Und nun kommt mein Kummer: Es gibt wieder Streit in der Schule. Weiber! Weiber! Weiber! Teils sind sie fein und groß. Und dann wieder solch kleines Pack.»

Fest in seinem Urteil, zuweilen schulmeisterlich streng, aber letztlich immer verständnisvoll, wohlwollend und auch mit Anerkennung nicht geizend, wahrt Woldemar Becker den Respekt vor der Position seiner Tochter und freut sich über ihre Entwicklung. Paula ihrerseits ist sensibel und klug genug, ihr väterliches Gegenüber nicht zu verletzen. Sie gibt nach, wenn es von ihr verlangt wird, hält dabei aber immer ganz entschieden an ihrer eigenen Auffassung fest. Wie warmherzig Woldemar Beckers Verhältnis zu Paula war, macht ein Brief deutlich, den er seiner Tochter zum einundzwanzigsten Geburtstag schrieb:

Morgen wirst du 21 Jahre alt und majoren, d. h., Du kannst Dich jetzt vollständig von uns emanzipieren und ganz nach Deinem Gusto leben. Der Außenwelt gegenüber bist Du allein verantwortlich und dispositionsfähig. Das sind ganz schöne Errungenschaften, die Dir Deine Volljährigkeit verschafft. Benutze Du Deine Freiheit stets zu Deinem Besten, und möge Dir dieselbe leicht sein. Denn Würden bringen auch Bürden, und es ist oft leichter, weniger selbständig zu sein, dafür aber einen festen Rückhalt zu haben. Ich weiß zwar, daß Du uns nicht untreu werden wirst und daß das bisherige Verhältnis ja fortbesteht, daß das gute Einvernehmen mit uns auch ferner noch bestehen wird, aber die juristische Seite Deiner Majorenität mußte ich Dir noch sagen. Nach diesem Vorwort laß mich Deinen lieben Kopf anfassen und Dir einen väterlichen Kuß auf die Stirn drücken und Dir alles Gute zu Deinem Geburtstage wünschen. Mögest Du gesund bleiben, mögest Du Fortschritte in Deiner Kunst machen und in ihr volle Befriedigung finden. Alles Übrige wird sich dann hoffentlich selbst finden. Hat man einen Beruf und Arbeit, so ist man auch glücklich, auch wenn Schmalhans Küchenmeister ist. Vorläufig hast Du alles so gut, wie Du es Dir nur wünschen kannst. Deine Lehrjahre sind Dir verhältnismäßig leicht geworden. Dieselben sind noch nicht beendet, und wollen wir hoffen, daß bald

die Meisterjahre kommen werden, die Dir ebenso leicht das Leben machen werden.
7. Februar 1897

Zu Beginn des Jahres 1897 trat Paula Becker in die Klasse der Malerin Jeanne Bauck ein, einer Deutsch-Schwedin, die an privaten Kunstschulen in Düsseldorf, Dresden, Paris und München studiert hatte. Die Siebenundfünfzigjährige gefiel der Malschülerin auf Anhieb. Sie sehe zwar recht «ruppig-struppig» aus, wie «leider die meisten Künstlerinnen», formulierte es die eher bieder und zugeknöpft gekleidete Paula in einem Brief an die Eltern, ihr Haar gleiche gerupften Federn, und ihre Figur sei «groß, dick, ohne Korsett», aber Paula mochte die «lustigen, hellen Augen» Jeanne Baucks, die so wach und genau beobachteten, und sie mochte die interessanten Züge ihres Gesichts. Vor allem jedoch schätzte das junge Mädchen die gründliche und energische, dabei aber ruhige und gelassene Art der so viel Älteren, und auch Jeanne Baucks Selbstbewußtsein den Männern gegenüber imponierte Paula. Wie anregend diese Frau war! «Du wirst sehen, wie ich mich bemühe, gewissenhaft und brav zu zeichnen», schrieb Paula an den Vater:

> Ich bemühe mich, mit Genauigkeit die Konturen zu verfolgen, und gebe sie durch Linien an. Die Linien widerstreben eigentlich meiner Natur, da sie in Wirklichkeit nicht vorhanden sind. Wenn Du Deine Hand betrachtest, so wirst Du auch finden, daß sie nicht mit einer Linie begrenzt wird.
> Aber ich sehe wohl ein, daß für mich zum Lernen die Linie notwendig ist, weil sie zu ganz genauer Beobachtung zwingt.
> *30. Januar 1898*

Das Interesse der jungen Malschülerin an einer möglichst naturalistischen Darstellung des menschlichen Körpers ist offensichtlich. Sie fühle sich jetzt so heimisch in der Klasse, berichtet Paula beglückt nach Hause, beglückt über diese Zeit in Berlin, die sie am liebsten «versechsfachen» möchte. «Die Farben fangen an, mir himmlisch zu tagen», jubiliert sie, sie liebe die «Ölfarben aus ganzer Seele». Dies sei ihr Leben, «mein Leben, an dem mein Herz mit allen seinen

Fasern hängt». Und schon jetzt glaubt die Einundzwanzigjährige zu wissen: «Wenn man es zu etwas bringen will, muß man seinen ganzen Menschen dafür hingeben.»

Ein Besuch bei Jeanne Bauck im Atelier hatte Paula tief beeindruckt:

> Es gibt für mich nichts Schöneres, als ein Atelier zu betreten, dann bekomme ich viel frömmere Gedanken als in der Kirche. Mir ist dann innerlich so still und groß und wunderschön zumute. Es hingen famose Sachen im Atelier, Porträts und Landschaften, eine große, einfache Auffassung in jedem Bild, und doch nicht manieriert; fein, fein!
> 7. Mai 1897

Die große, einfache Auffassung! Diese zu erreichen, darin liegt auch Paulas ganzes Streben.

Ausstellungen, lange Aufenthalte in den Museen. Seit Wochen schon reizt sie ein Besuch des Berliner Kupferstichkabinetts. Ein paarmal hat Paula bereits vor der gläsernen Tür gestanden. Ganz ehrfürchtig. Aber immer wieder hat sie die «unheimliche Feierlichkeit dahinter» abgeschreckt, und sie ist umgekehrt. Eines Tages faßt sie sich endlich ein Herz. Klopft an. Ein Wärter öffnet. Wortlos drückt er der jungen Besucherin ein Stück Papier in die Hand, auf dem sie ihre Wünsche notieren soll.

«Michelangelo, Handzeichnungen», schreibt Paula in großen geschwungenen Buchstaben auf den Zettel. Und nach kurzer Überlegung: «Botticelli, die Illustrationen zu Dantes ‹Göttlicher Komödie›.» Was für wunderbare Blätter da plötzlich vor ihr liegen. Paula hüpft das Herz.

Zeichnen, zeichnen. An Modellen mangelt es der Malerin nicht. Neuerdings posiert eine Berliner Portiersfrau, wenn Hausmann unterrichtet. Eine cholerische Person. Ziemlich häßlich und ungeduldig, stellt Paula fest. Es ist ihr anzumerken, daß ihr das Sitzen keinen Spaß macht. «Viel schlimmer als Arbeeten», schimpft die Berlinerin. «Lieber drei Stuben scheuern.» Dann ist sie verschwunden. Das andere Modell, eine hagere junge Frau mit kleinen Brüsten, einer schwarzen Mähne und einem sanften Blick, ist ebenfalls ganz plötzlich, von einem Tag auf den anderen, wieder verschwunden. Manchmal sitzt auch der kleine ungarische Junge Modell, ein flinker, gewitzter Kerl, der gar kein Wort Deutsch spricht und deshalb auch nichts verstehen kann, wenn Paula ihn bittet, morgens nicht immer eine halbe Stunde zu spät zu kommen.

Wie gern posierten ihr die drei Arbeiter, die neulich, als Paula draußen an der Staffelei stand und die Birken malte, an ihr vorbeikamen, ihr lange zusahen und sie dann mutig baten: «Freilein, woll'n Se uns drei Gräbse nich ooch malen?»

Oder die Bahnwärter. Die kommen auch immer, sobald Paula draußen arbeitet, schauen ihr vorsichtig über die Schulter und fragen, ob es wirklich Birken seien, die sie da male, um schließlich mit einem bewundernden Kopfnicken festzustellen: «Kinners, Kinners, dat is Kunst.»

Ihr Lieben, daß ich das haben darf! Daß ich ganz im Zeichnen leben darf! Es ist zu schön. Wenn ich es nur zu etwas bringe. Aber daran will ich gar nicht denken, das macht nur unruhig.
27. Februar 1897

3. KAPITEL

«Worpswede, Worpswede, Du liegst mir immer im Sinn»

Juni 1897 – Juli 1898

Anläßlich der Silberhochzeit ihrer Eltern am 11. Juni 1897 reiste Paula Becker für ein paar Wochen nach Bremen. Im Beckerschen Haus an der Schwachhauser Chaussee war der Trubel groß. Paula sah alte Freunde und viele Verwandte. Besonders herzlich war das Wiedersehen mit Maidli Parizot. Paula hing sehr an ihrer Berliner Cousine. Mit ihr verband sie vor allem der Tod von Cora. «Ich finde, Maidlis Wesen liegt ganz offen schon in ihren lieben Augen und ihrem süßen Mund», wird Paula nach dem Abschied der Cousine ihrer Tante Marie berichten. «Ich schwelgte im Zusammensein mit ihr, aber es kam mir vor, fast wie zu gut für mich.» Paula fühlte sich sehr wohl in der Nähe dieses zarten, liebevollen Mädchens, das nie zu Ärger oder Reibung Anlaß gab. Sie bewunderte Maidli. Aber sie kannte sich gut genug, um zu wissen, daß sie selbst ganz anders war, daß sie ohne Reibung, «ganz im stillen mit meiner Außenwelt» sehr schnell «untauglich für diese Welt» würde, «so eine Art Molluske, die ihre Hörner immer einzieht». Aber sie, Paula, wollte ihre Hörner gebrauchen, «nicht zum Stoßen, sondern zum leisen, ruhigen Schieben meines Lebensweges».

Den Abschluß des mehrere Tage dauernden feierlichen Zusammenseins der Becker-Bülzingslöwenschen Großfamilie bildete ein Ausflug in das nur zwanzig Kilometer von Bremen entfernte Worpswede. Zwar hatte die Festtagsgesellschaft im Zusammenhang mit der Ausstellung der fünf Maler aus dem Moor in der Bremer Kunsthalle schon von dem Heidedorf gehört, aber niemand kannte es, und die Freunde ließen sich gern zu der Fahrt aufs Land überreden. Auch Paula, die noch einige der Worpsweder Bilder deutlich im Gedächtnis hatte und neugierig war, schloß sich der kleinen Gruppe an. Frohgestimmt bestieg die Gesellschaft die Postkutsche am Bremer Hauptbahnhof. Von dort ging es die Horner Chaussee entlang in Richtung Lilienthal. Pferde, schwarz-weiße Kühe und langhörnige

Ziegen weideten auf den satten Wiesen beiderseits der von Pappeln und Birken gesäumten, schnurgeraden Allee, die durch das Marschland führte. Die Kutsche mit den singenden Fahrgästen passierte die neue Flutbrücke des Flüßchens Wümme und rollte schließlich in Lilienthal ein, wo die Gesellschaft in den Pferdebus nach Worpswede umstieg.

Paula kletterte als erste auf das Oberdeck des Wagens. Was für ein Blick! Diese Weite! Zartes Birkengrün gegen den lichtblauen Himmel. Das Moor, schwarzbraun und endlos, die geschichteten Torfhaufen. Arbeitende Männer und Frauen auf den schwarzen Äckern und dort, in der Ferne, sich aus dem Flachland erhebend und sonnenbeschienen: der Weyerberg.

Worpswede. Der Tag in dem kleinen stillen Moordorf hat Paula zutiefst beeindruckt. Immer wieder ziehen die Bilder der Landschaft an ihr vorüber, die starken Farben. Kupferbraun und Schwarz. Dunkelviolett. Grün und Blau. Ihr Entschluß steht fest. Sie muß dorthin zurück! In einem Brief an ihre Tante Marie reflektiert Paula Becker ihre intensive Seelenlage und versucht, wie so oft in ihren schriftlichen Äußerungen, sich Rechenschaft zu geben über das, was sie «meinen Egoismus» nennt:

Oft klingt es leise, traumverloren, märchenhaft. Das nenne ich meine «Versunkene-Glocke-Stimmung». Oft laut und fein und groß. Dann möchte ich auf einem hohen Berge stehen und möchte laut, laut schreien. Da ich das aber nicht kann, bin ich innerlich und äußerlich ganz still. Es ist, als ob ich nicht lebte oder als ob nur meine Seele lebte. Das ist sehr, sehr schön. Man wagt sich kaum zu rühren, um den Zauber nicht zu verscheuchen. Es ist wie die Berge in Abendstimmung. Das war ja immer mein Schönstes, wenn sie groß und ernst still dalagen. Und dann muß ich jetzt auf einmal wieder an meine schönen Stunden auf meinem Stein am Wasserfall denken. Da saß ich wie ein Kind und dachte nur an den blauen Himmel und die weißen Wolken.

Ist es egoistisch, daß ich Dir dies alles schreibe? Ich glaube, Du freust Dich daran, nicht wahr? Ihr müßt mich schon alle mit meinem Egoismus nehmen, ich werde ihn nicht los, er gehört zu

mir wie meine lange Nase. Manchmal denke ich, wenn ich als Krüppel geboren wäre, so wäre ich vielleicht anders geworden. Da entsagt man schon mit dem ersten Atemzuge der Lust der Welt. Aber so gibt es so viele Wünsche, die das Herz hört und über die es selbstsüchtig nachdenkt und dabei die Wünsche der andern vergißt. Ob das wohl mit dem Alter besser wird? Das ist meine einzige Hoffnung.
14. Juli 1897

Ende Juli fährt Paula gemeinsam mit ihrer Berliner Studienkollegin Paula Ritter noch einmal nach Worpswede, um dort die noch freien Ferienwochen bis zum Beginn des Herbstsemesters zu verbringen.

Den Rucksack mit Proviant und Goethes Gedichten bepackt, ziehen die beiden Mädchen hinaus in die endlose Weite des Teufelsmoors. Dort, wo es ihnen besonders gut gefällt, lassen sie sich in die Heide fallen oder ins hohe Gras, träumen, schlafen, wandern weiter. Nur hin und wieder unterbricht der Ruf eines Kiebitzes die Stille. In ihr habe es voll froher Lieder geklungen, schreibt Paula an ihre Eltern. Es sei so friedlich in ihr und um sie gewesen. Die beiden Freundinnen besuchen Hans am Ende in seinem Atelier. Er zeigt ihnen Skizzen und Radierungen. Ein sympathischer Mensch, denkt Paula, und ihr gefällt die Art, wie er mit seiner jungen Frau spricht und ganz zärtlich «Magdalein» zu ihr sagt. Paula Becker und Paula Ritter besuchen auch Heinrich Vogeler in seinem Atelier. Der junge Künstler breitet eine Reihe seiner Entwürfe zu Radierungen vor den Mädchen aus, «viele feine originelle Dinge», wie Paula beeindruckt feststellt und diese Stunde genießt «wie ein hübsches Märchen». Zusammen mit seinen beiden Brüdern lädt Vogeler die zwei Freundinnen sogar zu einer Kahnpartie auf der Hamme ein, spät abends, als es schon zu dämmern beginnt. Paula liebt es, ihm zuzuhören, wenn er zu seiner Gitarre singt und dabei träumt. Dann scheint er ganz in einer eigenen Welt zu leben.

«Ich bin glücklich, glücklich, glücklich.»
August 1897

«Göttertage» nennt das junge Mädchen diese Tage im Moordorf, die es, in den Malkittel gekleidet, vom frühen Morgen bis in den späten Abend hinein auskostet. Manchmal, wenn schon alles schläft, steht Paula noch draußen an der Staffelei, den sternenklaren Himmel über sich, und arbeitet im Licht des Mondes. Einer ihrer Lieblingsplätze ist die «Lehmkuhle», eine aufgelassene Mergelgrube, deren heller Sand einen besonders schönen Hintergrund bildet.

Heute habe ich mein erstes Pleinairporträt in der Lehmkuhle gemalt. Ein kleines, blondes, blauäugiges Dingelchen. Es stand zu schön auf dem gelben Sand. Es war ein Leuchten und Flimmern. Mir hüpft das Herz. Menschen malen geht doch schöner als eine Landschaft. Merkt Ihr, daß ich nach einem langen fleißigen Tage todmüde bin? Aber innerlich so friedlich, fröhlich.
August 1897

Menschen malen. Ob es die Gesichter der Einheimischen sind, die in schwarzen Kleidern einer Missionspredigt unter freiem Himmel lauschen, still und ehrfurchtsvoll, ob es die Bewegung einer Bauersfrau beim Jäten ist oder die Gestalt eines Kindes – in Paula Beckers Skizzenbüchern aus dieser ersten Worpsweder Zeit finden sich schnell dahingezeichnete Augenblicksstudien. Hier ein Kopf oder ein gebeugter Rücken, dort, nur schemenhaft, eine Gruppe von Figuren. Begeisterte Briefe kommen in Bremen an. Das Tagebuch füllt sich mit überschwenglichen Aufzeichnungen. Göttertage!

Einmal, während eines späten Spaziergangs durch das Dorf, klingen Paukentöne durch die Nacht. Eine Bauernhochzeit. Paulas Neugier läßt ihr keine Ruhe. Sie muß einen Blick in die große Dielentür werfen, hinter der die Musik zu hören ist. Kühe rechts und links, im Hintergrund die Kapelle. Das Brautpaar aus dem Armenhaus döst am Tisch vor sich hin. Im Nu wird Paula von einer kräftigen Hand gefaßt. Sie tanzt mit dem Brautvater, der sie in schnellem Walzerschritt über den Dielenboden schiebt. Ausgelassenes Lachen. So schnell wie sie gekommen ist, verschwindet Paula wieder in der Dunkelheit der Nacht.

Erlebnisse wie diese, die stimmungsvoll-friedliche Landschaft und ihre stolze Freude über die Begegnung mit den «großen Männern» Worpswedes lösen in Paula einen wahren Glücksrausch aus. Kurz vor ihrer Abreise stimmt sie zu einem enthusiastischen Lobgesang auf das Moordorf und seine Maler an:

Worpswede, Worpswede, Worpswede! Versunkene-Glocke-Stimmung! Birken, Birken, Kiefern und alte Weiden. Schönes braunes Moor, köstliches Braun! Die Kanäle mit den schwarzen Spiegelungen, asphaltschwarz. Die Hamme mit ihren dunklen Segeln, es ist ein Wunderland, ein Götterland. Ich habe Mitleid mit diesem schönen Stück Erde, seine Bewohner wissen nicht, wie schön es ist. Man sagt es ihnen, sie verstehen es nicht. Und doch braucht man kein Mitleid zu haben, nein, ich habe keins. Nein, Paula Becker, hab' es lieber mit dir, daß du nicht hier lebst. Und das auch nicht. Du lebst ja überhaupt, du Glückliche, lebst intensiv, das heißt: Du malst. Ja, wenn das Malen nicht wäre?! Und weshalb Mitleid haben mit diesem Land? Es sind ja Männer da, Maler, die ihm Treue geschworen haben, die an ihm hängen mit unendlicher, fester Männerliebe! Da ist erst Mackensen, der Mann mit den goldenen Medaillen in den Kunstausstellungen. Er malt Charakterbilder von Land und Leuten, je charakteristischer der Kopf, desto interessanter. Er versteht den Bauern durch und durch. Er kennt seine guten Seiten, er kennt sie alle, er kennt auch seine Schwächen. Mir deucht, er könnte ihn nicht so gut verstehen, wäre er nicht selbst in kleinen Verhältnissen aufgewachsen. Es klingt hart von mir, grausam hart, es liegt ein großer Dünkel darin, und doch muß ich es sagen. Dies «In kleinen Verhältnissen Aufgewachsensein»... ist sein Fehler, für den er ja selbst nichts kann. Daß der Mensch es doch nie abschütteln kann, wenn er mit den Groschen gekämpft hat, auch später nicht, wenn er im Wohlstand lebt, der edle Mensch wenigstens nicht. (...) So ist es auch bei Mackensen. Er ist ein famoser Mann, geklärt in jeder Beziehung, steinhart und energisch, zärtlich weich zu seiner Mutter. Doch das Große, das unsagbar Große, das ist verlorengegangen. Im Leben nicht, in der Kunst. Schade, schade.
Der zweite im Reigen ist der kleine Vogeler, ein reizender Kerl, ein Glückspilz. Das ist mein ganzer Liebling. Er ist nicht so ein Wirklichkeitsmensch wie Mackensen, er lebt in einer Welt für

sich. Er führt bei sich in der Tasche Walther von der Vogelweide und «Des Knaben Wunderhorn». Darin liest er fast täglich. Er träumt darin täglich. Er liest jedes Werk so intensiv, den Sinn des Wortes so träumend, daß er das Wort selbst vergißt. So kommt es, daß er trotz des vielen Lesens keins der Gedichte auswendig weiß. Im Atelier in der Ecke steht seine Gitarre. Darauf spielt er verliebte alte Weisen. Dann ist er gar zu hübsch anzusehen, dann träumt er mit seinen großen Augen Musik. Seine Bilder haben für mich etwas Rührendes. Er hat sich die altdeutschen Meister zum Vorbild genommen. Er ist ganz streng, steif streng in der Form. (...) Dann ist da noch der Modersohn. Ich habe ihn nur einmal gesehen, und da auch leider wenig gesehen und gar nicht gefühlt. Ich habe nur in der Erinnerung etwas Langes in braunem Anzuge mit rötlichem Bart. Er hatte so etwas Weiches, Sympathisches in den Augen. Seine Landschaften, die ich auf den Ausstellungen sah, hatten tiefe, tiefe Stimmung in sich. Heiße, brütende Herbstsonne oder geheimnisvoll süßer Abend. Ich möchte ihn kennenlernen, diesen Modersohn.

Nun kommt der Overbeck. Ihn habe ich versucht, fühlend zu sehen. Ich habe ihn aber nicht richtig fassen können. Seine Landschaften sind tollkühn in der Farbe, doch haben sie nicht das Modersohnsche Empfinden. (...) Das sind die Priester, die Dir, Worpswede, dienen.

Worpswede, Worpswede, Du liegst mir immer im Sinn. Das war Stimmung bis in die kleinste Fingerspitze. Deine mächtigen großartigen Kiefern! Meine Männer nenne ich sie, breit, knorrig und wuchtig und groß, und doch mit den feinen, feinen Fühlfäden und Nerven drin. So denke ich mir eine Idealkünstlergestalt. Und Deine Birken, die zarten, schlanken Jungfrauen, die das Auge erfreuen. Mit jener schlappen, träumerischen Grazie, als ob ihnen das Leben noch nicht aufgegangen sei. Sie sind so einschmeichelnd, man muß sich ihnen hingeben, man kann nicht widerstehen. Einige sind auch schon ganz männlich kühn, mit starkem, geradem Stamm. Das sind meine «modernen Frauen»... Und ihr Weiden, ihr alten knorrigen Stämme, mit den silbrigen Blättern. Ihr rauscht so geheimnisvoll und erzählt von vergangener Zeit. Ihr

seid meine alten Männer mit den silbrigen Bärten; ja, ich habe Gesellschaft genug, meine ganz eigene Gesellschaft, wir verstehen uns gegenseitig sehr gut und nicken uns oft liebe Antwort zu. Leben! Leben! Leben!
24. Juli 1897

Am 15. Oktober 1897 war Paula Becker wieder in Berlin. Auf dem Weg dorthin hatte sie sich noch die «Große Internationale Kunstausstellung» in Dresden angeschaut, auf der neben einer Reihe von Werken der Worpsweder auch Gemälde der französischen Impressionisten zu sehen waren. Besonders gut hatte Paula ein Bretagne-Bild Lucien Simons gefallen. Auch an den Bildern und Skulpturen des Constantin Meunier, dessen Gesamtwerk erstmals in Deutschland gezeigt wurde, fand sie Interesse.

Aus Worpswede hatte die Malschülerin ein Bild mit nach Berlin gebracht, das sie für ihr bisher bestes hielt. Es war das «Mädchen mit Feuerlilien». Das Gemälde, eine Studie des Worpsweder Landarbeiterkindes Rieke Gefken mit roten Lilien, sollte auf der Schulausstellung gezeigt werden, die am 28. Oktober eröffnet wurde. Zum erstenmal in ihrem Leben schmückte ein eigenes Werk die Wand eines Ausstellungsraumes! Ein aufregender Augenblick! Was für ein Gefühl, den Saal zu betreten mit all den anderen aus der Klasse. Stolz und peinliches Berührtsein zugleich.

Fräulein Becker! Martin Körte, ihr Lehrer aus dem vergangenen Jahr, spricht Paula an. Was er über ihr Bild sagt, schmeichelt ihr. Überhaupt gefällt es der jungen Kunstelevin, so hofiert zu werden, die Blicke ihrer Mitschüler auf sich gerichtet zu fühlen. Sie wird, das spürt Paula, von vielen beneidet, und sie weiß auch, bei aller Bescheidenheit, daß sie einfach ein bißchen besser ist als die meisten der anderen. An die Eltern schreibt sie:

Ganz aufgeblasen kam ich in unsere stille Malklasse zurück, trug aber leider so viel von der Eitelkeit der Welt in mir, daß ich in die rechte, echte Malstimmung nicht kam. Und wir hatten solch himmlisches Modell! Eine alte Frau mit gelbem Gesicht, mit weißem leinenen Kopftuch auf goldenem Grunde. Das Ganze

wirkt so großartig schön, daß ich vor Herzklopfen am ersten Tag kaum arbeiten konnte. (...)
Meine ganze Woche besteht eigentlich nur aus Arbeit und Gefühl. Ich arbeite mit einer Leidenschaft, die alles andere ausschließt. Ich komme mir oft vor wie ein Hohlzylinder, in welchem der Dampfkolben mit rasender Geschwindigkeit auf und ab geht.
28. Oktober 1897

Fünf Tage nach diesem Brief wendet sie sich noch einmal an die Mutter:

Meine Mutter! Da bin ich bei Dir, selig, sehr selig, denn es war ein zu schöner Maltag. Nicht gerade, daß ich etwas Besonderes geleistet hätte, aber alles das, was ich vielleicht leisten könnte, das machte mich innerlich ganz verrückt. Der «Kolben» geht mit rasender Geschwindigkeit im «Zylinder» auf und ab. (...)
Doch nun zu Dir, einzige Mutter. Ich bin mit meinen Gedanken so oft bei Dir. Ich lerne Dich mehr und mehr verstehen. Ich ahne Dich. Wenn meine Gedanken bei Dir sind, dann ist es, als ob mein kleiner unruhiger Mensch sich an etwas Festem, Unerschütterlichem festhält. Das Schönste aber ist, daß dieses Feste, Unerschütterliche so ein großes Herz hat. Laß Dir danken, liebe Mutter, daß Du Dich uns so erhalten hast. Laß Dich ganz ruhig und lange umarmen.
1. November 1897

Eine Einladung nach Wien zur Hochzeit der Freundin Lilli Stammann aus Dresdner Kindertagen mit dem Bildhauer Carl Bernewitz unterbrach im Dezember 1897 die Semesterarbeit. Die Braut, deren Mutter eine geborene Parizot war, hatte Paula das Reisegeld geschenkt. Woldemar Becker zeigte sich angesichts dieser Unterbrechung des Unterrichts nicht sonderlich erbaut, gab aber schließlich Paulas Reisewünschen unter der Bedingung nach, daß sie sich zuvor das Einverständnis ihrer Lehrer einhole.

Die Hochzeitsfeierlichkeiten nahmen den jungen Gast zwar ziemlich in Anspruch, aber dennoch blieb Paula genügend Zeit, durch die Straßen der barocken Stadt zu spazieren und Eindrücke zu sammeln.

Sie stand auf den großen historischen Plätzen Wiens und betrachtete seine geschichtsträchtigen Bauten; sie besuchte verschiedene Museen und warf einen Blick in die großen Galerien. Besonders beeindruckt war Paula von Alessandro Morettos 1530 gemaltem Bild «Die heilige Justina». Sie sah Gemälde von Peter Paul Rubens, Albrecht Dürer, Lukas Cranach d. Ä. und Hans Holbein und begeisterte sich für die Porträts von Tizian.

Als Paula nach ihrem kurzen Abstecher nach Wien wieder in Berlin eintraf, lag Post auf dem Schreibtisch ihres Zimmers. Ein Brief vom Vater. Schon wieder! Er hatte ihr doch gerade vor ein paar Tagen ausführlich geschrieben und sich wieder einmal über die spröde Art ihrer Briefe beklagt. Wie konnte er nur von ihr erwarten, daß sie in einer immer gleichen, heiter-unbeschwerten Stimmung nach Hause berichtete? Konnten sich die Eltern nicht vorstellen, daß es auch Zeiten gab, in denen es ihr überhaupt nicht nach Schreiben zumute war?

Und dazu kam, daß sich so vieles in Briefen doch gar nicht sagen ließ! Mußte sie nicht schließlich auch das Recht haben, nach einem langen, arbeitsreichen Tag so müde zu sein, daß sie zu nichts anderem mehr in der Lage war als eben nur zu einem drögen Brief? Ungeduldig, gereizt fast, öffnet Paula das Kuvert:

Morgen werden wir wohl Nachrichten von Dir erhalten und Näheres über Deine Reise und Dein Eintreffen in Berlin erfahren. (...) Außerdem ist der Druck, unter dem wir leben, immer derselbe und gerade jetzt zu Weihnachten fühlbarer als sonst. Meine Mittel gehen zu Ende, und ich kann Euch nicht mit den Kleinigkeiten erfreuen, die ich Euch sonst gewährte. Du mußt es schon hinnehmen, daß wir das Fest ohne Sang und Klang verleben werden. Die Zeiten sind zu ernst und zu wenig erfreulich, und die Zukunft scheint mir nur Schweres zu verschleiern. Auch Du, mein liebes Kind, mußt an die Zukunft denken und Dich, sobald Du Deinen Malkursus nächstes Jahr beendet, selbständig machen. Ich kann leider Euch nicht das gewähren, was ich mit eigener Aufopferung Euch gewähren möchte. Ich bin zu Ostern ausschließlich auf meine Pension angewiesen und werde zu tun haben, die Zwillinge einigermaßen auszubilden. Ihr Großen müßt

Euch selbst durchs Leben helfen. Natürlich ist es noch zu zeitig, schon jetzt Schritte dafür zu tun, aber behalte es im Auge, daß Du im Juni eine Stelle annehmen mußt, und ziehe Erkundigungen ein, wie Du am besten Dich selbständig machen kannst. Es nützt nichts, sich das zu verheimlichen. Am besten bleibt es, offen seinem Schicksale entgegenzugehen und das Beste daraus zu machen. Du bist tapfer genug, um nicht kleinlich den Mut zu verlieren. Also Courage und vorwärts.
10. Dezember 1897

Der Brief des Vaters löst Betrübnis aus. Paula hat sogar ein schlechtes Gewissen. Nicht der Rheumatismus ist also der Grund für seine manchmal übellaunigen Briefe, sondern die Sorge um sie. Das Bewußtsein, daß ihr die Eltern die Ausbildung in Berlin nur unter großen persönlichen Opfern haben ermöglichen können, beschämt die Tochter. Aber den Sinn dieser Ausbildung in Frage stellen? Nein, um nichts in der Welt hätte sie auf diese Zeit verzichten wollen. «Ihr habt mir bis jetzt diese wundervolle Ausbildung gewährt, die mich zu einem anderen Menschen gemacht hat», antwortet sie dem Vater lang und liebevoll. «Von diesem einen Jahre, da kann ich lange zehren. Das hat so viel Samen in Herz und Geist mir gestreut, der jetzt allmählich aufgeht.» Gutwillig und zuversichtlich beruhigt die Tochter den besorgten Vater: «Ich will mich schon durch das Leben schlagen, mir ist auch nicht bange davor.» Es falle ihr gewiß nicht schwer, ein Jahr mit ihren Studien auszusetzen und als Gouvernante zu arbeiten, schreibt Paula gutgelaunt nach Bremen und bittet die Eltern, sich nach einer geeigneten Stelle umzuhören. Eines allerdings macht sie zur Bedingung: «Tausend Mark muß sie mir bringen, sonst tut mir meine schöne Zeit zu leid.» Schließlich möchte die Malschülerin im Anschluß an ihr Gouvernantendasein weiterstudieren und sich dafür einen Teil ihres verdienten Geldes sparen. Paula ist fest entschlossen, bis nach England, Österreich oder gar Rußland zu reisen, wenn es dort eine Stelle gibt, die besser bezahlt wird als ein Arbeitsplatz in Deutschland. Wichtig ist allein, daß sie genug Geld verdient.

Mein Vater, sei in Gedanken an mich auch kein wenig traurig. Vom Malen bringe ich manchmal in mein anderes Leben so ein halbes Träumen mit; solch ein beharrender seliger Zustand. Der soll mir durch dieses Dienstjahr helfen. Da werde ich gut hindurchkommen. In meiner freien Zeit werde ich zeichnen, daß meine Hände nicht steif werden, und werde meinen Geist etwas mehr ausbilden. Wenn ich nur von Deinen Schultern die drückende Last nehmen könnte! Wir Jugend, wir haben ja immer den Kopf voller Pläne und Hoffnungen. Uns kann das Leben bis jetzt noch nicht viel antun. In dieser Hinsicht wenigstens nicht. Laßt uns nur Schulter an Schulter nebeneinanderstehen und uns in Liebe die Hände reichen und festhalten. Wenn wir auch kein Geld haben, so haben wir doch manches andere, was sich einfach gar nicht bezahlen läßt. Wir Kinder haben zwei feine liebe Elternherzen, die uns ganz zu eigen sind. Das ist unser schönstes Vermögen. Für meine Person wünsche ich mir ganz und gar keinen Mammon. Ich würde nur oberflächlich werden. Nur, wenn Du ein wenig Erleichterung hättest.
Vater, eins versprich mir. Sitz nicht an Deinem Schreibtisch und schaue vor Dich ins Graue oder auf das Bild Deines Vaters. Dann kommen die schwarzen Sorgen geflogen und decken mit ihren dunklen Flügeln die Lichtlöcher Deiner Seele zu. Erlaube es ihnen nicht. Laß der armen Seele die paar Herbstsonnenstrahlen, sie braucht sie. Hole Dir in solchen trüben Augenblicken Mama oder Milly und freue Dich an ihrer Liebe. Für jeden von Euch einen liebevollen, ernsten Kuß.
17. Dezember 1897

Im Beckerschen Haus in Bremen war die Stimmung in den letzten Tagen des Dezember 1897 gedrückt. Woldemar Becker hatte es trotz großer Anstrengungen nicht geschafft, einen neuen Arbeitsplatz zu finden. Der pensionierte Baurat litt unter Depressionen und der Sorge, den Bremer Haushalt nicht länger finanzieren zu können. Er entschied sich schließlich, die Hansestadt zu verlassen und für sich und seine Familie eine kleinere, bescheidenere Wohn- und Lebenssituation in Dresden zu suchen. Aber mit diesem Plan konnte sich Mathilde Becker nicht einverstanden erklären und setzte ihren

Wunsch durch, in Bremen zu bleiben. Wie sie der Pessimismus ihres Mannes manchmal erregte! Sie war viel furchtloser als er. Man würde es schon schaffen! Durch die Aufnahme von Pensionären beispielsweise konnte sie doch zukünftig gut zum Lebensunterhalt beitragen. Im Dezember schrieb die Mutter an Paula:

Mein gutes, tapferes Kind, Du hast keine Ahnung, welchen Halt und Trost mein Leben an Euch beiden Mädchen findet. Gott segne Euch, ich weiß mit Sicherheit: Wie das Leben Euch auch führt, Ihr werdet Euch bewähren; mag Euer Mut und Eure fröhliche Kraft niemals auf zu harte Probe gestellt werden. Vorläufig, mein süßes Kind, laß die Unruhe um die Zukunft Dir nicht die Freude an Deiner Arbeit und die nötige Konzentration nehmen. Versuche die schwere Doppelarbeit, die zur Lösung der großen Lebensfrage notwendig ist: das Ferne planvoll ins Auge zu fassen und das Heute mit seiner Arbeit und seinen Freuden so kräftig zu ergreifen, als wenn es nie ein Morgen gäbe. Bis zum 1. Juli ist noch eine lange Zeit. Bis dahin lerne und freue Dich Deines Lebens. Wenn dann eine Pause gemacht werden muß, wirst Du's tapfer tragen und dennoch Dein Ziel nicht aus den Augen verlieren. Deine Kunst gibst Du Dein Leben lang nicht auf, und Du teilst mit der größeren Zahl all Deiner Mitstrebenden das Ringen gegen materielle Hindernisse. Wenn wir im neuen Jahr anfangen zu suchen, glaube ich, das müßte vor allem in Frankreich geschehen.
20. Dezember 1897

Aber Paula Becker muß sich im neuen Jahr 1898 nicht auf die Suche nach einer Stelle machen. Das Schicksal will es anders. Ende Januar löst der segensreiche Inhalt eines väterlichen Briefes einen wahren Freudentaumel aus. Eine Erbschaft. Die Tante Pauline Falcke hat der Nichte sechshundert Mark vermacht. Paula ist beglückt, die Mutter von Herzen froh, der Vater erleichtert. Darf es wirklich sein, daß die Malschülerin den Gedanken ans Geldverdienen genauso plötzlich vergessen kann, wie er gekommen ist? Sechshundert Mark! Das bedeutet für mindestens ein weiteres Jahr Zeichenunterricht in

Berlin. «Zum 4. Juni wird Dir Dein Vermögen ausgezahlt werden. Verfüge darüber», schreibt Woldemar Becker nach Berlin. «Nun mache, was Du willst. Nun lebe wohl.» Und die Mutter jubelt:

> Herzenskind, ich gratuliere Dir tausendmal! 600 Mark plötzlich vom Himmel in den Schoß geworfen zu kriegen, welch unerhörtes Vergnügen! (...) In meinem Optimistenkopfe schießen sofort alle möglichen Kristalle zusammen. Vom 1.6. an bei Mackensen Zeichnen, seine wundervolle, haarscharfe Kritik genießen. Zum 1. Oktober suche ich Dir eine Au-pair-Stellung in Paris. Die Morgende müssen für Dich sein, Deine Nachmittage und Abende mußt Du zur Verfügung der Familie stellen. (...)
> Mein alter Liebling, ich freue mich so riesig über das, was Dir vergönnt ist! Nun nagle Dich auch fest, zwinge Dich zu pedantischer Genauigkeit in Händen, Augen, Nase. Mackensen sprach neulich beim Ansehen Deiner Studien von einem «lieblosen Ohr». Das sagte er nicht humoristisch, sondern ernst wie ein Totenrichter, und dann zeigte er mir, daß es auf der ganzen Welt kein solch «konventionelles liebloses Ohr» gäbe, sondern daß die Ohren der Menschen ebenso individuell verschieden seien als ihre Augen und ihre Herzen.
> *26. Januar 1898*

Zeichnen bei Mackensen, später vielleicht Paris! Paula schwelgt. Wie hat sie das alles verdient? Doch des Glückes nicht genug. Ende Januar 1898 kommt schon wieder ein Brief vom Vater, und auch dieser Brief birgt eine wundervolle Nachricht. Die Dresdner Verwandten, das kinderlose Ehepaar Arthur und Grete Becker, haben sich entschieden, die Nichte für die nächsten zwei bis drei Jahre mit je sechshundert Mark zu unterstützen, damit sie sich weiter ausbilden lassen und zum Abschluß ihrer Studien noch eine große Reise machen kann.

Herzklopfen, wieder ein Freudentaumel. Sie darf weiterstudieren, über das eine Jahr hinaus, kann für die Zukunft planen! Daß sie nur nicht übermütig werde vor Glück! Ihre «kleine Person» und ihr «kleines Herz» können doch all dieses Glück gar nicht tragen! «Himmlisch, himmlisch», sei ihr zumute, schreibt die Zweiundzwanzigjährige am Abend ihres Geburtstags an ihre Eltern. Sie hatte den Tag mit ihren Freundinnen in der Frühstückspause im Klassenraum ihrer Zeichenschule mit Kerzen, Kuchen und Veilchensträußen gefeiert. «Laßt Euch umarmen für alle Liebe, die Ihr über mich geschüttet habt.» In ihr «Album» notiert Paula Becker:

> Wenn man schafft, daß die Funken stieben, so kann man so viel mehr auf sich selbst halten; es dünkt einem, man habe viel mehr Recht zu existieren; kurz, es ist einem viel wohler.
> *Undatiert*

Glück und Erleichterung darüber, daß das befürchtete Gouvernantendasein so überraschend schnell in die Ferne gerückt war, hatten einen kaum zu übertreffenden Arbeitseifer zur Folge. Paula Beckers Zeichnungen, die in der Berliner Zeit entstanden, lassen deutlich erkennen, daß sich die Studentin mit großer Neugier und Aufmerksamkeit den Ausstellungen zeitgenössischer Kunst widmete. Im Kunstgewerbemuseum beeindruckten sie Lithographien, Farbdrucke und Radierungen so bedeutender Moderner wie Max Klinger und Edvard Munch, Odilon Redon, Paul Sérusier und Paul Signac. Mit großem Interesse betrachtete sie die Werke von Edgar Degas, Félix Vallotton und Henri de Toulouse-Lautrec.

Bei dem Kunsthändler Fritz Gurlitt, der sich bereits seit 1883 für die französischen Impressionisten einsetzte und sie in Berlin zeigte, stieß Paula Becker erstmals auf Bilder des ungarischen, in Paris lebenden Malers Joszef Rippl-Rónai. Sie mochte ihn auf Anhieb und nannte ihn einen «Jünger Botticellis». Dieser florentinische Maler hatte mit seinen allegorisch-mythologischen Bildern nicht nur die Kunst eines Arnold Böcklin geprägt, sondern auch Frankreichs zeitgenössische Künstler sehr stark beeinflußt. Rippl-Rónai war in Paris dem Kreis der Nabis (hebr.: Propheten) beigetreten, jener Gruppe um Paul Sérusier, die im Werk Paul Gauguins eine Alternative zur Malerei des Impressionismus fand und statt Formauflösung die Betonung der Fläche als der eigentlich dekorativen Form anstrebte. Zur Gruppe der Nabis gehörten Künstler wie Maurice Denis, Pierre Bonnard, Edouard Vuillard und Félix Vallotton.

Inspiriert durch die symbolistische Literatur, gab die Gruppe seit 1889 sogar eine eigene Zeitschrift heraus, die «Revue Blanche».

Eine der wichtigsten Ausstellungen, die Paula Becker in Berlin sah, war die Schau der «Elfer». Die Galerie des Kunsthändlers Schulte zeigte Bilder Max Liebermanns, Walter Leistikows und Jacob Alberts. Vor allem interessierte sich Paula für Walter Leistikow. Dieser Maler galt, obgleich er kein Berliner war, als der «Entdecker der märkischen Landschaft», jenem Gebiet, das sich vor den Toren Berlins erstreckt. Leistikow hatte die Mark zum Thema seiner Malerei gemacht und diese Landschaft in ihrer ganzen Schlichtheit, Sprödigkeit und Schönheit auf zahllosen Gemälden dargestellt. Ganz ähnlich, wie es die Worpsweder mit dem Moor getan hatten.

> Mir vergeht die Zeit wie im Traum. Ich zeichne tüchtig Kontur. Manchmal geht es mir dann durch die Seele, als ob ich die Form schon ein wenig fester packen könnte, das macht mich sehr froh. Beim Zeichnen selbst überkommt mich so ein friedliches Behagen. Ich versuche ganz still und beschaulich hinzuschreiben, was ich sehe. Heute hatten wir eine alte Frau mit feiner Schädel- und Halsform. Da war es mir ein stilles Vergnügen, den kaum merklichen Biegungen der Linie mit den Augen zu folgen. Das hätte ich früher noch nicht verstanden. (...)
> Könnte ich von dem Frieden, der meine Seele erfüllt, ein wenig mitteilen! Mein Leben ist so schön! Das Schwerste daran ist, daß ich ohne Euch und unverdient genieße.
> *Etwa März/April 1898*

Am Ende ihrer Berliner Studienzeit kam es zu einer Begegnung, die die junge Malstudentin als großes Ereignis empfand. Zwei ihrer Berliner Tanten und eine Cousine hatten Paula Becker mit nach Leipzig genommen, um den Bildhauer Max Klinger zu besuchen. Welch ein Augenblick, als die Zweiundzwanzigjährige, den elegant gekleideten Damen artig folgend, über die Schwelle des Klingerschen Ateliers trat. Scheu und ehrfürchtig und weil sie in der Konversation nicht so geübt war wie die drei Frauen, die sogleich mit dem Meister zu parlieren begannen, strich Paula durch das große Atelier mit den vielen Zeichnungen und Skulpturen. Erst beim Abschied wagte sie es, sich den Bildhauer richtig anzuschauen: «Nur als ich Klinger beim Gehen die Hand gab, blickte ich ihn an, den Mann mit der braunen Joppe und dem roten Bart. Und mit diesem Blick hatte ich das Gefühl, als lege ich meinen ganzen Menschen in seine Hände. Er hätte mit mir damals machen können, was er wollte», wird Paula Becker wenige Jahre nach dieser ergreifenden Begegnung an Rainer Maria Rilke schreiben.

Frühling 1898. Die letzten Wochen vor ihrem Schulabschluß scheinen Paula nur so davonzusausen. Geweckt vom Gesang der Vögel, schwingt sie sich schon sehr früh am Morgen aus dem Bett. Der Vater hat ihr geschrieben, daß sich – wohl auf Vermittlung der Bremer Malerin und Mäzenin Aline von Kapff – Fritz Mackensen angeboten habe, Paula während ihrer Sommerferienzeit in Worpswede Zeichenstunden zu geben: «Es wird Dir gewiß angenehm sein, unter seiner Leitung zeichnen zu können», ist sich Woldemar Becker sicher. Worpswede! Sollte dieser Wunsch tatsächlich in Erfüllung gehen? Aber daran kann und darf Paula im Augenblick gar nicht denken. Es gibt noch so viel in Berlin zu tun. Die Entwürfe für die Wettbewerbe, an denen sie sich beteiligen möchte, sind auch noch nicht fertig. Die «Jugend» sucht nach Vorschlägen für ihre Titelseiten, und außerdem hat die Stollwerck-Schokoladenfabrik zu einem Preisausschreiben aufgerufen. Die eingelieferten Arbeiten sollen alle im alten Reichstag ausgestellt werden! Paula zeichnet, zeichnet, zeichnet. Sie sei tief im Malen und Zeichnen, notiert sie, da geize man mit seinen Kräften und gebe sie nicht gern für etwas anderes aus:

> In den letzten Tagen habe ich Hände gezeichnet, ein paar elegante, knochige, nervöse Frauenhände mit schlankem Handgelenk. Alles andere begleitet nur wie ein kleines Nebengetön den Grundton meines Lebens.
> *Etwa April 1898*

Juni 1898. Stettin. Paula Becker steht am Bug der «Melchior», die gleich in Richtung Kopenhagen auslaufen und von dort weiter über Bergen nach Christiana fahren wird. Sie hält ihr Gesicht in den frischen, feuchten Seewind. Es ist der erste Tag der dreiwöchigen Lachsfangreise nach Norwegen, zu der Wulf von Bülztingslöwen seine Nichte eingeladen hat. Paula genießt die Tage auf dem Schiff. Mit Vergnügen stellt sie fest, daß sie ihre in England erworbenen Sprachkenntnisse anwenden und sich mit den vielen Fremden an Bord gut verständigen kann.

Die norwegische Landschaft wirkt grandios. Paula ist überrascht. Welch eine ungeheure Schönheit und Einsamkeit. Waldseen wechseln mit leuchtendgrünen Grashügeln, Wasserfälle stürzen vom Gebirge herab, zierliche Birken säumen schmale Pfade, die an Weiden entlang und durch Moore führen. Grün und Blau! Böcklinsche Stimmungen. Farben und Formen der Landschaft scheinen Paula hier so einfach und elementar, daß sie weiß, «es würde ein jahrelanges Studium brauchen, diese Einfachheit ohne Roheit wiederzugeben».

Ihren Lieblingsplatz hat Paula an einer Felsklippe ganz nahe am Wasser. Hier sitzt sie, wirft Kiesel, denkt, träumt, kommuniziert mit einer Bachstelze.

Lange schlanke Fichtenstämme kommen den Fluß heruntergeschwommen, silbrig-schwarz glänzend und in der Abendsonne leuchtend goldgelb. «Da sitzt man so zwischen all dem mächtigen Gebrause und der Leidenschaft des Elementes ganz still und klein und fühlt es doch in sich klopfen.»

Während dieser Ferienwochen in der norwegischen Einsamkeit liest Paula viel.

Die Eltern hatten ihr auf ihre Bitte hin eine Reihe von Büchern geschickt, unter denen auch die Romane «Marie Grubbe» und «Niels Lyhne» von dem dänischen Schriftsteller Jens Peter Jacobsen waren. Sechs Novellen von ihm habe sie gerade gelesen und sie freue sich über diesen Zufall, bedankt sie sich zu Hause.

Verwundert reagiert sie auf die Illustrationen der Jacobsen-Bücher von Heinrich Vogeler:

«Wohl kann ich mir denken, daß es ihn reizt, all die vielen Bilder, die in seinem Inneren erweckt sind, niederzuschreiben. Aber ich finde, selten bedarf ein Dichter weniger der Illustration als Jacobsen.»

Am 3. Juli 1898 schreibt die Reisende aus Lilleon in Norwegen an ihre Familie nach Bremen. «Ich freue mich überhaupt auf Euch alle, auf jeden einzelnen von Euch. Ich freue mich auf mein Atelier, für das ich schon neue Pläne habe.»

4. KAPITEL

«Gott sage ich und meine den Geist, der die Natur durchströmt»

Juli 1898 – Dezember 1899

Juli 1898. Im Beckerschen Haus in Bremen an der Schwachhauser Chaussee herrscht Feststimmung. Paula ist nach Abschluß der Zeichen- und Malschule aus Berlin zurückgekehrt! Schon frühzeitig sind Vettern und Cousinen angereist, um bei den Vorbereitungen für ihren Empfang zu helfen. Im Garten stehen Tische und Stühle in kleinen Gruppen, Lampions hängen im Geäst der alten Apfel- und Birnbäume; unter der Regie Mathilde Beckers wird in der Küche eifrig gewerkelt.

Der Abend ist sternenklar und lau. Musik, Tanz, Gesang. Mädchen in weißen Kleidern. Auch der junge Heinrich Vogeler ist unter den Gästen. Der sechsundzwanzigjährige schmalbrüstige Jüngling mit dem weißen hohen Kragen, der breiten schwarzen Krawatte und den Gamaschen steht an einen Baum gelehnt im hinteren Teil des Gartens und betrachtet schweigend die kleine Gruppe der Tanzenden. Wie schüchtern und gehemmt er sich fühlt. Warum geht er nicht einfach auf irgendeines dieser herrlich lebendigen, verlockend reizvollen Mädchen zu? Er ist doch ein guter Tänzer! Er könnte sie doch mit ihnen genießen, diese Sommernacht.

Sorglose Ferientage im Elternhaus folgen dem festlichen Empfang. Es ist nun ganz sicher: Paula darf nach Worpswede gehen, und Fritz Mackensen wird ihr Lehrer sein.

Am 7. September 1898 reist Paula Becker in Begleitung ihres Bruders Kurt in das stille Moordorf. Der Bäcker Martin Siem und seine Frau führen am Ortseingang einen kleinen Laden, dem eine Wirtschaft angeschlossen ist. Auch Zimmer kann man dort mieten. Paula bezieht eine kleine Kammer, in die kaum mehr als ein Bett paßt. Doch sie ist warm und behaglich, und für Paula zählt nur, daß sie dieses Zimmer ganz für sich allein hat und in einem Haus wohnt, in dem keine Tante sie zu beaufsichtigen oder zu erziehen versucht, wo niemand sie bevormundet und keine häusliche Pflicht ruft.

Zusammen mit Kurt besucht sie gleich an diesem ersten Nachmittag in Worpswede Heinrich Vogeler auf seinem «Barkenhoff». Der wohlhabende Kaufmannssohn aus Bremen hatte das Kätnerhaus 1895 erworben und zu einem Landsitz mit Atelier und Gästehaus ausgebaut. Aus den beiden kleinen, nach Süden gerichteten Fenstern des Giebelzimmers an der Vorderseite des Barkenhoff fiel der Blick in den Blumengarten, der über die Terrasse und eine Treppe mit geschwungenem Aufgang zu erreichen war. In der kleinen Vogelerschen Bibliothek standen Originalausgaben von Scott, Brentano und Novalis, von Heinrich Heine und E. T. A. Hoffmann. Der Maler las Walther von der Vogelweide und «Des Knaben Wunderhorn». Von der Bibliothek führte ein schmaler Gang an einer kleinen Schreibnische vorbei in das Wohnzimmer.

In diesem «Märchensaal» des Malers, der «Märchen malt und Märchen lebt», verbringen Bruder und Schwester Becker eine «traumhafte Stunde». Nach ihrem Abschied von Kurt setzt sich Paula Becker vor die Tür des Siemschen Hauses und schreibt einen Brief an ihre Tante Cora von Bültzingslöwen:

Mein erster Abend in Worpswede. In meinem Herzen Seligkeit und Frieden. Um mich herum die köstliche Abendstille und die vom Heu durchschwängerte Luft. Über mir der klare Sternenhimmel. Da zieht so süße Seelenruhe ins Gemüt und nimmt sanft Besitz von jeder Faser des ganzen Seins und Wesens. Und man gibt sich ihr hin, der großen Natur, voll und ganz und ohne Vorbehalt. Und sagt mit offenen Armen: «Nimm mich hin.» Und sie nimmt uns und durchsonnt uns mit ihrem Übermaß voll Liebe, daß solch ein kleines Menschenkind ganz vergißt, daß es von Asche sei, daß es zu Asche werde. (...)
– Und nun ein Wort zum Praktischen dieser Welt. Bist Du wohl so freundlich und sendest mir fünfzig Mark und schreibst mir, wieviel Geld ich noch habe? Ich genieße mein Leben mit jedem Atemzug, und in der Ferne glüht, leuchtet Paris. Ich glaube wirklich, daß mein stillster, sehnlichster Wunsch sich verwirklichen wird. Ich wollte ihn früher gar nicht aussprechen, so verwegen schien er mir. Desto mehr hegte ich ihn in meinem Herzen, auf daß er wuchs und ward das größte unter meinen Kräutern.

Fürs erste ist es nur ein halbes Jahr, aber ein halbes Jahr hat viele Tage, und jeden einzelnen will ich von Herzen wahrnehmen.
7. September 1898

Paris! Warum, aus der eindrucksvollen Fülle ihrer ersten Worpsweder Stunden heraus, in dieser «reinsten Böcklinstimmung», wie sie das Zusammenspiel von Licht und Luft, von Birkengrün und blanken Kanälen empfunden hat, warum nun plötzlich der Gedanke an Paris? Hatte der Wunsch nach einem längeren Aufenthalt in der französischen Hauptstadt bereits in Berlin seinen Ursprung? Wie oft mag Paula Becker mit ihrer hochgeschätzten Lehrerin Jeanne Bauck über Paris gesprochen haben? Jeanne Bauck hatte in Paris an der Akademie Julian studiert. Sie muß ihrer jungen, allem Neuen gegenüber offenen und wissensdurstigen Schülerin von Paris erzählt haben, von seinen Museen und seinen Malern, von Millet, der in Paris zu sehen war, von Puvis de Chavannes, von van Gogh und Gauguin und vielen anderen.

In Worpswede ist das Armenhaus des Dorfes Paulas wichtigster Arbeitsplatz. Hier, in dem grauen Gebäude mit dem großen, karg eingerichteten Saal, wo die ärmsten der armen Männer und Frauen aus dem Teufelsmoor leben, auch Kinder, Vollwaisen zumeist oder Verstoßene, findet die junge Malerin ihre Modelle. Manchmal hält sie sich ganze Tage zwischen diesen Menschen auf, unterbricht ihre Arbeit nur für eine kurze Mittagspause. Auch in den Kätnerhütten und in den kleinen Moorsiedlungen rings um Worpswede sucht Paula Becker nach Modellen, vorwiegend Frauen und Kinder von Tagelöhnern und ehemaligen Sträflingen, die es nach dem Absitzen der Gefängnisstrafe ins Moor verschlagen hat und die dort vom Besenbinden, Strumpfstricken oder Betteln leben. Winters wie sommers wohnen diese «Häuslinge» in niedrigen «Erdhütten», deren Wände aus gestapelten Torfsoden bestehen. Auf den stroh- oder schilfgedeckten Dächern, die bis auf den Boden reichen, wachsen kleine Birken, Gräser und Moos. Am offenen Feuer wird gekocht. Ein seitlicher Verschlag schützt Ziegen, Schafe oder manchmal auch eine magere Moorkuh vor Kälte und Regen.

Ich habe eine junge Mutter gezeichnet mit dem Kinde an der Brust, in ihrer rauchigen Hütte sitzend. Wenn ich das einmal malen kann, was ich dabei empfunden habe! Ein süßes Weib, eine Caritas. Sie nährte den großen einjährigen Bambino. Und das vierjährige Mädel mit den trotzigen Augen, die haschte und griff nach der Brust, bis sie sie bekam. Und das Weib gab sein Leben und seine Jugend und seine Kraft dem Kinde in aller Einfachheit, und wußte nicht, daß es ein Heldenweib war.
29. Oktober 1898

Einfühlsam und ohne Vorbehalte, dabei aber ganz unsentimental, selbstbewußt und getragen von dem Glauben an ihre Kunst, wendet sich die junge Worpsweder Malerin diesen Menschen aus dem Teufelsmoor zu. Sie vertieft sich in ihre Lebensweise, nimmt Anteil an ihrem Schicksal, schult sich am Einfachen, Unverfälschten, Kreatürlichen. Sie beobachtet Gebärden und Gesten, Köpfe und Gesichter, Augen, die unter schweren Lidern dumpf und trübe blicken, Hände, die von mühsamer Landarbeit gezeichnet sind und müde im Schoß liegen.

Kommt Paula Becker, um anzuklagen, einzugreifen, zu verändern? Ist es Mitleid, das sie zu diesen Menschen zieht, die im sozialen Elend leben? Die völlig unpolitische junge Malerin mit dem bürgerlichen Hintergrund ist sich zwar der Not bewußt, aber es treibt sie nicht hierher, weil sie glaubt, helfen zu müssen. Ihr Interesse an diesen Menschen, die für sie ein Teil der großen, sie umgebenden Natur sind, ist vor allem ein rein persönliches, künstlerisches, das sich auf jede einzelne dieser Figuren konzentriert und deren Wesentliches zu erfassen versucht. Es seien ganz eigenartige Stunden, die sie im Armenhaus verbringe, ganz wundersame Stunden, notiert Paula Becker:

Morgens zeichne ich die Frau Meyer aus dem Rusch. Sie hat vier Wochen gesessen, weil sie und ihr Mann ihr uneheliches Kind schlecht behandelt haben. Eine strotzende Blondine, ein Prachtstück der Natur. Sie hat einen leuchtenden Hals in der Form der Venus von Milo. Sie ist sehr sinnlich. Doch Sinnlichkeit, natürliche Sinnlichkeit, muß sie nicht mit dieser zeugenden strotzenden

Kraft Hand in Hand gehen? Diese Sinnlichkeit hat mir etwas von der großen Mutter Natur mit den vollen Brüsten. Und Sinnlichkeit, Sinnlichkeit bis in die Fingerspitzen, gepaart mit Keuschheit, das ist das einzige, Wahre, Rechte für den Künstler.
15. Dezember 1898

Heute kam meine Blondine wieder. Diesmal mit dem Jungen an der Brust. Die mußte als Mutter gezeichnet werden. Das ist ihr einziger wahrer Zweck. Köstlich, diese leuchtenden weißen Brüste in der brennend roten Jacke. Das Ganze hat so etwas Großes in Form und Farbe.
16. Dezember 1898

Frau Meyer aus dem Rusch, die pralle Blondine, und Meta Fiejol, das Mädchen mit den schiefen Beinen, die steinalte Adelheid Böttcher, die «Olle Olheit» und die dickbäuchige «Dreebeen», die auf einen Stock gestützt dahergeht – sie alle gehören zu dem Kreis derer, die für die junge Malerin sitzen, oft Stunden als Porträt oder im Halbakt, still, geduldig, dankbar für ein paar Mark und viele Gespräche über Geburt, Heirat und den Tod.

«Jo, Fräulein Becker, kommt Se morgen wedder?»

«Ja, Mudder, wenn's recht is?»

«Djo, is mir einerlei.»

Nur der Alte von Bredow, so wird im Armenhaus erzählt, dieser Alte von Bredow, würde das lange Sitzen niemals aushalten! Mit ihm, so hat er schon mehrfach verkündet, könne die Malerin das nicht machen. Auch nicht für ein paar Pfennige mehr. Er ist anders als die anderen, der Alte von Bredow. Es heißt, er sei ein studierter Mann, ein heimlicher Millionär soll er auch sein. Während die Cholera in Hamburg wütete, so hat er im Armenhaus erzählt, war er Totengräber, und dann ist er zur See gefahren, um sich als Matrose sein Geld zu verdienen. Dort ist er zum Trinker geworden. Vor ein paar Jahren ist sein Bruder nach Worpswede ins Armenhaus gekommen, um den Alten dort herauszuholen. Aber der hatte sich mit Händen und Füßen geweigert, vor allem wegen seiner Kuh, die er Tag für Tag an einem langen Band über die Wiese zerrt und mit einem Weidenstock schlägt, wenn sie lieber fressen möchte, statt ihm zu folgen. Spinnen würde er, sagen sie im Armenhaus, aber der Alte würde das Philosophieren nennen.

Man bekommt hier draußen eine lutherische Sprache. Man hört täglich die derben Volksausdrücke, die eine Sache klipp und klar beim Namen nennen. Wenn die Alte an meinem Arm bis vor die Tür gegangen ist, dann sagt sie: «Nu mutt ick erst pessen gan», oder: «No mutt ick mien Water laten.» Das Röcklein geschürzt, und ich entfleuche keusch.

16. Dezember 1898

Fritz Mackensen, Paulas Lehrer, war ein großer Mann mit einem schmalen, scharfkantigen Gesicht, das ein aufgezwirbelter Schnurrbart zierte. Mit Ehrungen und Medaillen für seine großformatigen Figurenbilder wie «Worpsweder Madonna» (1892) und «Gottesdienst im Freien» (1895) mehrfach ausgezeichnet, galt der zweiunddreißigjährige Koloniegründer als die repräsentative Persönlichkeit der Worpsweder Gemeinschaft. Ein bereits Arrivierter, der sich in seinem Bewußtsein gefiel, Oberhaupt der Malerkolonie zu sein.

Mackensen hatte den Ruf eines guten Lehrers. Sein Unterricht war streng und geregelt. Zwei Stunden am Vormittag, dann wieder nachmittags, und abends hin und wieder Aktzeichnen. Von seinen Schülern erwartete der Figurenmaler ein aufmerksames, detailgenaues Studium der Natur und des menschlichen Körpers als Vorbedingung für eine zeichnerisch genaue Wiedergabe der Wirklichkeit.

Unter seiner Leitung zeichnet die junge Kunstelevin, die wie ihr Lehrer ebenfalls mehr zum Figürlichen als zum Landschaftlichen neigt, vorwiegend große Halbfiguren und Porträts mit Kohle und farbiger Kreide. Einfühlsam beobachtet sie die Körpersprache ihrer Modelle und erarbeitet Posen. In ihren großformatigen Aktzeichnungen bäuerlicher Menschen, Zeichnungen, die die physische Unvollkommenheit der Modelle eher betonen, finden sich im Ansatz bereits die großen, zusammenfassenden Körperformen, die sich im späteren Werk zum Monumentalen steigern werden. Zwei- bis dreimal in der Woche kommt Fritz Mackensen in Paula Beckers Atelier und gibt ihr Korrektur. Es tue ihr gut, mit ihm umzugehen, notiert die Malschülerin:

Es brennt solch ein Feuer in ihm für seine Kunst. Wenn er davon spricht, hat seine Stimme einen warmen, vibrierenden Klang, daß es in mir selber lebt und zittert. Wenn er Dürer zitiert, so tut er es mit einer Feierlichkeit in Ton und Gebärde, als wenn ein frommes Kind seine Bibelsprüche hersagt. Sein Gott ist Rembrandt. Ihm liegt er voll Bewunderung zu Füßen und folgt inbrünstigen Schrittes seinen Spuren.
18. Oktober 1898

Mackensen ist in Amsterdam gewesen bei der Rembrandt-Ausstellung. Der ganze Mensch ist durchglüht von einem heiligen Feuer für diesen «Giganten, diesen Rembrandt». Das Gesunde, das Urdeutsche, das liebt er mit Leib und Seele. (...)
Er ist oft hart und egoistisch. Aber vor der Natur ist er so wie ein Kind, weich wie ein Kind. Dann rührt er mich. Dann kommt er mir vor wie ein alter, stolzer Krieger, der seine Knie vor dem Höchsten beugt.
29. Oktober 1898

Dürer und Rembrandt. Der zweiunddreißigjährige Fritz Mackensen verehrte diese beiden Meister. Sie waren sein Ideal und sollten es sein Leben lang bleiben. Vermutlich wurzelte Mackensens Rembrandt-Verehrung auch in der Lektüre von Julius Langbehns «Rembrandt als Erzieher», jenem kulturkonservativen Buch mit dem völkisch-nationalen Gedankengut, das 1889 anonym erschienen war und zur Lektüre aller Worpsweder gehörte. Das Werk Langbehns wird den Maler in seinem Bestreben bestätigt haben, in der einsamen norddeutschen Moorlandschaft eine einfache und wahrhaft deutsche Kunst schaffen zu können.
Der anfänglich starke Einfluß Fritz Mackensens auf die Zeichnungen und Bilder der jungen Paula Becker ist nicht zu übersehen. Die Zeichnung «Bäuerin mit Kind an der Brust» von 1898 etwa ist ein Beispiel dafür, wie sehr sich die Malschülerin in Form und Inhalt dem Lehrer angleicht. Dennoch will dem Meister irgend etwas an der Arbeitsweise dieses Mädchens immer weniger gefallen. Manchmal tritt ihm seine Schülerin, deren Talent er durchaus zu schätzen weiß und fördern möchte, ein wenig zu eigensinnig auf. Hört sie ihm

nicht zu, oder will sie nicht begreifen, daß er, der Lehrer, die Linie anders gezeichnet haben möchte, als sie es tut? Genauer! Diese Flächigkeit! Und diese Verkürzung! So manches Kindergesicht wirkt ja geradezu wie eine Karikatur! Und dann wagt dieses Mädchen auch noch, mit dem Kopf zu schütteln, als er sie fragt, ob sie das, was er da auf der Staffelei stehen sieht, auch wirklich so in der Natur gesehen hat.

Daß sich hier, zögerlich zwar, aber selbstbewußt und eigenständig, eine neue malerische Formensprache herauszubilden begann, die von der akademischen Konvention abwich und statt Betonung eher Auflösung von Form und Farbe anstrebte, bemerkte der Meister offenbar nicht. Im Gegenteil. Die Abweichung Paula Beckers von seiner Anleitung empfand Mackensen eher als Affront. Diese unfähige kleine Anfängerin mußte doch wieder auf den rechten Weg gebracht werden:

Mir soll die Natur größer werden als der Mensch. Lauter aus mir sprechen. Klein soll ich mich fühlen vor ihr Großen. So will es Mackensen. Das ist das A und O seiner Korrektur. Inniges Nachbilden der Natur, das soll ich lernen. Ich lasse zu viel meinen eigenen kleinen Menschen in den Vordergrund treten.
Undatiert.

Viele Jahre später wird sich Fritz Mackensen äußern:

Abgesehen davon, daß ich bis dahin nur Heinrich Vogeler einige Anregungen gegeben hatte, kam noch hinzu, daß im Gegensatz zu jenem diese vollständig in den Anfängen steckte, ja sogar den Weg zum Anfang in einer Damenschule, aus der sie kam, verloren hatte. Sie malte hier auch gleich tüchtig drauflos, obgleich ihr der feste Grund für das Können, das Gefühl für das Organische und die Beherrschung der Form, vollständig fehlte. Da mußte ich ihr denn auch gleich eine große Enttäuschung bereiten. Aber sie hatte bald die Notwendigkeit einer Wandlung erkannt und sich mit einer Energie in das Studium des Kopfes und Aktes gestürzt, die mich in Erstaunen setzte. So sind unter meiner Leitung all jene farbigen Zeichnungen entstanden, die aus ihrem Nachlaß bekannt sind. Das soll nun nicht etwa heißen, ich hätte in diese Zeichnungen hineingearbeitet. –

Paula Becker war nicht die einzige Malschülerin Fritz Mackensens. Die zwanzigjährige Bildhauerin Clara Westhoff aus Bremen, ein großes, kräftiges Mädchen mit einem schmalen Gesicht und dunklem Haar, das sich an den Schläfen zu widerspenstigen Locken rollte, nahm bei dem Künstler Unterricht. Seit kurzem waren auch die Malerin Marie Bock und die fünfzehnjährige Ottilie Reyländer aus dem holsteinischen Wesselburen hinzugestoßen. Sowohl Ottilie als auch Clara fühlten sich außerordentlich angezogen von der temperamentvollen, auffallend warmherzigen Erscheinung der Kollegin mit den braunen Augen und dem rotbraunen Haar. An ihre erste Begegnung mit Paula erinnerte sich Clara Westhoff:

Es war Paula Becker, die im Malkittel und ohne Hut in meinem Atelier auf dem Podium, das für die Modelle bestimmt war, saß und erzählte, daß sie Schülerin von Mackensen geworden sei, der auch mich im Zeichnen und Malen unterrichtete. Sie hatte sich für ihren Haushalt einen kupfernen Kessel reparieren lassen, den sie gerade abgeholt hatte und, während sie mir bei der Arbeit zusah, auf dem Schoß hielt. Er hatte die Farbe ihres schönen, reichen Haares, das in der Mitte gescheitelt, locker zurückgelegt und in drei großen Rollen tief im Nacken aufgesteckt war, so daß es in seiner Schwere als ein Gegensatz wirkte gegen das leichte, helle Gesicht mit der schön geschwungenen, feingezeichneten Nase, das sie mit einem genießerischen Ausdruck wie über eine Oberfläche hinaufhob und aus dem einen die sehr dunklen, blanken braunen Augen klug und belustigt anfunkelten.
Undatiert

Paula Becker erwiderte die Sympathie Clara Westhoffs.

Da ging mir heute ein Licht auf bei Fräulein Westhoff. Die hat jetzt eine alte Frau modelliert, innig, intim. Ich bewundere das Mädel, wie sie neben ihrer Büste stand und sie antönte. Die möch-

te ich zur Freundin haben. Groß und prachtvoll anzusehen ist sie, und so ist sie als Mensch, und so ist sie als Künstler. Wir sind heute auf kleinen Pritschschlitten den Berg hinuntergesaust. Das war eine Lust. Das Herz lachte, und die Seele hatte Flügel. Leben.–
Tagebuch, undatiert

Leben! Unermüdlich, wie getrieben fast, erobert sich Paula Becker zeichnend und malend das Moordorf, seine Menschen, sein weites Umland. Manchmal wird sie von einer gewaltigen Ungeduld erfaßt. Wäre sie doch nur schon weiter! Könnte sie doch nur schon jenem Gefühl malerischen Ausdruck verleihen, das sie tief im Innersten spürt!

Mich befriedigt das Zeichnen nicht. Ich bin atemlos. Ich will immer weiter, weiter. Ich kann die Zeit nicht erwarten, da ich was kann. Und dann sehne ich mich wieder nach dem Leben. Ich fing gerade an, es ein wenig zu kosten. Ich hatte vorher nicht den Sinn dafür. Und hier gibt's kein Leben. Hier ist's Traum.
Tagebuch, undatiert

Der November des Jahres 1898 war trüb und regnerisch. Heftige Stürme fegten über das Land. Paulas Stimmung war oft niedergeschlagen. Sie habe einen Malkater, einen riesengroßen, den größten ihres bisherigen Lebens, schrieb sie an ihre Eltern. Ihre Seele fühle sich wie erdrosselt, zugeschnürt. Manchmal, wenn sie gedankenverloren an dem kleinen Tisch in ihrem Zimmer saß und aus dem Fenster schaute, den Kopf in die Hände gestützt, war ihr, als erwache sie plötzlich aus einem Traum, einem Traum, der sie in den Garten ihrer Kindheit geführt hatte, dorthin, wo die rosafarbenen Levkojen dufteten und Hummeln brummten.

Es war so still in Worpswede in diesen Wintertagen. Tiefe Stille in den kleinen Straßen, in denen man nur hin und wieder eine Kutsche holpern hörte oder eine schwarzgekleidete Frau mit ihrem Spinnrad sah, denn diese Novemberzeit war die Zeit, da sich die Frauen zum Spinnen in den Häusern trafen. Die meisten Türen und Fenster waren verschlossen, und auch unter den Menschen, die in den Häusern wohnten, schien Schweigen zu herrschen. Es gab Augenblicke, in denen Paula das Gefühl hatte, als blicke sie «wie vom ersten Rang» auf das Getriebe der Welt. Wie weit entfernt sie sich hier von allem fühlte! Oft wünschte sie sich eine Anregung, eine Reibung, «einen kleinen Sporn, einen Sporn, wie ihn nur die Welt geben kann».

Wer, so fragte sich Paula Becker in solchen Augenblicken, wer außer Clara Westhoff, zu der sich inzwischen ein starkes freundschaftliches Gefühl entwickelt hatte, interessierte sich eigentlich für ihre Arbeit? Wer schaute ihre Bilder an? Wer gab ihr Ratschläge, war ihr nahe, half ihr, ihren Weg zu finden? Von Fritz Mackensen und seiner Kunstauffassung, das wurde Paula zusehends bewußt, begann sie sich immer mehr zu entfernen.

Den Mangel an Kommunikation, ihre Sehnsucht nach Leben sucht Paula Becker durch viel Lesen auszugleichen. «Werthers Leiden» und die «Wahlverwandtschaften», Bismarcks Briefe und Nietzsches «Zarathustra». «Ein köstliches Werk», notiert sie in ihrem Tagebuch. «Es wirkt auf mich berauschend mit seiner morgenländischen Psalmensprache, mit seiner tropischen Fülle leuchtender Bilder. Manches Dunkle stört mich nicht. Ich schaue darüber hinweg.» Zarathustra. Er spricht dem jungen Mädchen aus der Seele, wenn er gegen «falsche Nächstenliebe und Aufopferung seiner selbst» predigt. Falsche Nächstenliebe, daran glaubt auch Paula ganz fest, «lenkt ab vom großen Ziele».

Zwei Bücher beschäftigen Paula Becker in dieser Zeit ganz besonders. Den Roman «Niels Lyhne» von Jens Peter Jacobsen, den sie schon einmal während ihrer Ferien in Norwegen gelesen hat, liest sie jetzt mit großer Anteilnahme und Begeisterung ein zweites Mal. Die melancholische Liebesgeschichte hat auf ihre Gefühle und Stimmungen, auf ihre ganze Einstellung zur Welt und zum Leben einen wesentlichen Einfluß.

Er berauscht alle meine Sinne. Meine Seele wandelt durch eine blühende Lindenallee in der Mittagsstunde. Der Duft ist fast zuviel für sie. Es ist ein eigenartiges Buch mit seiner subtilen psychologischen Durchbildung. Und so einfach dabei, so lebend. Leben mit glühenden Farben, mit Sonnenschein und Nachtigallennächten, dazwischen eine feine säuselnde Musik, die des Menschen Ohr hört, ahnt und nicht versteht.

Nie hat jemand mir so die Stimmung eines Zimmers in die Seele gezaubert. Man fühlt vorher, was für Gedanken in dieser Luft aufsteigen, was für Menschen hier aufwachsen müssen. Ich fühle ihn, den Jacobsen, in allen meinen Nerven, in den Handgelenken, den Fingerspitzen, den Lippen. Es überschauert mich. Ich lese physisch.
Um den 6. März 1899

Mit ebensogroßer Intensität wie den «Niels Lyhne» liest Paula Becker auch die Tagebuchaufzeichnungen der Marie Bashkirtseff, die gerade ins Deutsche übersetzt worden waren und zur Lektüre einer ganzen Generation wurden. Marie Bashkirtseff war die Tochter einer russischen Adelsfamilie, die in Westeuropa lebte. Sie war ein außergewöhnlich talentiertes, selbstbewußtes und ehrgeiziges Mädchen, das eine schöne Stimme hatte, zeichnete, dichtete und von einer sowohl künstlerisch ruhmreichen als auch gesellschaftlich großen Karriere träumte. Mit vierzehn Jahren hatte sie Tagebuch zu schreiben begonnen, mit vierundzwanzig Jahren starb Marie Bashkirtseff an Lungentuberkulose:

Tagebuch der Maria Bashkirtseff. Es interessiert mich sehr. Ich werde ganz aufgeregt beim Lesen. Die hat ihr Leben so riesig wahrgenommen. Ich habe meine ersten zwanzig Jahre verbummelt. Oder wuchs ganz in der Stille das Fundament, auf dem die nächsten zwanzig Jahre aufbauen sollen?
11. November 1898

Tagebuch der Maria Bashkirtseff. Ihre Gedanken gehen in mein Blut über und machen mich tieftraurig. Ich sage wie sie: Wenn ich erst etwas könnte! So ist es eine schmähliche Existenz. Man hat nicht das Recht, stolz aufzutreten, weil man selbst noch nichts ist. Ich bin matt. Ich möchte alles leisten und tue nichts. Mackensen war heute bei der Korrektur zerstreut und unzufrieden, wenn nicht das Weiblein aus Bergedorf gewesen wäre, hätte es hinterher Tränen gegeben. So quälte ich mich zwei lange Stunden entlang und heute nachmittag wieder. Das Resultat unter Null. Ich setze meine Hoffnung auf mein Aktkind heute abend. (...)
15. November 1898

Aber wie so oft folgten dem lähmenden Kater auch wieder ganz starke Augenblicke. Paula machte Notizen über großartige Landschaftseindrücke im Moor bei Sturm und schnell dahinziehende Wolken, über Zwiegespräche mit der Natur und «feine» Stimmungen.

Es gibt wenige Briefe aus dieser Zeit, dafür mehr persönliche Aufzeichnungen. Seit 1892 führte Paula neben ihrem Tagebuch noch ein Buch, das sie «Album» nannte. Freunde und Familie haben hier kleine Verse, Anekdoten, Worte des Gedenkens hineingeschrieben. Ab 1897 diente es Paula als Merkbuch, als Buch, in dem sie auch bedeutende Passagen und Sätze der von ihr gelesenen Literatur sammelte.

Ihr Wesen fühle sich wie «durchsonnt, durchweht, berauscht, trunken», notiert Paula. «Wenigstens lebe ich jetzt mit vollem Bewußtsein und schlürfe langsam am Becher des Lebens. Mein Los ist ein gesegnetes», schreibt sie am 15. Januar 1899 an Marie Hill. «Frohe Seele, Wonne des Lebens!» jubelt sie und stellt fest, daß sie eigentlich erst jetzt in die rechte Worpsweder Stimmung komme – die anfängliche, sie beherrschende «Versunkene-Glocke-Stimmung» sei süß gewesen, sehr süß, aber:

(...) es war nur ein Traum, der sich tätig auf die Dauer nicht festhalten ließ. Dann kam die Reaktion und danach das Wahre: ernstes Streben und Leben für die Kunst, ein Ringen und Kämpfen mit allen Kräften.
16. Dezember 1898

1899. Anfang Februar. Ein einwöchiger Abstecher nach Berlin, und Paula Becker stand mit ihrer kleinen braunen Reisetasche wieder auf dem Bremer Hauptbahnhof. Die Eltern freuten sich über das Wiedersehen mit der Tochter. Aber es war kurz. Schon am nächsten Morgen brach Paula wieder auf und nahm die Postkutsche bis Lilienthal. Nach den Tagen in der Stadt hatte sie Lust, den weiteren Weg bis nach Worpswede zu Fuß zurückzulegen. Am liebsten hätte sie laut getrommelt oder gesungen, als sie endlich ihre Reisejacke ausziehen und die Pelzmütze absetzen konnte, unter der sie in Berlin ihre «Ruppig-Struppigkeit» zu verbergen versucht hatte. Jetzt war sie wieder in ihrer Landschaft! Grünblaues Wasser auf den Wiesen rechts und links der Chaussee, eine schon ganz frühlingshaft warme Luft. Als sich die ersten Erschöpfungserscheinungen zeigten, suchte sich die Wanderin einen kleinen geschützten Platz abseits der Straße zur Rast.

Mit großer Herzlichkeit wurde Paula in Worpswede empfangen. Es war nichts Besonderes geschehen während ihrer Abwesenheit. Aber eine Neuigkeit gab es doch.

Die Freunde, so wurde ihr gleich erzählt, wollten sich jetzt jeden Donnerstagabend zum Kegeln treffen. Kegeln! Und das auch noch für Frauen! Paulas Sache war so etwas nicht. Aber sie mußte einsehen, daß es für diese vielen in der «Einsamkeit verzogenen», empfindlichen Gemüter ganz gut, vielleicht sogar notwendig war, einen «materiellen Kitt» zu haben:

Bei einem ästhetischen Genuß bleiben sie in ihrer fein- und vielnervigen Hülle und reiben sich aneinander, sie sind zu verschieden und zu ähnlich.
Das ist die einzige Angst, die ich für mein Menschlein habe. Ich glaube, ich werde mich von hier fortentwickeln. Die Zahl derer, mit denen ich es aushalten kann, über etwas zu sprechen, was meinem Herzen und meinen Nerven naheliegt, wird immer kleiner werden. Das schwindet wohl mit dem Alter, wenn der glühende Subjektivismus erlischt und das kalte elektrische Licht des Objektivismus aufgeht. Da kann man mit jedem sicher jedes sprechen. Und vor diesem schrecklichen Zustande bangt mir sehr.
12. Februar 1899

Während die Natur aus ihrem Winterschlaf erwachte, die Lerchen zu singen begannen und die Haselnußsträucher erste Kätzchen trugen, tauchten auch die Menschen wieder aus ihren Häusern auf, begegneten sich.

Paula traf sich zu ausgedehnten Spaziergängen mit Frau Overbeck und Martha Vogeler, ließ sich zum Kaffee einladen und ging hin und wieder zum Essen in das Gasthaus. Das Schönste aber waren die Nachmittage, an denen sie sich mit ihrer Freundin Clara Westhoff zum Bootfahren verabredete. Still glitt der schwere schwarze Kahn mit den beiden Mädchen die Hamme hinauf, deren Ufer von dichtem Grün bewachsen waren.

Zu Paulas häufigsten und liebsten Besuchern gehörten ihre Geschwister Herma und Henner, die Zwillinge. Die Künstlerin genoß es, wenn sie bei ihr waren und wenn sie mit den beiden Vierzehnjährigen endlich selbst wieder einmal Kind sein durfte. Auch Kurt besuchte seine Schwester häufig. Paula ihrerseits fuhr selten in die Stadt. Lieber hatte sie es, wenn die Familie zu ihr nach Worpswede kam. Die Beckers waren inzwischen umgezogen. Sie wohnten nun in der Wachtstraße 43, einem Haus mit hohen, ruhigen Räumen, das direkt am Weserufer lag. Vom Dach dieses Hauses hatte man einen ganz besonders schönen Blick über die Altstadt von Bremen, in die kleine alte Böttcherstraße und die schmalen Gassen des Schnoorviertels.

Anfang März besuchte Paula das Ehepaar Overbeck in derem Haus, und sie ging auch zu Otto und Helene Modersohn. Bei Overbecks gefiel es ihr, sie fand sie sympathisch, äußerte sich aber in einem Brief an ihren Vater am 9. März 1899 über das Ehepaar: «Es liegt alles so sehr hinter Schloß und Riegel, und leider bin ich kein großer Stürmer, in der Praxis wenigstens nicht, und lasse nach dem ersten Abprall die Arme schlapp herabfallen. So glaube ich nicht, daß ich mit ihnen sehr weit komme.»

Über ihre Begegnung mit Modersohn schrieb Paula Becker:

Modersohn aber hat mir riesig gefallen, durch und durch fein und gemütlich und mit einer Klangfarbe, zu der ich mein Geiglein auch spielen kann. Er ist mir schon so lieb aus seinen Bildern, ein feiner Träumer.
9. März 1899

Otto Modersohn. Als der Maler Carl Vinnen anläßlich einer Ausstellung seiner Bilder in Bremen ein Fest im Atelier Otto Modersohns gibt, wird auch die junge Paula Becker eingeladen. Sie macht sich schön. Wählt das neue Kleid aus grünem Samt und kämmt ihr Haar zu einer weichen Nackenrolle. Der halbdunkle Raum, von

Lampions beleuchtet, ist festlich geschmückt. An den Wänden die Modersohnschen Bilder mit Birken und Kanälen. Die Gäste sitzen an zwei Tischen. Um den «Kindertisch» gruppieren sich Clara Westhoff und Paula Becker, Heinrich Vogeler, Otto Mackensen, der jüngste Bruder Fritz Mackensens, und Alfred Heymel. Heymel war Schriftsteller und Kunstsammler. Gemeinsam mit seinem Bremer Vetter Rudolf Alexander Schröder und mit O.J. Bierbaum gab er in München die Zeitschrift «Die Insel» heraus. Er hielt sich im Augenblick gerade in Bremen auf und war ein gern gesehener Besucher in Worpswede.

Die Stimmung ist so gut, daß man nach dem Essen noch nicht gehen mag. Kleine Gesprächsgruppen haben sich gebildet. Man diskutiert über Neuerscheinungen in der Literatur, äußert Gedanken zur Kunst. In einer Ecke des Ateliers sitzt Heinrich Vogeler mit seiner Gitarre und singt «nigger songs». Musik. Schnell werden die Tische beiseite geschoben. Alfred Heymel und Paula Becker. Seine schwungvolle Art zu tanzen, und wie geschmeidig sie auf seine schnell wechselnden, improvisierenden Schritte einzugehen versteht. Heymel gefällt ihr. Aber in Wahrheit ist nicht er allein es, der dieses leidenschaftliche Temperament aus der jungen Frau herauszulocken vermag. Es ist auch der stille Blick Otto Modersohns, den sie den ganzen Abend schon auf sich gerichtet fühlt.

Das Fest im Atelier findet seinen Ausklang auf dem Weyerberg. Alle haben sie Alfred Heymels Vorschlag begeistert zugestimmt, mit einer brennenden Fackel das Finndorfdenkmal zu erklettern. Noch spät nachts läuft die kleine Gesellschaft durch Worpswede und den Berg hinauf. Heymel ist als erster auf dem Denkmal, gefolgt von Paula. Die anderen schaffen es nur bis zur Hälfte.

«He, hier hoch!» ruft Paula und winkt heftig mit den Armen. Ihr Lachen ist übermütig und so laut, daß ihr Carl Vinnen mit dem Finger drohen muß. Als er sie schon gleich am nächsten Tag in ihrem Atelier besucht und ihre Sachen anschaut, ist Paulas Freude groß. Daß sich solch ein Künstler überhaupt um sie kümmert! Auch Otto Modersohn ist nur wenige Tage nach dem gemeinsamen Abend in Paulas Atelier erschienen:

Neulich war Modersohn da. Der hat mir so viel Liebes über meine Sachen gesagt, daß ich fast gar nicht mehr glaubte, daß es meine Sachen waren. Das war lieblich. Gerade Modersohns Urteil ist mir sehr viel wert. Hinterher zwar bekommt man doch wieder einen kleinen Jammer aus Furcht vor Größenwahn. Na, davon mündlich. Mich freut es hauptsächlich für die Eltern. Ich selbst habe ja mein Teil Glück schon vorweg.
undatiert; September 1899

Sommer 1899. Eine Einladung Marie Hills zu einer Reise in die Schweiz war zwar sehr verlockend, aber Paula war so gut in der Arbeit, daß sie absagte, obwohl es ihr ausgesprochen schwerfiel: «Ich habe jetzt nur den einen Gedanken, mich in meine Kunst zu vertiefen, ganz in ihr aufzugehen, bis ich annähernd das sagen kann, was ich empfinde, um dann vielleicht noch mehr in ihr aufzugehen», begründete sie ihren Entschluß und bat die Tante, diese Entscheidung nicht als Undankbarkeit auszulegen, sondern zu verstehen. Worpswede war jetzt ihr Platz, und sie konnte ihn nicht verlassen. Sie kam den Menschen dort jetzt immer näher und fühlte, daß sie viel von ihnen lernte: «Denn ich will aus mir machen das Feinste, was sich überhaupt aus mir machen läßt. Ich weiß, es ist Egoismus, aber ein Egoismus, der groß ist und nobel und sich der einen Riesensache unterwirft.»

Doch schließlich überlegte es sich Paula anders. Der Reiz, den der Gedanke an die Ferne hatte, war einfach zu groß, und der Wunsch, wieder einmal «in der großen Welt» zu sein, zu stark. So folgte der spontanen Absage an Marie Hill schon nach wenigen Tagen eine Zusage.

Paula reiste nach Zürich, hielt sich in Genf und München auf. Sie besuchte Clara Westhoff in Leipzig, die dort bei Max Klinger arbeitete. In Dresden wohnte sie bei den Verwandten Grete und Arthur Becker und schaute sich die «Deutsche Kunstausstellung» an, auf der die «Worpsweder Künstlergemeinschaft» – Mackensen, Modersohn, am Ende, Overbeck, Vogeler und Vinnen – mit zweiundzwanzig Bildern und zahlreichen Zeichnungen vertreten war.

Mitte September war Paula wieder zurück in Worpswede. Wie gut es ihr doch getan hatte, ihr kleines Dorf mit seinem «Drum und

Dran» einmal von draußen zu betrachten und «nicht immer von drinnen». Auf dem Weyerberg ging es jetzt, zur Sommerzeit, sehr lebhaft zu. Viele Menschen waren gekommen, um sich in der Landschaft zu vergnügen. Auch viele «kleine Malweiblein» hatten ihre Staffeleien auf dem Weyerberg aufgestellt, während die «echten, rechten Insassen, Mackensen, Modersohn, Vogeler», verreist waren. An ihre Eltern schrieb Paula:

> Ich sehe eigentlich nichts von den Menschen. Versuche mich wieder tief in meine Arbeit hineinzugraben. Man muß eben den ganzen Menschen der einen, ureinzigen Sache widmen. Das ist der Weg, wie etwas werden kann und wird. (...)
> Diese Hingabe an die Kunst hat auch etwas Selbstloses. Die einen geben es den Menschen, die anderen einer Idee. Ist darüber dieser zu loben und jener zu tadeln? Ein jeder muß es halten, wie die Natur es von ihm heischt.
> *10. September 1899*

Den Aufzeichnungen Paula Beckers aus dieser Zeit ist nur zwischen den Zeilen zu entnehmen, daß es im Spätherbst zu Gesprächen mit den Eltern gekommen ist, die spannungsreich gewesen sein müssen. Haben sich Woldemar und Mathilde Becker der Tochter gegenüber zu kritisch über ihr Leben im Künstlerdorf geäußert? Haben sie Paula den Vorwurf gemacht, sie gehe zu leichtfertig mit ihrer Zeit um und sei zu egoistisch? Lebe im «Taumel dieser Welt», wie der Vater vor längerer Zeit schon einmal kritisiert hatte!
Paula zeigte sich wenig bereit, die Ermahnungen der Eltern zu beherzigen, und wie ernst es ihr war, ihr Leben so weiterzuleben, wie sie es für richtig empfand, wird in einem Brief an ihre Schwester Milly deutlich, den sie ihr mit der Bitte schickte, «den Eltern dies nicht zu zeigen»:

> Ich verlebe jetzt eine seltsame Zeit. Vielleicht die ernsteste meines kurzen Lebens. Ich sehe, daß meine Ziele sich mehr und mehr von den Euren entfernen werden, daß Ihr sie weniger und weniger billigen werdet. Und trotz alledem muß ich ihnen folgen. Ich

fühle, daß alle Menschen an mir erschrecken, und doch muß ich weiter. Ich darf nicht zurück. Ich strebe vorwärts, gerade so gut als ihr, aber in meinem Geist und in meiner Haut und nach meinem Dafürhalten.
21. September 1899

Die Briefe, die Paula Becker ihren Eltern im November schrieb, waren zwar wohlüberlegt im Ton, aber entschieden in der Aussage. Im Vergleich zu ihren früheren Briefen, in denen die Tochter ihrem Vater seitenlang ihre Gedanken zur Kunst anvertraute, schwieg sie jetzt immer mehr zu diesem Thema. «Von der großen, lebendigen Seele, von der Kunst, mag ich nicht schreiben», teilte sie nach Hause mit. «Ich glaube, im Wartenkönnen liegt das halbe Glück.» Konnte man sich nicht damit trösten, daß der Mensch letztlich vom Schicksal geleitet wurde? «Mich hat eben der liebe Gott oder wer sonst es ist, so wachsen lassen.»

Liebe Mutter, ich möchte Dir nur noch einmal schreiben, was ich Dir im Omnibus noch zurief: Sorge Dich nicht um mich, Liebe! Es tut nicht not, wirklich nicht, Liebe! Ich habe so den festen Willen und Wunsch, etwas aus mir zu machen, was das Sonnenlicht nicht zu scheuen braucht und selbst ein wenig strahlen soll. Dieser Wille ist groß, und er wird es zu etwas bringen. Bitte, bitte, laßt ihn dahin streben, wohin es ihn zwingt, er kann nicht anders. Rüttelt nicht daran. Das macht ihn traurig und gibt dem Herzen und der Zunge harte Töne, die sie selber schmerzen. Harret noch ein Kleines in Geduld. Muß ich nicht auch warten? Warten, warten und ringen? Es ist eben das einzige, was so ein armes Menschlein kann: Leben, wie es sein Gewissen für recht hält. Wir können nicht anders. Und dadurch, daß wir sehen, daß unsere nächsten liebsten Menschen unsere Handlungen mißbilligen, erwächst wohl große Traurigkeit. Aber wir m ü s s e n eben wir bleiben, m ü s s e n, um so viel Achtung vor uns selber zu haben, als man braucht, um dieses Leben mit Freude und Stolz zu leben.
Das sind einige schwere Mollakkorde, die von Ferne das Durgejubel meines Lebens durchklingen. Aber der Jubel sei stärker als sie,

und der Feiertag sei größer, auf daß ein jauchzender Wohlklang
hervorgehe, der mehr wert ist als jenes Scheinlächeln der Welt, das
über müde Lippen und Herzen hinweghuscht. Ich bin noch jung
und fühle Kraft in mir und liebe diese Jugend und dieses Leben zu
sehr, als daß ich sie für dieses Lächeln ohne Freude geben möchte.
Wartet nur ein Weilchen. Es muß alles gut werden.
10. November 1899

Gemeinsam mit ihrer Freundin Marie Bock hatte Paula Becker im
Dezember 1899, kurz vor Weihnachten, eine kleine Sammlung ihrer
Studien und zwei Bilder zu einer Ausstellung an die Bremer Kunsthalle geschickt. Den beiden jungen Künstlerinnen war auf Veranlassung Gustav Paulis eigens ein Kabinett für ihre Arbeiten zur Verfügung gestellt worden. Aber das Bremer Publikum reagierte entrüstet
auf die dunkeltonige, breitflächige Malerei der Worpswederinnen.
Wie konnte sich ihre Kunsthalle, so fragten sich die Hanseaten, auf
dieses primitive Niveau begeben und zwei Malerinnen ausstellen,
von denen man noch nie etwas gehört oder gesehen hatte und die es
wagten, solche Bilder zu zeigen! Bilder, die in ihrer Geschmacklosigkeit nicht zu überbieten waren! Nichts weiter waren als Zeugnisse
blutiger Anfängerschaft!

Ein willkommenes Sprachrohr für ihren Unmut fanden die Bremer Bürger in Arthur Fitger. Der Kunstkritiker, selbst auch Maler
und überzeugter Anhänger einer Kunstauffassung des Edlen, Schönen, Historisierenden, der nicht nur die Worpsweder, sondern alles
Moderne überhaupt ablehnte, reagierte in einer Kritik im Bremer
«Weser-Kurier» vom 20. Dezember 1899 höhnisch und heftig auf
die Arbeiten Paula Beckers und Marie Bocks:

Unsere heutigen Notizen müssen wir leider beginnen mit dem
Ausdruck tiefen Bedauerns darüber, daß es so unqualifizierten
Leistungen wie den sogenannten Studien von Maria Bock und
Paula Becker gelungen ist, den Weg in die Ausstellungsräume
unserer Kunsthalle zu finden, ja, daß man ihnen ein ganzes
Kabinett eingeräumt hat, aus dem zuvor die gewöhnlich dort
befindlichen Schätze unserer ständigen Sammlungen entfernt

worden sind. Daß so etwas hat möglich sein können, ist sehr zu beklagen. Für die Arbeiten der beiden genannten Damen reicht der Wortschatz einer reinlichen Sprache nicht aus, und bei einer unreinlichen wollen wir keine Anleihe machen. Hätte eine solche Leistungsfähigkeit auf musikalischem oder mimischen Gebiete die Frechheit gehabt, sich in den Concertsaal oder auf die Bühne zu wagen, so würde alsbald ein Sturm von Zischen und Pfeifen dem groben Unfug ein Ende gemacht haben; in der Kunsthalle wird nicht gezischt und nicht gepfiffen, um so mehr ist es die Pflicht der Kritik, deutlich zu sprechen.

Im Hause Becker hat diese vernichtende Kritik eingeschlagen wie ein Blitz. Paulas Vater ist zutiefst betroffen. Hat er es nicht immer befürchtet? Gewußt sogar? Dieses Worpswede! Es ist also doch ein Fehler gewesen, den Wünschen der Tochter nachgegeben zu haben. Talent, Begabung! Und dann dies?
Erregte Gespräche über die Fitgersche Kritik beherrschen das Familienleben.
Paula stimmt die Skepsis ihres Vaters traurig, aber was kann sie tun?
Nur schweigen. Sie wird weitermachen, das weiß sie ganz genau. Niemand kann sie aufhalten.
Zwei Gedanken machen der Dreiundzwanzigjährigen in diesen unerfreulichen Tagen in Bremen das Leben erträglich: Ganz bald schon würde sich ihr sehnlicher Wunsch, nach Paris zu reisen, erfüllen, und zudem gibt es in ihrem Leben jetzt einen Menschen, für den sie ein Gefühl in sich birgt, das zu diesem Zeitpunkt wohl schon über eine rein schwärmerische Zuneigung hinausgeht.
Nur einen Tag vor ihrer Abreise nach Paris in der Silvesternacht des Jahres 1900 schreibt Paula Becker an den Maler Otto Modersohn:

Silvester-Nacht um ½ 2 Uhr tret' ich die große Reise an. Das wird ein lieblich Stündlein geben, wenn ich diesen Bremer Staub von den Füßen schüttele. Hurrah! Augenblicklich ist in meinem armen Kopfe ein Chaos: Packen, Adieusagen, Fitgergespräche!!! Pariser Pläne und Mozartarien, die meine Schwester im selben

Zimmer singt. Deshalb also nur recht fröhliche Neujahrsgrüße Ihnen und Ihrer lieben Frau. Also im neuen Jahrhundert werde ich in diesem großen Sündenloch von Paris oft an ihr liebes, stilles Häuslein denken, nicht nur bei Jules Dupré und dem Leuchter. Also nochmals auf frohes Wiedersehen.
30. 12. 1899

5. KAPITEL

«Ich muß doch ruhig meinen Weg weitergehen»

Januar 1900 – Juni 1900

Silvester 1899. Während Paula Becker vom Dach des elterlichen Hauses an der Weser noch den Kirchenglocken lauscht, die das neue Jahrhundert einläuten, hat sich die Familie bereits zum Aufbruch versammelt, um sie an den Bremer Hauptbahnhof zu begleiten, der Vater, die Mutter, die Schwestern. Die Trennung fällt keinem von ihnen leicht. Innige Umarmungen. Zum erstenmal wird am Ende der Reise niemand aus der großen Verwandtschaft am Zug stehen, um Paula abzuholen und sie in seinem Hause willkommen zu heißen, wie es in London war und in Berlin.

Der Nachtexpreß Bremen–Paris ist siebzehn Stunden unterwegs.

Ein nebliger, feuchter Neujahrstag. Paris ist ungewöhnlich still. Nur wenige Reisende warten vor dem Bahnhofsportal auf eine Droschke. «Boulevard Raspail, si'il vous plait, Grand-Hotel de la Haute Loire!» ruft die junge Deutsche dem Kutscher zu. «Boulevard Raspail 203.» Während die Kutsche über die Place de la Concorde rumpelt, läßt Paula die Herrlichkeiten der französischen Hauptstadt an sich vorbeiziehen: den Louvre und die Tuilerien-Gärten zu ihrer Linken, die baumbestandenen Champs-Elysées rechts, in der Ferne den Eiffelturm und dann, unter sich, die Seine mit ihren Quais und Brücken.

Die Fahrt vom Bahnhof bis zum Boulevard Raspail dauert lang. Wie erleichtert ist Paula, als der klapprige Wagen schließlich vor dem kleinen Hotel Garni in Montparnasse hält. Die Wirtin führt sie fünf Treppen hinauf in ein winziges Zimmer, in dem gerade ein schmales Bett, Tisch, Stuhl und ein Schrank Platz haben. Paula blickt sich um, zündet eine Kerze an, verteilt ihre wenigen Sachen und läßt sich schließlich, eisenbahnmüde, auf ihr Lager fallen. Paris! Was für ein Augenblick!

Aber die rechte Freude, endlich am lang ersehnten Ziel angekommen zu sein, will sich nicht einstellen. Zu sehr noch muß Paula an die weihnachtliche Wärme ihres Elternhauses, an den Abschied von der Familie und den Freunden in Worpswede denken. Wird sie, aus der friedlichen Stille des norddeutschen Moordorfes kommend, die Kraft haben, in dieser großen, lärmenden Metropole mit ihrer Flut von Menschen zu überleben?

Der Abend hat sich über die Stadt gesenkt, durch das schmale Hotelfenster fällt der fade Schein einer Straßenlaterne, und während Paulas Blick ganz langsam über das verblichene Blumenmuster der Tapete gleitet, beginnt ihre schwermütige Stimmung allmählich einer starken Sehnsucht zu weichen. Bilder ziehen an ihr vorüber, Bilder von weiten Wiesen, von Wasser, Birken, Frauen und Kindern, und in diesen ersten Pariser Tagen des Jahres 1900 notiert sie:

Ich bin in Paris. In der Neujahrsnacht bin ich abgereist. (...) Fromme Gestalten mit weichem, seligem Lächeln möchte ich schaffen, die durch grüne Wiesen wandeln, am Wasser hin. Alles soll fromm und gut sein. Und ich liebe die Farbe. Und sie muß sich mir geben. Und ich liebe die Kunst. Ich diene ihr auf Knien, und sie muß die Meine werden.
Um mich her glüht es von Leidenschaften. Jeder Tag läßt mich eine neue rote Blume gewahren, glühend, scharlachrot. Alle um mich her tragen sie, einige still eingehüllt im Herzen. Und sie ist wie ein erblühender Mohn, von dem nur hier und da ein rotes Zipfelein durch die grünen Kelchblätter winkt.
Und andere tragen sie in bleichen, weichen Händen und haben einen leisen Gang mit schleppenden Gewändern und lassen die Augen auf der Erde ruhen. Aber sie harren des Windes, der da kommen soll, daß er ihre rote Blume neige, auf daß sie die Nachbarblüte küsse und die beiden Erglühenden sich in eine Flamme verschlingen.
Und es gibt andere. Sie schwenken Blicke frecherhobenen Hauptes. Sie streifen jene Blüten und brechen sie und ziehen trunken ihre Bahn. Welches von diesen ist das Leben? Das wahre?
Tagebuch, undatiert

Um Mitternacht wird Paula von einem heftigen Klopfen an ihrer Zimmertür geweckt. Clara! Als sie die bekannte Stimme hört, ist sie sofort hellwach. Die beiden Freundinnen fallen sich in die Arme, ihre Wiedersehensfreude ist groß. Clara Westhoff ist bereits seit vier Wochen in Paris. Sie hat Bildhauerkurse an der Akademie Julian belegt und wohnt ebenfalls in dem kleinen Hotel garni am Boulevard Raspail, Wand an Wand mit Paula.

Clara sei so voll von allem, berichtet Paula ganz angeregt nach Hause und erzählt den Eltern von den gemeinsamen Abendessen mit der vertrauten Freundin am Kamin ihres kleinen Hotelzimmers und von ihren anschließenden Spaziergängen auf den Pariser Boulevards. Wie froh sie ist, wenigstens eine Menschenseele hier zu kennen, und zudem noch eine, von der sie sich auf ihrem künstlerischen Weg unterstützt fühlt.

Wider Erwarten reagiert Woldemar Becker nicht nur kritisch auf die Briefe seiner Tochter, sondern mit großem Unverständnis, was Paula sehr betrüben muß. Für ihn, den pensionierten Baurat, der Paulas Mißerfolg in Bremen immer noch nicht verwunden hat, ist allein Worpswede schuld an der in seinen Augen verhängnisvollen Entwicklung seiner Tochter, und wer könnte das «moderne» Worpswede mehr repräsentieren als Clara Westhoff?

> Es ist gut, für den Anfang jedenfalls, daß Du an Fräulein Westhoff einen sympathischen Stubennachbarn gefunden und mit ihr Deine freie Zeit verbringst. Aber auf Dauer würde ich Dir raten, Dich von ihr zu emanzipieren. Du sollst in ein ganz anderes Milieu kommen, und es ist daher nur vorteilhaft, wenn Du die Worpsweder Bande möglichst von Dir abwirfst und Dich ganz den neuen Eindrücken hingibst. Du läßt Dich, ohne daß Du es merkst, von ihr als der stärkeren Natur beeinflussen, und das halte ich nicht mit Deinem Pariser Aufenthalt vereinbar, oder wenigstens nicht für wünschenswert. (...)
> Je mehr Du Worpswede abschütteln kannst, je weniger Du von dem albernen Worte modern an Dir behältst, desto mehr bist Du einen Schritt vorwärtsgekommen. (...)
> Nimm alles in Dir auf, was schön ist, und entwickle Dein Gefühl für Form. Darin sind uns die Franzosen über. Schön ist alles, was

uns Genuß bereitet. Deine Worpsweder Hängebäuche werden jedenfalls durch zierlichere in der Malakademie ersetzt werden.
8. Januar 1900

Sieh, das ist das Verkehrte, daß wir damit einverstanden waren, daß Du nach Worpswede gingst. Du, mein lieber Diamant, bist nicht in die richtige Mühle gekommen.
5. Februar 1900

Warum, fragt sich Paula, warum diese väterliche Unzufriedenheit, diese Schwarzseherei? Warum die Forderung nach dem Bruch mit Worpswede? Warum traut ihr der Vater nicht zu, daß sie sich auf dem richtigen Weg befindet? Was ihre Beziehung zu Clara Westhoff betreffe, so solle sich der Vater nicht beunruhigen, schreibt Paula beschwichtigend nach Bremen. Bis auf die Anatomiekurse an der *Ecole des Beaux Arts*, die die beiden Freundinnen gemeinsam zu besuchen planen, hätten sie doch eine jede für sich ihre eigene Lebensweise und Arbeitsrichtung. Entschieden macht Paula ihrem besorgten Vater klar, daß niemand sie von ihrem ganz eigenen künstlerischen Weg abbringen kann:

Ich muß doch ruhig meinen Weg weitergehen. Na, wenn ich erst was kann, dann wird's besser. Ihr scheint mir's zwar nicht zuzutrauen, aber ich.
18. Januar 1900

Ihre erste Pariswoche nutzte die junge Malerin, um sich in der Stadt zu orientieren. In ihrem Viertel, in Montparnasse auf dem linken Seine-Ufer, wo sich inzwischen auch die französische Avantgarde, vom Montmartre kommend, anzusiedeln begann und bereits Schwärme amerikanischer Künstler und Abenteurer wohnten, hatte sich ein reges Kaffeehausleben entwickelt. Kreative aus aller Herren Länder trafen sich in der Closerie des Lilas auf dem Boulevard du Montparnasse und in den Cafés Dôme und La Rotonde. Es war die Zeit, da dem Publikum der Preis von vierhundertundfünfundzwanzig Francs für Auguste Renoirs «Loge» noch zu hoch war und

Claude Monet sich glücklich schätzte, für seinen «Weißen Puter» hundert Francs zu bekommen. In den Tagen, als Paula Becker in Paris eintraf, hatte ein bekannter Kunsthändler eben einen Stapel impressionistischer Studien von seinem Stand am Boulevard St. Germain entfernt, weil er befürchtete, sie könnten seinem Ruf und den «schönen» Blättern schaden, die er sonst noch verkaufte.

Paula macht lange Spaziergänge entlang der Seine, stöbert bei den Bouquinisten an den Quais nach alten Büchern und hält sich gerne in den vollgestopften Läden der Antiquare auf. Akrobaten und Mimen stellen sich in den Straßen zur Schau, Musik tönt von weitem. Zweirädrige Pferdegespanne holpern über die breiten Boulevards.

Von ihrem kleinen Hotel garni führt der Weg durch den Luxembourg-Garten mit seinen Alleen, seinen alten Bäumen und steinernen Figuren hinüber ins Quartier Latin, wo sie in den großen Sälen der Sorbonne Vorlesungen über Kunstgeschichte hört. Vorwiegend aus sprachlichen Gründen, wie sie betont. Wie großartig der Louvre ist! Hier könnte sie ganze Tage verbringen! Paula beginnt Tizian zu begreifen, lernt Botticellis Madonnen und die biblischen Geschichten des Fiesole lieben. Rousseau, Corot und Millet offenbaren sich ihr. Von Millet hat sie auch schon viele wunderbare Bilder in den Kunstläden gesehen. Ein Mann auf dem Felde, der sich die Jacke anzieht, gegen die helle Abendluft.

Paula muß an Otto Modersohn denken. Wie oft hat er ihr schon von den Franzosen erzählt, von den «Intimen», wie er sie nennt und die er so verehrt. «In das dicke Blut der Deutschen müßte immer von Zeit zu Zeit von dem lebendigen, temperamentvollen Wesen der Franzosen etwas eingeführt werden», sagt er. Manchmal wünscht sich Paula, Modersohn wäre ebenfalls in Paris und sie könnten sich die Kunst gemeinsam anschauen. Schade! Und eigentlich auch ungerecht, meint Paula, daß sie dies alles erleben darf und er nicht.

Die Akademie Colarossi in der Rue de la Grande Chaumière, einer kleinen Seitenstraße des Boulevard du Montparnasse, war um die Jahrhundertwende neben der Akademie Julian die bekannteste private Kunstschule von Paris, bestehend aus einer Vielzahl barackenartiger, von wildem Wein umrankter Häuschen. Die Öfen brannten schlecht und heizen die Räume nur dürftig. Die Lichtverhältnisse waren mäßig, von der Luft in den Ateliers ganz zu schweigen. Dennoch war der Zustrom groß.

Bei Philippo Colarossi, einem ehemaligen Modell italienischer Abstammung mit schwarzem, in die Stirn gekämmtem Haar, ließen sich vorwiegend Frauen und Ausländer im Aktzeichnen und Malen ausbilden. An seiner Schule mußten keine Aufnahmeprüfungen gemacht werden. Das Angebot an qualifizierten Lehrkräften war groß, und an Modellen für seine zahlreichen Schüler und Schülerinnen mangelte es Colarossi nicht. Schon früh morgens standen viele von ihnen, darunter ganze italienische Familien, in der Rue de la Grande Chaumière Schlange, weil sie hofften, sich als Madonnen und Cherubine, als antike Helden und edle Krieger ein paar Sous verdienen zu können.

Diese privaten Ateliers bildeten zusammen mit der staatlichen Kunstakademie *Ecole des Beaux Arts* die Basis des Pariser Kunstlebens. Meisterkünstler sorgten für die Ausbildung des Nachwuchses und stellten außerdem die Jury des alljährlich stattfindenden Pariser Salons, jenes Kunstmarktes, der für junge Künstler und Kunststudenten aus der ganzen Welt Anlaß war, nach Paris zu pilgern. Sie kamen in der Hoffnung, ihre Werke dort angenommen und zu möglichst hohen Preisen verkauft zu sehen.

Als Paula Becker zum erstenmal das Atelier bei Monsieur Colarossi betritt, treffen sie die Blicke der anderen Schülerinnen wie spitze Pfeile. Eine Neue! Mit Hut und Pelz. Wie eine, die sich ihr Geld selbst verdienen muß, um die Kurse bezahlen und sich ein Zimmer in der Stadt leisten zu können, sieht sie nicht gerade aus. Ob sie die Malerei zu ihrem Beruf machen will? Oder gehört sie zu diesen Töchtern aus besserem Haus, diesen Amateurinnen, die an die Akademie kommen, um mit Zeichnen und Malen die Zeit bis zur Heirat auf angenehme Weise zu überbrücken?

Paula hat vormittags und abends Aktzeichnen belegt:

(...) morgens mit den Weiblein, abends mit den Männlein. (...) Zwischen den Weiblein morgens gibt es viel rauhe Haare und ungeputzte Stiefel, einige kluge Köpfe und wenig Talent. Sie ar-

beiten mehr wie das Herdenvieh, ohne Ahnung, worauf es ankommt. (...) Abends um sieben Uhr, bei den Männlein, geht's noch komischer zu. Gibt es da komische Gestalten! Eigentlich vernünftig, wie bei uns zu Hause, sieht kein einziger aus. Sammetanzüge, lange Haare, Hemdärmel, Handtücher als Schlipse und andere kleine Eigenheiten haben diese angehenden Künstler aufzuweisen. (...) Viel Yankees, viel Spanier, Engländer, einige Franzosen und Deutsche. Die Unterhaltungen der Herren sind oft eigenartig. (...) Im ganzen wird hier aber sehr viel besser gearbeitet, das heißt mit wenig Auffassung, aber richtiger als bei den Fräuleins. Im ganzen sitzt aber mehr Gesundheit und Kraft dahinter. Und was bei den Männern etwas raudihaft wirkt, wirkt bei den Mädchen gleich so unschön. Wir haben es, glaube ich, doch schwerer. Aber **trotz und alledem ist das Leben schön**, und ich fühle das und komme auch mit meiner Kunst weiter und bin froh. Ich bleibe hier so lange, wie ich kann, und dann kann ich vielleicht ein wenig, und dann komme ich wieder nach Worpswede. Denn wie lieb ich das habe, das fühle ich hier in der Ferne ordentlich.
29. Februar 1900

Am Anfang der Woche kamen Girardot und Collin zur Korrektur, in der zweiten Wochenhälfte Courtois. Den Zeichenunterricht von Courtois schätzte Paula besonders, weil ihm im Gegensatz zu den beiden anderen Professoren, die fast nur auf Richtigkeit achteten, das Malerische wichtig war. Zudem muß Courtois frühzeitig erkannt haben, was seine Schülerin ganz besonders interessierte.

Die Pariser Akte – Rückenansichten von Frauen und Mädchen, Männerakte –, gelassen posierend und mit feinen Kohlestrichen ausgeführt, haben immer weniger von dem Knochigen, Sehnigen der Worpsweder Akte, über die sich Woldemar Becker so erregen mußte.

Paula schickt eine kleine Aktzeichnung nach Hause. «Anbei auch ein Aktlein. Es wäre ganz interessant, wenn Ihr Euch als Gegenstück einmal die Berliner Akte vom Boden holen wollt. Ihr werdet finden, daß alles mehr an der richtigen Stelle sitzt, überhaupt mehr drin ist.» Ist sie inzwischen nicht schon eindeutig weitergekommen?

Zunehmend erkennt Paula den Sinn des akademischen Zeichnens, fühlt, wieviel sie lernt. Zu ihrer eigenen Überraschung hat sie sogar Spaß am Anatomieunterricht, der gratis an der *Ecole des Beaux Arts* erteilt wird. In dieser Disziplin ist die Staatliche Akademie ausnahmsweise auch für Frauen zugänglich. So sehr Paula der anatomische Zeichenunterricht als bedeutende Erfahrung, als Ergänzung und Perspektive einleuchten mag, so kritisch äußert sie sich im Hinblick auf das Malen in Öl:

Ich weiß nicht, ob unsere deutschen Akademien auch so sind. Aber dies ist furchtbar. Man malt ganz ohne Farbe. Das A und O sind die Valeurs, das andere ist alles Nebensache. Ich bin furchtbar ausgescholten worden. Ich dachte, die Valeurs wären meine gute Seite. Jetzt merke ich, wieviel ich da noch lernen muß. (...) Zwei Wochen lang wird an einem lebensgroßen Akt gemalt (d. h. Licht und Schatten in den rechten Valeurs hingesetzt. Malen darf man es eigentlich nicht nennen). Aber ich glaube, mein Gefühl für Form wird dabei auch verfeinert. Kurz und gut: Ich will es aushalten.
Anfang Mai 1900

Zu den Arbeiten Paula Beckers, die in dieser Pariser Zeit entstehen, gehören der «Blick aus dem Atelierfenster der Künstlerin» und das «Selbstbildnis mit Häuserhintergrund». Bilder, auf denen die Vereinfachung der Form bereits betont wird und die Farbe zugunsten eines flächigen Bildaufbaus stark zurückgenommen ist.

Ihr kleines Hotelzimmer am Boulevard Raspail verließ Paula Becker bereits zwei Wochen nach ihrer Ankunft in Paris. Es war ihr zu schmuddelig. Sie hatte sich darüber ärgern müssen, daß ihr Bett nie vor dem späten Nachmittag gemacht wurde, und überhaupt fand sie die ganze Atmosphäre dort ungemütlich.

In einem der Hofgebäude des Atelierhauses in der Rue Campagne Premiere 9 hatte die junge Malerin ein winziges Leerzimmer gefunden, das sie mit wenigen Möbeln und Kisten selbst einrichtete. Mimosen und Narzissen schmückten Paulas neues Reich. Welch ein Glück, daß sie jetzt endlich allein und ohne Tantenaufsicht wie in England und Berlin schalten und walten durfte! Von dem Geld, das ihr die Familie schickte, konnte sie sich sogar eine «femme de ménage» leisten, die ihr sonntags den Boden schrubbte. Und wenn sie keine Lust hatte, für sich allein zu kochen, ging Paula in die kleine Crémerie gleich gegenüber der Akademie. Hier scharte sich mittags und gegen Abend immer allerlei Volk um die wenigen Tische.

Bei dieser von Paula erwähnten Crémerie muß es sich um die von Madame Charlotte gehandelt haben, im Montparnasse jener Zeit eine Institution. Der kleine, mit Bildern vollgestopfte Raum glich eher dem Laden eines Kunsthändlers als einem Restaurant. Madame Charlotte pflegte, die Lippen tiefrot geschminkt, hinter dem kleinen Tresen in der Ecke gegenüber der Eingangstür zu sitzen und ihre Künstlerkundschaft zu begrüßen. Die meisten ihrer Gäste schienen vertraute Freunde zu sein. Oft lieh Madame, bei dieser Kundschaft selbst dem Bankrott nahe, dem einen oder anderen ihrer kunstschaffenden Schützlinge Geld, damit er seine Miete bezahlen konnte, oder bot ihm an, in ihrer Crémerie auf Kredit zu essen.

In ihren Aufzeichnungen erwähnt Paula keinen Maler, dem sie während ihrer Mahlzeiten bei Madame Charlotte vielleicht einmal gegenübergesessen hätte. Daß unter vielen anderen damals bereits bekannten Künstlern auch der von Paula so sehr verehrte Paul Gauguin in dem kleinen Restaurant ein und aus ging, wenn er in Paris war, wird die junge Kunststudentin wohl nicht gewußt haben.

Was mochte es mit der Rue Lafitte auf sich haben, von der Paula immer wieder hörte? Von der «Bilderstraße» war die Rede. «Ich komme gerade aus der Rue Lafitte», sagten die Professoren an der Akademie, oder: «Haben Sie Monsieur X gestern in der Rue Lafitte getroffen?»

Paula war mit dem Omnibus bis zur Kirche Notre Dame de Lorette im neunten Arrondissement gefahren und hatte die kleine schmale Straße gleich hinter der Kirche gefunden. Winzige Geschäfte reihten sich aneinander. Sie stieß auf einen kleinen Laden mit einem Schaufenster, in dem eine Reihe von Kohlezeichnungen und ein paar Gemälde ausgestellt waren. «Ambroise Vollard. Kunsthändler» stand auf einem Messingschildchen neben der Tür. Vollard. Den Namen dieses Mannes mußte sie schon gehört haben. Aber ahnte sie zu diesem Zeitpunkt, daß sie sich hier in der Rue Lafitte im brodelnden Zentrum des Pariser Kunsthandels befand, der

Pilgerstätte für alle jungen Maler. Nur ein paar Häuser weiter als Vollard, in der Nr. 16, siedelte Paul Durandt-Ruel, der bedeutendste Impressionistenhändler von Paris, und auch Bernheim Jeune betrieb in der Bilderstraße seine Galerie. Wenn er gut gearbeitet hatte, machte Degas noch gern gegen Abend einen kleinen Gang durch die Rue Lafitte, und auch Matisse stöberte häufig in den Galerien. Kurz vor Paulas Ankunft in Paris hatte der junge Künstler bei Vollard für 1200 Francs ein kleines Bild mit «Badenden» von Cézanne erworben. Cézanne selbst ging allerdings, wenn er sein Atelier verließ, lieber zu den alten Meistern in den Louvre, und von Manet wurde behauptet, daß er die Rue Lafitte überhaupt nicht mochte. Der elegante Pariser Künstler hatte kein großes Interesse an der Malerei seiner Kollegen, und er wollte auch gar nicht wissen, wie es den anderen Künstlern finanziell ging.

Paula gibt sich einen Ruck und tritt in das Geschäft ein. Knarrend fällt die Tür ins Schloß, eine Glocke schellt. Sie sieht sich vorsichtig um, hört jemanden eine Stiege heraufkommen. Dort unten müssen mehrere Menschen zusammensitzen. Stimmen, Musik. Ein Herr mit Bart, wohl um die Dreißig, nickt der Besucherin freundlich zu.

«Darf ich schauen?» bittet Paula und wendet sich sogleich einer Reihe von Bildern zu, die in einer Ecke des Raums an die Wand gelehnt stehen. Mit sicherem Griff dreht sie die Bilder um. Lange schaut sie jedes einzelne an. Ein Flußufer, Bäume im Wind. Wasser. Himmel. Früchte, Blumen. Würden es ihre Studenteneinkünfte erlauben, sie würde sich eine dieser Leinwände kaufen! Auf jeden Fall muß sie Clara diese Bilder zeigen!

Die Freundin Clara Westhoff wird über jenes auch sie tief beeindruckende Kunsterlebnis später notieren:

> Eines Tages forderte sie mich auf, sie bei einem Weg ans andere Seine-Ufer zu begleiten, um mir dort etwas Besonderes zu zeigen. Sie führte mich zu dem Kunsthändler Vollard und begann in seinem Laden gleich – da man uns ungestört ließ – die an die Wand gestellten Bilder umzudrehen und mit großer Sicherheit einige auszuwählen, die von einer neuen, wie es schien Paulas Art verwandten Einfachheit waren. Es waren Bilder von Cézanne, die

wir beide zum erstenmal sahen. Wir kannten nicht einmal seinen Namen. Paula hatte ihn auf ihre Art entdeckt; und diese Entdeckkung war für sie eine unerwartete Bestätigung ihres eigenen künstlerischen Suchens. Ich wunderte mich später, nichts davon in ihren Briefen zu finden. Vielleicht schien es ihr unmöglich, sich hierüber verständlich mitzuteilen – ja, vielleicht war dieses Erlebnis so wenig aussprechbar, daß es nur in Arbeit umgewandelt werden konnte.

Welche Bilder Paul Cézannes mag die junge deutsche Malerin an jenem Nachmittag in Paris gesehen haben? Ihren Aufzeichnungen ist zwar nichts darüber zu entnehmen, aber wahrscheinlich waren viele von Cézannes später berühmt gewordenen Werken darunter, Bilder aus den Jahren 1868 bis 1895 also, die Vollard im Dezember 1895 in seinen Räumen in der Rue Lafitte erstmals in einer Cézanne-Einzelausstellung zu präsentieren gewagt hatte. Mit dieser Einzelausstellung war der Maler aus Aix-en-Provence nach zwei Jahrzehnten des Vergessens wieder in das Licht der Öffentlichkeit geraten. Doch immer noch beschimpfte und verschmähte ein Großteil des Publikums Paul Cézanne als «faulen Witz», und selbst die großen Maler wollten die Werke des Kollegen nicht anerkennen. Seine Stilleben und Landschaften, ja, die konnte man gerade noch verstehen, aber die Gesichter mit den herabhängenden Backen zum Beispiel! Diese Verformungen waren schockierend! Nur ganz wenige Kenner nahmen Cézanne damals mit Begeisterung auf.

Es ist wahrscheinlich, daß Paula Becker bei Vollard auch eine Reihe von Bildern van Goghs gesehen hat. Der Kunsthändler hatte gerade ein Jahr zuvor die erste größere Ausstellung der Werke des Holländers präsentiert: sechzig Bilder aus van Goghs Amsterdamer Atelier, dazu Zeichnungen und Aquarelle. Für das «Mohnfeld», das bei Vollard stand, wollte ein irritiertes und verständnisloses Publikum damals nicht einmal fünfhundert Francs zahlen.

Cézanne. Außer Clara Westhoff verriet Paula Becker niemandem etwas von ihrer eindrucksvollen Begegnung mit der Kunst des Südfranzosen. Er komme ihr vor wie «ein großer Bruder», soll sie zu der Bildhauer-Freundin gesagt haben. Kein Wort über ihn in ihren

Briefen nach Deutschland. Begeistert äußerte sie sich hingegen über einen gewissen Charles Cottet, einen weiteren Zeitgenossen, der um 1900 neben Lucien Simon und J. E. Blanche zu den bekannten Modernen Frankreichs gehörte. Cottet hatte mit zweiundzwanzig Jahren die Bretagne entdeckt und in dieser Landschaft die Themen für seine Arbeit gefunden; großformatige Bilder zumeist, die das schicksalhafte Leben der einheimischen Fischer- und Schifferfamilien schildern. Cottets Auffassung von der Natur, seine künstlerischen Ziele, die denen der Worpsweder ähnlich waren, konnte Paula Becker nachvollziehen. Womöglich hatte sie schon in Deutschland von den farblich von kräftigem Dunkelblau und tiefem Braun bestimmten Werken Cottets gehört oder seine Bilder auf Ausstellungen der Münchner und Berliner Secession gesehen. Sicher wußte sie auch, daß Charles Cottet zu den Nabis Verbindung hatte. In ihren Aufzeichnungen erwähnt Paula Becker zwar nichts von der Ausstellung dieser Maler in der Galerie Bernheim Jeune im April 1900, aber mit großer Wahrscheinlichkeit hat sie sie gesehen. Auch Puvis de Chavannes, ein von Cottet sehr verehrter Freund, gehörte zu jenen Künstlern, die Paula Beckers Aufmerksamkeit weckten. Er sage so viel Schönes, Tiefes, notierte sie angesichts der Gemälde des französischen Meisters der Monumentalmalerei. Das sei einer, der stehe «auf einmal so ganz vereinzelt dazwischen». Von Puvis de Chavannes stammen die Fresken an den Seitenwänden des Pariser Panthéon, die das Leben der heiligen Genoveva darstellen, und im Rahmen ihrer Kunstgeschichtsvorlesungen an der Sorbonne muß Paula auch im Grand Amphithéatre das berühmte Wandbild «Der heilige Hain» des von ihr bewunderten Malers genau studiert haben. Natürlich konnte die junge Kunststudentin nicht ahnen, daß der Meister zu jenen Zeitgenossen gehörte, die die Kunst eines Paul Cézanne von ganzem Herzen ablehnten, sie sogar als Betrug empfanden.

Im Luxembourg-Museum, das die Kunst des 19. Jahrhunderts und der Gegenwart zeigte und das modernste Museum von Paris war, gab es einen kleinen Saal gleich rechts neben dem Eingang. «Salle Caillebotte» hieß dieser Ausstellungsraum. Er war nach dem impressionistischen Maler und Sammler Gustave Caillebotte benannt worden, der dem französischen Staat seine Kollektion impressionistischer Werke mit der Auflage vermacht hatte, daß seine Sammlung von siebenundsechzig Bildern geschlossen bliebe. Bilder von Paul Cézanne und Auguste Renoir, von Camille Pissarro, Claude Monet und vielen anderen. Nur widerwillig hatte das Institut de France die Schenkung angenommen. Paul Cézanne. Was sollte man mit Paul Cézanne? Von diesem Maler wollte doch niemand etwas wissen. Und Claude Monet? Um ein Haar wären auch seine Bilder nicht an die Wände des «Salle Caillebotte» gehängt worden.

«Kennen Sie ihn?» fragt Paula Becker nach einem Besuch des Luxembourg-Museums in einem Brief an Otto und Helene Modersohn. Ganz offensichtlich hat sie die Malerei des Impressionisten Monet kaum berührt. Seine Auffassung von der Natur scheine ihr eine oberflächliche, gibt sie zur Erklärung. Otto Modersohn antwortet:

> Sie fragten, was ich zu Monet sagte. Den mag ich nicht. Monet gehört ja zu denen, die die letzten Konsequenzen aus dem Naturalismus ziehen, die mit der Uhr in der Hand ihre Bilder malen draußen, ich meine, genau Tag und Stunde wechseln und nicht länger wie 1/2 Stunde malen, weil sich dann die Sonne zu sehr gedreht hat. Es ist eine Kunst, wenn auch tüchtig in Hinsicht auf Beobachtung, doch völlig äußerlich, mich gänzlich kalt lassend. Puvis de Chavannes – das ist ein Mann von anderem Holze, gern sähe ich von dem mal etwas. – Überhaupt sähe ich gerne französische Kunst, alte und neue, wenn man auch schließlich mit um so schärferem Nachdruck zum eigenen Schaffen zurückkehren würde.
> *25. März 1900*

Lange hat Paula aus dem Fenster ihres Hinterhofateliers im vierten Stock geschaut, den Brief Otto Modersohns in der Hand. Gegenüber eine Hauswand, Fensterreihen. Dächer. Schächte. Tief unten der Hof. Der Himmel ist bedeckt.

Otto Modersohn. Sie sieht ihn vor sich. Stellt sich vor, wie er einen Bogen Papier und seine Feder nimmt und sich auf die kleine

Bank in der Veranda seines Hauses setzt und an sie schreibt. Sie weiß so wenig von ihm. Bisher haben sie nur selten miteinander geredet. So gerne würde sie Bilder von ihm sehen. Und ihm ihre neuen Bilder zeigen.

Was Modersohn jetzt wohl malt?

Seine Zeilen haben Erinnerungen an Worpswede geweckt.

Wie mag es jetzt, Anfang März, dort aussehen?

Ob noch Schnee liegt? Die Hamme zugefroren ist?

Die Stimmen zweier im untersten Stockwerk ihres Hauses sich streitender Menschen, laute Stimmen eines Mannes und einer Frau, die im Hof widerhallen, haben Paula aus ihren Gedanken gerissen. Sie schließt das Fenster.

Eigentlich müßte sie dringend schreiben, wenn der Gruß am Sonntag zu Hause bei ihrer Familie auf dem Frühstückstisch liegen soll. Oft fällt es ihr wirklich schwer, so regelmäßig zu berichten. Aber dieses Mal gibt es etwas Neues, worüber sie sich sicher alle freuen werden! Die Medaille! Sie wird ihnen erzählen, daß ihr, der Malschülerin Paula Becker aus Bremen, eine Medaille verliehen worden ist! Ihre vier Professoren haben sie ihr beim Concours in der Schule zugesprochen.

Paula nimmt ein Glas schwarzer Tusche und einen feinen Pinsel. Dann greift sie zu einer der leeren Postkarten, von denen ein ganzer Stapel auf dem Bord liegt, macht ein paar Striche: Eine weibliche Figur in langem Kleid, in der Rechten eine Palette, in der Linken drei Pinsel, im Hintergrund die Seine, Notre-Dame. «Selbstbildnis der mit einer Medaille dekorierten Künstlerin», schreibt Paula an den unteren Rand der Karte, die sie an die Mutter adressiert. Wenige Tage später schreibt sie in einem Brief an die Eltern:

Ich fühle mich erstarken und weiß, daß ich durch den Berg hindurchkomme und über ihn hinweg. Und wenn ich ihn erst hinter mir liegen habe, werde ich mich einen Augenblick umschauen und sagen: das war nicht leicht. Wohl werden vor mir neue Berge liegen. Aber das ist ja gerade das Leben, und dazu hat man seine Kräfte. Wie sehr ich diesem Pariser Aufenthalt innerlich dankbar bin! Eigentlich ist es nur ein fortgesetztes Worpswede: ein stetes Arbeiten und Denken an die Kunst. Aber mir haben sich

neue Perspektiven aufgetan, Ergänzungen und Erläuterungen zu dem Alten, und ich fühle, daß es was wird. Es ist eben auch hier bald Frühling.
Um den 3. März 1900

Wenn ich erst malen kann! Vor vier Wochen wußte ich es so genau, was ich wollte. Ich sah es innerlich vor mir, ging damit herum wie eine Königin und war selig. Jetzt sind wieder Schleier gefallen, graue Schleier, und verhüllen mir die Idee. Ich stehe als Bettler vor der Türe, fröstelnd und flehe um Einlaß. Geduldig Schritt für Schritt zu gehen ist schwer. Wenn man jung ist und verlangend. Und dann fängt es menschlich an, mir zu tagen. Ich werde Weib. Das Kind beginnt das Leben zu erkennen, den Endzweck des Weibes, und harret seiner Erfüllung. Und es wird schön werden, wundervoll. Und ich gehe durch die Boulevards, und Scharen von Menschen begegnen mir, und in mir ruft es: «So etwas Schönes, wie ich es noch vor mir habe, habt ihr alle, alle, alle nicht!» Und dann ruft es: «Wann wird es kommen? Bald?» Und dann spricht die Kunst und will noch zwei ernste, ungeteilte Jahre der Arbeit haben.
Ernst ist das Leben und inhaltvoll und schön.
Tagebuch, um den 13. April 1900

Frühling 1900. Zu dem engeren Freundeskreis Paula Beckers und Clara Westhoffs in Paris gehörten vorwiegend junge deutsche Künstler. «Ein prächtiger Schlag», freute sich Paula, «zuverlässig, arm und kindlich!» Sie seien sehr anders als die jungen Franzmänner, konstatierte sie: «Mit Feuer bei ihrer Sache!» Die beiden Mädchen aus Bremen hatten den Bildhauer Karl Albiker kennengelernt, der auch bei Auguste Rodin arbeitete, und den Schweizer Maler Adolph Thormann. Vorübergehend gehörten auch Emil Nolde und dessen Freundin, die Hamburger Malerin Emmi Walther, zu dem Kreis. Gemeinsam feierte man Feste in den kleinen Ateliers, teilte Wein, Topfkuchen und Erdbeerpudding, spielte Mandoline und Geige und sang deutsche Lieder zur Gitarre. Oft spazierte die kleine Gesellschaft noch hoch zum Montmartre und schaute von den breiten

Stufen der Freitreppe vor der Sacré-Cœur-Kirche auf Paris, das leuchtend und betörend schön unter ihnen lag.

Die Sonntage in Paris sind still. Auch Paula läßt an diesem Tag die Arbeit ruhen. Bei schönem Wetter fährt sie mit ihrer Freundin Clara hinaus aufs Land. Bei Claras Freunden, den Uhlemanns, die ein Haus in dem kleinen Ort Jointville an der Marne haben, werden sie herzlich empfangen. Hier stehen Gästezimmer für die beiden jungen Frauen bereit, und das gute Essen bietet ihnen eine willkommene Abwechslung zu den eher dürftigen Mahlzeiten, die sie von Paris her gewohnt sind. An manchen Wochenenden besteigen Paula Becker und Clara Westhoff auch den kleinen Dampfer am Anleger Louvre und lassen sich die Seine hinauf bis zur Endstation schippern, wo sie aussteigen und einen langen Spaziergang bis zu dem kleinen Ort Vélizy machen. Üppig grünes Gebüsch und hohe Pappeln, efeuberankte alte Gemäuer und satte Wiesen säumen die Ufer der breiten, träge dahinfließenden Seine. Berauscht von der Fülle der Natur, Gerüchen von feuchtem Gras und sprießendem Grün, wandern die beiden Künstlerinnen durch die Landschaft und singen Frühlingslieder. In Vélizy machen sie unter blühenden Obstbäumen Rast, quartieren sich in einer kleinen Pension ein und schreiben nachts im Mondschein Briefe an ihre «großen Männer»: an die Worpsweder, an Max Klinger und Carl Hauptmann. Auch das Schloß von Versailles ist hin und wieder das sonntägliche Ausflugsziel der beiden Freundinnen. Tief beeindruckt von der märchenhaften Großartigkeit der königlichen Anlage, streifen sie bis in den späten Abend durch die Gärten und Alleen mit den alten Bäumen.

Natürlich werden diese heiteren Stimmungen, wird dieses Gefühl von Glück und Lebensfülle auch immer wieder unterbrochen von einer Schwere, von einer Müdigkeit, die Paula, zurück in ihrem Pariser Zimmer, überfällt. Dann ist ihr der Gestank nach Knoblauch und Absinth widerwärtig, dann findet sie alle Frauen wüst, die Straßen schmutzig, die Menschen hektisch, dann sieht sie nur Elend, Scheußlichkeiten, Abgründe. In solchen Augenblicken notiert sie:

Ich bin seit Tagen traurig, tieftraurig und ernst. Ich glaube, die Zeit des Zweifels und des Kampfes wird kommen. Sie kommt in jedem ernsten schönen Leben. Ich wußte, daß sie kommen mußte.

Ich habe sie erwartet. Mir ist nicht bang davor. Ich weiß, sie wird mich reifen und weiterbringen. Aber mir ist so ernst und schwer, ernst und traurig. Ich gehe durch diese große Stadt, ich blicke in tausend, tausend Augen. Ganz selten finde ich da eine Seele. Man winkt sich mit den Augen, grüßt sich, und ein jeder geht weiter seinen einsamen Weg. Aber man hat sich verstanden. Die Schwesternseelen hielten sich für einen Augenblick umschlungen. Dann gibt es andere. Mit denen spricht man viele, viele Worte, man läßt das Bächlein ihres Geredes über sich fließen und hört den Brunnen ihres Gelächters und lacht mit. Und in der Tiefe fließet der Styx, tief und langsam, und weiß nichts von Bächlein und Brunnen. Ich bin traurig, und um mich her lagern schwere duftdurchschwängerte Frühlingslüfte.
Ende April 1900

Sorgenvoll reagieren Mathilde und Woldemar Becker auf diese Stimmungen ihrer Tochter, die sich natürlich auch in ihren Briefen nach Hause niederschlagen. Ob sie sich wirklich richtig ernähre, genügend esse? fragt die Mutter und schickt ein Päckchen Eisentabletten nach Paris. Ob sie Geld brauche? erkundigt sich der Vater, betrübt über den deprimierten Ton seiner Tochter, und kündigt Paula an, er werde ihr so schnell wie mögliche eine Summe schicken. Zu Paulas gedrückter Stimmung in dieser vorösterlichen Zeit trägt nicht zuletzt auch ein Brief Heinrich Vogelers bei, den sie Mitte April erhält:

Liebes Fräulein Becker, glauben Sie mir, hier ist es einfach demoralisierend. Wie hier die Menschen im allgemeinen denken, das ist nicht menschlich, jeder für sich wird ein Sonderling, sein Horizont schrumpft ein und sitzt auf seinem Sofa und hütet ängstlich seine kleinlichen Gefühle. Dabei ist hier alles trostlos geworden. Worpswede wird Villenkolonie. Overbecks sind dieselben wie immer und geben nichts ab von ihren geheimen geistigen Habseligkeiten. Am Ende schleicht grollend und finster grüßend und – ist mein Nachbar. Modersohn ist sehr nett, aber vollkommen blind gegen den entsetzlichen Zustand seiner armen Frau. (...)
– Trotz aller dieser Mißstimmung bin ich wohl der Geschwollenste

hier. Ich möchte die Welt etwas aus den Angeln nehmen; solch ein Kraftprotz bin ich geworden. Fühle mich erhaben wie ein König. Habe in München viel schlimme Sachen gehabt, manche früher liebe Freunde verloren und bekomme als Isolierter immer kräftigere Standbeine. Vielleicht verliere ich auch hier noch alles, vielleicht gerade durch meine einzige Geliebte, aber was schert mich dies alles, der ich meine ganze Kraft habe durch sie. Solange mir dieser Glaube nicht genommen ist, lebe ich als Künstler. Wenn auch dieser fiele, dann wäre meine Uhr abgelaufen. (...)
Übrigens, Sie haben sich in den letzten Jahren hier kolossal verändert zu Ihrem Vorteil, Sie sind so frei von althergebrachten Poesierequisiten geworden, und überhaupt, früher hätte ich Ihnen so'n verrückten Brief aus der einfachen Stimmung, die mich grad bewegt, nicht schreiben können.
April 1900

Am Morgen des Gründonnerstag hatte Paula Becker in der Kirche die Matthäuspassion gehört. Auf dem Nachhauseweg war sie über den kleinen Markt unweit der Rue Campagne Première geschlendert, wo ihr jedesmal die farbige Pracht der Blumen so entgegenleuchtete, daß sie nicht daran vorbeigehen konnte, ohne sich ein paar Levkojen oder einen Strauß Narzissen für die grüne Vase mitzunehmen, die sie vor einigen Tagen in einem Antiquitätenladen in der Rue de Seine erstanden hatte. Wie stark sie der Duft der Levkojen an ihre Kindheit erinnerte! An das Beet in dem alten Garten ihres Hauses in der Friedrichstraße. An ihre Geschwister. An den älteren Bruder Kurt, der mit ihr, der kleinen Schwester, zwischen den Blumen saß und die Bienen beobachtete oder mit ihr am Reck hinter dem Resedenbeet turnte. Wie viele ihrer frühkindlichen Eindrücke und Empfindungen waren ihr geblieben. Wie viele Stunden gab es auch jetzt noch, in denen Traum und Wirklichkeit miteinander zu verfließen schienen, wie damals in dem alten Garten in der Friedrichstraße. Und diese Augenblicke waren doch die eigentlich wesentlichen, aus denen sie ihre Kraft schöpfte, die ihrem Glauben, ihrer Kunst zugrunde lagen.

Kurt. In Paris mußte Paula oft an Kurt denken. Wie lange hatte sie ihm schon nicht mehr geschrieben. Und wenn sich Bruder und

Schwester, meistens nur kurz, gesehen hatten, dann war es im Gespräch nie über eine gewisse oberflächliche Plauderei hinausgegangen. Dabei gab es doch so vieles, über das sie mit Kurt gern geredet hätte. Denn konnte man gegenseitiges Verständnis erwarten, wenn man nicht auch zum Innern des anderen vorzustoßen die Zeit, die Geduld und das Interesse hatte? Und sie, Paula, sehnte sich nach Verständnis, sie wollte nicht, daß ihre Familie glaubte, sie sei eine andere, Fremde geworden. Verstehen sollten sie ihre Entwicklung und wissen, daß sie ihr das «Gefühl von Leben und Glück und Jugend und Freiheit» gab und daß eines Tages etwas «Feines» aus ihr werden würde. Kurt! Paß auf dich auf! wollte Paula ihren Bruder manchmal warnen, wenn sie ihn beobachtete, wie er seine Energien und Kräfte in endlosen Debatten über alle möglichen Themen am elterlichen Mittagstisch vergeudete, und ihn beschwören, mit seiner Zeit zu leben, mit den «Besten und Weisesten deiner Zeit, mit den Strebenden, Schaffenden». Und am 26. April 1900 schrieb sie an Kurt Becker: «Du wurzelst zu sehr in den Ideen der vorigen Generation. Das ist gut für solche, die noch Menschen der vorigen Generation sind. Das bist Du aber nicht. Dein Nervensystem ist eins unserer Generation.»

Bei all den Gedanken an die Kindheit und die Geschwister war Paula den ganzen Tag der Brief Heinrich Vogelers nicht aus dem Kopf gegangen. Am Abend des Gründonnerstag schrieb sie dem jungen Maler nach Worpswede:

Also habe mich sehr über Ihren Brief gefreut. Erst einmal über Ihre «Standbeine». Es ist so fein zu sehen, wenn der Nachbar sicher steht. Das gibt einem selber so frohen Wachsemut. Und mir wachsen sie auch. Die menschlichen, die sind nun bald soweit, daß sie alleine stehen können, und die künstlerischen, na, die müssen wachsen, wie die Lilien auf dem Felde. Ihre Zeit kommt auch. Des bin ich jetzt sicher. –

Ihr Leben kann ein Feines werden, muß ein Feines werden und wird ein Feines. Schöpfen Sie weiter Ihre Kunst aus diesem reinen, unerschöpflichen Bronnen, halten Sie Ihr Allerinnerstes rein, das, was wir mit den Kindern und den Vögeln und den Blumen gemeinsam haben. Es ist gut, daß Sie sich einmal ausgesprochen

haben, und ich danke Ihnen dafür. Es ist besser, in Klarheit und Wahrheit zu leben, als im Dunkeln. Dunkel bleiben uns noch tausend Dinge. Da sollen wir, wo wir können, das Licht hinbringen. Für Frau Bock ist dies eine schwere Zeit. Sie wird sich aber durchkämpfen und die häßlichen Gefühle von sich abschütteln. Dann ist sie einen Schritt weiter, und wir, die wir neben ihr stehen, freuen uns dessen. Seien Sie milde gegen sie.– Und noch eins. Sprechen Sie einmal menschlich mit Modersohn. Der Mann kann es gebrauchen und ist es wert. Wir wissen nicht, ob der Mann ganz blind ist, gegen das Furchtbare, was ihn treffen muß. Er hat eine reine, feingegliederte, feinfühlige Seele. In all seiner Einfachheit ist Größe. Die Selbstüberwindung, mit der er seine Frau umgibt, ist, glaube ich, bei Männern selten und bei uns Frauen auch eigentlich nur bei den altmodischen wie bei meiner Schwester zu finden.
Der Gedanke Worpswede macht mich traurig. Ich fühle die schwere Luft. Und doch werde ich im Sommer dort landen. Nur werde ich nicht in Worpswede wohnen, sondern eine halbe Stunde davon. Ob ich dann auch auf dem Sofa sitze und meine kleinlichsten Gefühle hüte? Ich weiß es nicht, ich hoffe es nicht. Ich bilde mir ein, mit offenen Augen um mich zu schauen.
12. April 1900

Im April 1900 fand anläßlich der Weltausstellung in Paris die große internationale und nationale Kunstschau statt, zu der Künstler, Sammler und Kunstinteressierte aus ganz Europa und Amerika an die Seine gereist kamen.
Paris, das sich im Glanz der pompösen Belle Époque sonnte, feierte ein rauschendes Fest. Auf den breiten Boulevards und Avenuen herrschte ein ungeheurer Trubel. In den königlichen Gärten der Tuilerien flanierten die Pariser Dandys mit ihren Damen. Fasziniert von der stählernen Architektur des Eiffelturms, versammelten sich die Menschen auf den Champs de Mars, wo in zahlreichen Pavillons die Nationen der Welt ihre Kunst präsentierten, begleitet von ungarischen Musikkapellen, bauchtanzenden Ägypterinnen und den dumpfen Schlägen marokkanischer Trommler.
Das grüne Kleid mit dem hellen Fuchsfellbesatz am Kragen und an

den Ärmeln, der braune Hut, die kleine braune Handtasche – so gekleidet geht Paula Becker, begleitet von ihrer Freundin Clara Westhoff, zur Weltausstellung. Die überaus anregende Atmosphäre reißt die junge Malerin umgehend aus ihrer gedrückten Stimmung. Das Feinste, so findet sie angesichts der Vielzahl der Kunstwerke, seien für sie die Franzosen. Die drei auf der Ausstellung präsentierten Werke Cézannes – «Nature morte, Fruits» aus der Sammlung Viau, «Paysage» aus der Sammlung Pellerin und «Mon jardin» von Vollard – erwähnt Paula jedoch nicht. Wieder ist es Charles Cottet, der sie ganz besonders zu beeindrucken scheint. Inzwischen hat sie den rothaarigen, bärtigen Maler auch schon in seinem Atelier besucht.

Charles Cottet ist mit insgesamt sieben Werken auf der Weltausstellung vertreten, die er unter dem zusammenfassenden Titel «Au pays de la mer» präsentiert. Das Mittelstück eines Tryptichons zeigt die Abschiedsmahlzeit der Fischer, ihrer Frauen und Kinder im Schein einer Lampe. Im Hintergrund Fenster, durch die das Blau des Meeres leuchtet. Die Seitenteile stellen die Fischerboote auf dem Wasser und wartende Frauen und Kinder am Strand dar. Was sie so besonders beeindrucke, schreibt Paula Becker in einem Brief an Otto und Helene Modersohn nach Worpswede, sei die «Tiefe der Farbe», seien die «ornamentale Größe» und die «zarte seelische Auffassung».

Ähnlich stark wie auf Charles Cottet reagiert Paula Becker auf ein Bild Jean Pierres, das ebenfalls Fischer am Strand zeigt:

In dem Bilde ist eine kleine Ecke, die drückt das aus, worauf ich strebe, eine tiefe, farbige Leuchtkraft in der Dämmerung, farbiges Leuchten im Schatten, Leuchten ohne Sonne, wie im Herbst und im Frühling in Worpswede, hellblauer Himmel, große weiße Wolkenballen und keine Sonne. Wie sehr ich mich auf die Heimat freue, kann ich Ihnen gar nicht sagen. Das, was für mich das Schönste ist, das Tiefe, das Satte in der Farbe, sehe ich hier nicht. Es ist ein helles, heiteres, graziöses Land.
Anfang Mai 1900

Die großen Bilder des Schweizers Segantini, «ein wenig hart, aber aus einer tiefen Seele geschrieben», wirken «ernst» und «schön» auf die Besucherin der Weltausstellung, und als sie schließlich vor den Werken Rodins steht, die im Skulpturensaal ausgestellt sind, verschlägt es der Kunstschülerin fast die Sprache: «Der Rodin, der ist ein Titane!» ruft sie begeistert aus und «Der Rodin, das ist doch ein Riese!» Wie oft hatte ihr Clara Westhoff schon von den Plastiken des Meisters erzählt. Seit kurzem belegt die Freundin Kurse an Rodins im Januar gegründeter Bildhauerschule «Institut Rodin» am Boulevard du Montparnasse.

Hochgestimmt angesichts der Fülle ihrer Eindrücke, voller Bedauern, daß nicht auch die Worpsweder in Paris vertreten sind, und von der Idee besessen, daß jemand wie Otto Modersohn so etwas wie die Weltausstellung nicht verpassen dürfe, schreibt Paula Becker einen viele Seiten langen Brief an das Ehepaar Modersohn:

Nun wird mir des Schweigens auch zuviel. Ich muß reden, und tüchtig reden. Ich bin nämlich in der Ausstellung gewesen, und die ist einfach k o l o s s a l fein. Ich glaube, so etwas gibt es nicht so bald wieder.
Alle Nationen sind wundervoll vertreten. Ich war gestern und heute da, und diese Tage bilden einfach eine Epoche in meinem Pariser Leben. Sie m ü s s e n einfach herkommen. Sie d ü r f e n dies gar nicht an sich vorbeigehen lassen. Gerade Sie mit Ihren Farben. Ich glaube, Sie werden kolossale Anregung finden.
L i e b e Frau Modersohn, können Sie mit. Hier gibt es so wundervoll viel Schönes zum Lachen. Ich möchte es Ihnen so gerne alles zeigen. Wie geht es wieder mit Ihren Kräften nach diesem kalten scheußlichen Winter, der allerorten Influenza und Krankheit gebracht hat. Können Sie schon wieder solch eine lange Reise vertragen. Sonst, wenn es nicht geht, schicken Sie Ihren Mann alleine fort. Er wird natürlich nicht wollen ohne Sie, seien Sie aber unerbittlich und streng. Geben Sie nicht nach. Eine Woche genügt. Dann kehrt er voll von Eindrücken zu Ihnen heim. Herr Modersohn, schreiben Sie mir doch umgehend, wann Sie kommen. (...)
Das Schönste für mich sind die Franzosen. (...)
Jetzt fühle ich, wie wir in Deutschland noch lange nicht genug

losgelöst sind, nicht über den Dingen stehen und noch zuviel an der Vergangenheit kleben. Ich fühle jetzt Liebermann, Mackensen und Konsorten. Sie alle stecken noch viel zu sehr im Konventionellen. Unsere ganze deutsche Kunst. Ich kann ja nicht endgültig urteilen, der heutige Eindruck war aber traurig. Zu, zu schade, daß Sie keine Bilder hier haben. Ich glaube, das hätte sich noch machen lassen. Ich hätte sie alle so gerne hier gesehen. Wissen Sie, Sie sind einer, der sich durch den Berg der Konvention hindurchgearbeitet hat. Alles andere fällt von Ihnen ab. Ich hoffe ganz riesig auf Ihre Zukunft. Entschuldigen Sie, daß ich Ihnen das so ins Gesicht sage. Ich mußte es mir aber mal von der Leber wegsprechen. Ich habe es so oft gedacht. (...)
Ich halte überhaupt mehr von einem freien Menschen, der die Konvention bewußt von sich tut. Ich meine, er muß sie besessen haben und sich in ihr in Selbstzucht und Maß geübt haben. Dann kann er sich von ihr abwenden. Redet einer dagegen, der sie nie besessen hat, da habe ich leicht das Gefühl: die Trauben hängen dem Fuchs zu hoch! Mir scheint, so ist es auch mit der Kunst. Mit dem sogenannten «Ausleben» ist es, scheint mir, doch eine wackelige Sache. Wir müssen mal mündlich darüber sprechen. (...)
Es ist gut, daß es dunkelt, sonst würde ich Ihnen noch tausend Dinge vorerzählen, denn dies Paris ist eine Stadt, und ich bin nicht zum letzten Male hiergewesen. (...)
Ich habe mich riesig über Ihren Brief gefreut, voller lieber Worpsweder Laute. Und ich freue mich auf den nächsten. Und Sie müssen kommen.
Anfang Mai 1900

Otto Modersohn ist hin- und hergerissen. Natürlich reizt es den Fünfunddreißigjährigen, diesem fordernden Appell der jungen Künstlerin zu folgen, andererseits ist ihm bewußt, daß er seine schwer lungenkranke Frau jetzt nicht allein lassen kann und darf. Helene Modersohns Zustand hat sich in den vergangenen Wochen zunehmend verschlechtert. Schweigsam sitzt sie in dem großen Lehnstuhl am Fenster, kaum noch hat sie die Kraft, ihre kleine zweijährige Tochter Elsbeth auf dem Schoß zu halten. Schwere Hustenanfälle wechseln mit Atemnot.

Obwohl Helene Modersohn mehrfach versucht, ihren Mann zu der Reise nach Paris zu überreden, kann sich Otto Modersohn zu diesem Schritt nicht durchringen. Zudem fühlt er sich gerade so gut in seiner Arbeit, daß er sie ungern unterbrechen würde. An Paula Becker nach Paris schreibt der Maler:

> Ihr letzter Brief, dem wir lange entgegengesehen, hat viel Sturm erregt. Zuerst hatte ich fest die Absicht, Ihrem Ruf zu folgen und telegraphisch eine Wohnung bei Ihnen zu bestellen. Inzwischen, nach reiflicher Überlegung, haben andere Gedanken und Erwägungen bei mir die Oberhand gewonnen. Und so werde ich wohl doch nicht zur Ausstellung reisen, so verlockend es auch ist, in Ihrer Gesellschaft und Führung die Ausstellung zu genießen.
> Und das kam so. Ich fühle mich nämlich z. Zt. so frisch und angeregt, den Kopf habe ich so voller Ideen, daß ich fürchte, aus alledem sehr herausgerissen zu werden. Ich befürchte die Beunruhigung und eventuelle Beeinflussung. Ich glaube, man muß darin etwas vorsichtig sein. Die Modernen sehen im allgemeinen überhaupt zu viel, das nimmt sehr leicht Frische und eigenes Gefühl. Das ist ja schließlich der Wert und Reiz unseres Lebens in der ländlichen Stille, daß nicht alle modernen Strömungen uns in ihre Bahnen ziehen, nur aus der Ferne hört und sieht man's wogen und branden. Nein, ich will hierbleiben, ich will immer innerlicher werden, das, was mich bewegt, in meiner Weise sagen, mögen andere anderes tun. Wirkliche Freude, wirklichen Gewinn hat man doch nur von solchen Gefühlen etc., die aus der eigenen Brust kommen.
> *20. Mai 1900*

Was Otto Modersohn letztlich bewogen haben mag, seiner Absage an die junge Malerin in Paris nur wenige Tage später ein paar Zeilen folgen zu lassen, in denen er ihr sein Kommen ankündigt, bleibt offen. Paula Becker jedenfalls ist selig:

> Ich freue mich so **riesig**, daß Sie kommen. **Das wird ein Fest.** Und dann schütteln wir selbander den Pariser Staub von den Füßen und kehren heimwärts, und das wird **noch immer** schö-

ner. Das mußte ich Ihnen eben schnell sagen, mehr Zeit habe ich nicht; ein Zimmerlein miete ich morgen, dann nähere Nachrichten. (...)
Ihnen, liebe Frau Modersohn, einen s c h ö n e n Gruß. Ich kucke schon immer aus nach Rosen, von denen ich Ihnen so gerne wieder eine Nase voll schicken möchte.
31. Mai 1900

Die kleine Reisegesellschaft, die am 11. Juni 1900 in Worpswede die Postkutsche besteigt und sich an den Bremer Hauptbahnhof fahren läßt, besteht aus vier Personen: Otto Modersohn, Hermine und Fritz Overbeck und Marie Bock. Als der Zug in den Pariser Gare du Nord einfährt, können die Besucher schon von weitem zwei junge Frauen mit hellen Tüchern winken sehen. Paula Becker und Clara Westhoff sind an den Bahnhof gekommen, um die Freunde zu empfangen. Die Wiedersehensfreude ist groß.

Welch ein Genuß für die Worpsweder, sich von Paula durch die Stadt führen zu lassen! Zielsicher und kenntnisreich steuert sie die kleine Gruppe durch die große Weltausstellung. Modersohn ist fasziniert von der Anmut und natürlichen Heiterkeit dieser jungen Frau, von der Selbstverständlichkeit, mit der sie sich in diesem wunderbaren Paris zu bewegen weiß, das auch ihn in seinen Bann zieht.

In Paris, so wird der Maler nur wenig später seinem Tagebuch vom Sommer 1900 anvertrauen, in Paris habe er mit Paula «stillschweigend» zusammengehört.

An der Rezeption des Hotels, zu dem Paula Becker und Clara Westhoff die Freunde aus Deutschland am Abend des 14. Juni nach einem ausgiebigen Zusammensein noch begleiten, wartet ein Telegramm auf Otto Modersohn.

Paula Becker läßt sich das an Modersohn gerichtete Schreiben aus Worpswede vom Portier geben und liest ihm die Nachricht vor.

Helene Modersohn ist tot.

Am folgenden Tag schreibt Paula an ihre Eltern:

Ganz plötzlich ist Frau Modersohn gestorben. Der arme Mann ist mit den anderen nach Hause gereist. Nachdem er sie Jahre hindurch voll rührender Selbstaufopferung gepflegt hatte, war der Himmel so grausam, sie ihm in seiner Abwesenheit zu nehmen. Bis jetzt verstand er es noch nicht. Er sah alles, was sich um ihn her ereignete, gab Anordnungen, doch die furchtbare Wahrheit kann er nicht fassen. (...) Ich komme so bald als möglich nach Hause, wahrscheinlich bin ich Sonntag schon bei Euch. Dies ist ein sehr trauriger Schluß meiner Pariser und auch meine nächste Worpsweder Zeit wird schwer und traurig sein. Ich habe in diesen Tagen so viel von Modersohn gehabt.
15. Juni 1900

6. KAPITEL

«Und mein Leben ist ein Fest, ein kurzes, intensives Fest»

Juni 1900 – September 1900

Sommer 1900. Mathilde Becker hatte es schon geahnt: Ihre Tochter war kränkelnd aus Paris zurückgekommen. Paula klagte über Mattigkeit, Kopfweh. Lag es an der unregelmäßigen und meistens recht dürftigen Ernährung, daß sie sich so geschwächt fühlte? War es der besonders in den letzten Wochen immer größer werdende Mangel an Schlaf, der ihren Körper strapazierte? Oder drückte sie vielleicht der Gedanke, daß sie im Hinblick auf ihre finanzielle Situation in den nächsten Monaten schwierige Entscheidungen zu treffen haben würde? Der Hausarzt wurde konsultiert. Er empfahl der Heimgekehrten viel Ruhe und gute Luft und riet ihr, sich zu Hause in Bremen pflegen zu lassen und dann erst wieder nach Worpswede aufzubrechen. Dieser Körper! Die ganze Familie sorgte sich um Paulas Gesundheit. «Du mußt dich schonen», bekam sie ständig zu hören. Sie schonte sich. Otto Modersohn besuchte sie und las ihr vor. Das hatte sie gern. Dennoch wuchs ihre Ungeduld mit jedem Tag.

Begleitet von der Mutter und ihren beiden Schwestern Milly und Herma, einige wenige persönliche Dinge in der großen Tasche, die Gitarre unter dem Arm und die Staffelei auf dem Rücken, läßt sich Paula Becker schließlich Ende Juni von Bremen nach Worpswede kutschieren. Ihr Ziel: das alte Gehöft des Kleinbauern Hermann Brünjes, das zwar nicht im Ort selbst, aber im nahegelegenen Ostendorfer Moor liegt. Dort, unter dem strohgedeckten Dach des niedrigen, von wildem Rotdorn umgebenen Bauernhauses, wird sie Platz finden für sich und ihre Bilder.

Der Wagen hält vor einem großen, hölzernen Einfahrtstor, das auf eine breite Viehdiele führt. Ein paar Kühe zu beiden Seiten. Hinter einer der kleinen Dielentüren liegt Paulas Kammer: ein Bett, das in einem grauweiß gestrichenen Alkoven steht, ein einfacher Tisch mit rot bemalten Bauernstühlen. Die in zwei Hälften geteilten Wände sind farbig gestrichen. Die untere Hälfte ultramarinblau, die obere in einem gelblichen Grün. Paulas Augen strahlen. Hier, das weiß sie auf Anhieb, wird sie arbeiten können. Allein, ungestört. Schnell sind die wenigen Sachen aus den Taschen gepackt. Krüge, ein paar Teller, Tassen, Tücher. Der ovale Rokokospiegel mit den weißen und roten Rosen aus Glas bekommt seinen Platz gleich gegenüber dem Bett, über das die rote Abruzzendecke geworfen wird, die Paula auch schon mit nach Paris genommen hatte. Ihre Malutensilien kann sie auf dem schmalen Bord unterbringen, das neben der Tür hängt.

Sie tritt nach draußen. Unweit des Gehöfts steht inmitten eines verwilderten alten Gartens eine große Ziegelei, die seit langem verlassen, fast schon zerfallen und von einem dichten Geflecht unzähliger wilder Schling- und Kletterpflanzen überwuchert ist. Zwischen den hohen Grasbüscheln entdeckt Paula winzig kleine Blumen. Wildwachsende Anemonen und Huflattich, Veilchen und Vergißmeinnicht. Blumen! Hier, auf diesem kargen, unfruchtbaren Stück lehmiger Erde! Behutsam pflückt Paula eine der blauen Blüten. Riecht sie. Hält sie gegen den Himmel und dann gegen ihr blaues Kleid. Sie möchte Luftsprünge machen.

An einem ihrer ersten Worpsweder Abende notiert Paula Becker in ihr Tagebuch:

Ich wohne jetzt bei Brünjes in Ostendorf, schön in der Stille. Da versuche ich alles Eitle, was die Großstadt mit sich brachte, abzustreifen und einen wahren Menschen und eine feinfühlige Seele und eine Frau aus mir zu machen.
2. Juli 1900

Oft, immer öfter, wandern Paulas Gedanken zu Otto Modersohn. Neulich, nach ihrem Besuch in seinem stillen Haus, wo sie, schweigsam zunächst und verlegen nach Worten suchend, schließlich lange und innig miteinander geredet hatten, Paula auf dem Strohteppich vor dem Ofen, Modersohn in seinem hohen Sessel sitzend, hatte sie sich so beglückt, zwischen ihnen eine starke Verbundenheit gefühlt, obwohl Modersohn, noch getroffen vom Tod seiner Frau, wie versunken war und nur hin und wieder den Blick seiner blauen Augen hinter den runden Brillengläsern hob.

Schweigend hatte sich Paula in seinem Zimmer umgesehen. Eine ganz eigene Welt, in der dieser Maler lebte. Er hätte auch Naturforscher sein können. Kästen mit prachtvollen Schmetterlingen, Käfern und Insekten hingen an der Wand des Ateliers. Paula wußte, daß Modersohn sie alle mit ihrem lateinischen Namen nennen konnte. Er kannte auch die Laute all der heimischen Vögel, Enten, Schnepfen, Habichte und Pirole, die ausgestopft in der Vitrine standen. Auf dem runden Tisch und den Regalen lagen getrocknete Blumen, Gräser und gepreßte Blätter. Und zwischen all diesen Dingen aus der Natur standen die Bilder. Große Formate an ein Tischbein gelehnt, daneben ein Stapel mit kleinen Studien. Überall im Raum lagen Zeichnungen verteilt. Kleine Kompositionen mit schwarzer und roter Kreide gezeichnet.

Paula Becker merkt, daß sie sich zu Otto Modersohn hingezogen fühlt. Zu diesem großen schlanken Mann mit dem langen schmalen Kopf, dem roten Bart und den schönen Händen. Seine warmherzige Nähe empfindet sie anregend und zugleich wie einen Schutz. Er ist ein kluger Mensch, denkt sie. Ein ernster Mensch. Sanft, träumerisch und geheimnisvoll. Und ein Künstler durch und durch! Nach ihrer Begegnung mit dem Maler dichtet das junge Mädchen:

Ich lausche in die dunkle Ecke meiner Kammer,
Wie große, stille Augen schaut es wieder,
Wie große weiche Hände, die mir den Scheitel streicheln.
Und Segen fließt durch jede Ader meines Seins.
Das ist der Friede, der hier bei mir wohnt.
Zur Seite brennt vertraulich mir die Lampe,
Schnurrt wie im Traum an ihrem Lied des Lebens,
Aus dem Gedämmer schimmern weiße Blumen,
Sie zittern schauernd, denn sie ahnen Zukunft.
Mit leichtem Flügelschlag umkreist
Die Fledermaus mein Lager.
Und meine Seele schaut des Lebens Rätsel,
Zittert und schweigt und schaut.
Und neben meinem Lager surrt die Lampe
ihr Lebenslied.

Juli 1900

Anfang Juli erreichte Paula ein Brief des Vaters. Sie ahnte, worum es ging, und hätte diesen Brief in der glückseligen Stimmung, in der sie sich befand, am liebsten gar nicht geöffnet:

> Du scheinst ja mit Deiner neuen Wohnung und Deinen Wirtsleuten zufrieden zu sein, und hoffe ich, daß die neue Freundschaft von Dauer sein wird. Ich kann aber es nicht billigen, daß Du Dich dabei in neue Ausgaben stürzest. Im Allgemeinen bitte ich Dich, doch vernünftigerweise in die Zukunft zu sehen und Dir einen Plan zu machen, der nicht abenteuerlich ist und den Du auch wirklich durchführen kannst. Alles, was Du mir mitgeteilt, kann mich nicht überzeugen, daß Du Dir keinesfalls klar bist, was Du anfangen kannst, nachdem die Mittel von Onkel Arthur aufgebraucht sind. Aus einigen Reden glaube ich entnehmen zu können, daß Du zum Herbst wieder nach Paris reisen möchtest, doch sehe ich durchaus keine Möglichkeit dazu. (...) Meiner Ansicht nach mußt Du Dich nach einer Stelle umsehen. Wenn Du Dich rechtzeitig darum bewirbst, findet sich vielleicht doch etwas, was Dir passen wird, wobei Du Deinen Studien weiter nachgehen kannst und doch dabei Einiges ersparst, um nachher in Paris oder München auf eigene Faust weiterzuarbeiten. Aber Du mußt zu einem Entschluß kommen, und je früher, desto besser, denn dann kannst Du auch noch wählerisch sein, während Du sonst die erste beste Gelegenheit annehmen mußt. Also überlege Dir die Sache, und lebe nicht in den Tag hinein. Das Vertrauen, es wird sich schon irgendwie etwas finden und die Sache sich machen, ist zu ungerechtfertigt, als daß Du nicht rechtzeitig für die Zukunft vorsorgen solltest. (...) Also sei vernünftig und überlege Dir reiflich, was Du zu tun hast.
> 4. Juli 1900

In ihren Tagebuchaufzeichnungen vermerkt Paula Becker zu diesem ermahnenden Brief vom 4. Juli nur mit wenigen Worten, ihr Vater habe ihr geschrieben, sich nach einer Gouvernantenstelle umzusehen. «Ich hatte den ganzen Nachmittag an der trockenen Sandkuhle in der Heide gelegen und Knut Hamsuns ‹Pan› gelesen.» Die Vorstellung, ihr Dasein als freie Malerin für ein Lehrerinnenleben aufgeben zu müssen, drückt sie. Denn ist sie nicht, wie sie selbst spürt, in den vergangenen zwei Jahren einen wesentlichen Schritt weitergekommen in ihrer Kunst? Und das einzige Ziel, das sie im Auge hat, ist ihre Kunst.

Ist das Vertrauen zwischen Paula Becker und Otto Modersohn zu diesem Zeitpunkt schon so groß, daß sie ihm von dem väterlichen Brief erzählt und mit ihm auch ganz offen über ihre finanzielle Situation redet?

Macht sich Modersohn bewußt, daß das von ihm so geschätzte junge Mädchen eigentlich keinen Tag länger in Worpswede bleiben und ihren Malstudien nachgehen kann, sondern sich in der Stadt Arbeit suchen und Geld verdienen muß?

Ruft die strenge Aufforderung des Vaters in Paula Becker den Wunsch nach einer Bindung zu Otto Modersohn wach, einer Bindung, die sie nicht nur von der elterlichen Autorität befreien, sondern ihr zudem materiellen Schutz bieten würde? Gibt der zwar nicht vermögende, aber dennoch wohlsituierte Witwer der so viel Jüngeren zu verstehen, daß er sie sehr gerne hat und es ihr ermöglichen möchte, ohne materielle Sorgen weiterzumalen?

Aus welcher Stimmung heraus die vierundzwanzigjährige Malschülerin Ende Juli 1900 die folgenden bedeutungsschweren und vielfach interpretierten Zeilen schreibt, ist ihren Aufzeichnungen nicht zu entnehmen. Fühlt sie sich jetzt, vier Wochen nach ihrer Rückkehr aus Paris und der anschließenden häuslichen Pflege, immer noch matt, deprimiert? Glaubt sie, daß sie krank ist? Schwer krank?

Gewiß hat sie sich Gedanken über ihren Gesundheitszustand gemacht. Aber in ihren Zeilen drückt sich auch das der jungen Künstlerin ganz eigene Nebeneinander von Ernst und Todesahnung, von Frohsinn und leidenschaftlicher Liebe zum Leben aus. Ihre zugleich wehmütigen und hoffnungsvollen Reflexionen sind außerdem typisch für jenen spätromantisch-schwärmerischen Zeitgeist des Fin de siècle, der jede feinste Seelenäußerung und Stimmung von sich zu geben bestrebt war:

Mir kamen heute beim Malen die Gedanken her und hin, und ich will sie aufschreiben für meine Lieben. Ich weiß, ich werde nicht sehr lange leben. Aber ist das denn traurig? Ist ein Fest schöner, weil es länger ist? Und mein Leben ist ein Fest, ein kurzes, intensives Fest. Meine Sinneswahrnehmungen werden feiner, als ob ich in den wenigen Jahren, die mir geboten sein werden, alles, alles noch aufnehmen sollte. Mein Geruchssinn ist augenblicklich erstaunlich fein. Fast jeder Atemzug bringt mir eine neue Wahrnehmung von Linden, von reifem Korn, von Heu und Reseden. Und ich sauge alles in mich ein und auf. Und wenn nun die Liebe mir noch blüht, vordem ich scheide, und wenn ich drei gute Bilder gemalt habe, dann will ich gern scheiden mit Blumen in den Händen und im Haar. Ich habe jetzt wie in meiner ersten Kinderzeit große Freude am Kränzebinden. Ist es warm und bin ich matt, dann sitze ich nieder und winde mir einen gelben Kranz, einen blauen und einen von Thymian.
Ich dachte heute an ein Bild von musizierenden Mädchen bei bedecktem Himmel in grauen und grünen Tönen, die Mädchen weiß, grau und bedeckt rot.
Ein Schnitter in blauem Blusenhemd. Der mäht all die Blümlein ab vor meiner Türe. Mit mir wird es auch wohl nicht mehr lange dauern. Ich weiß jetzt zwei andere Bilder mit dem Tod darauf, ob ich die wohl noch male?
26. Juli 1900

Spätsommer. Paula geht es gut. Sehr gut sogar. «Und es dauert noch lange. Ich bin gesund und stark und lebe. Heil!» vermerkt sie am 3. September 1900 in ihrem Tagebuch. Sie hat das Bild mit den musizierenden Mädchen gemalt. Sie malt tanzende Mädchen unter einem Baum, Figuren gegen eine Birke gelehnt. Worpsweder Motive, die jedoch, wie an dem sowohl farblich als auch kompositorisch kühnen Gemälde «Mädchen mit Uhrgewicht» zu erkennen ist, an die künstlerische Entwicklung in Paris anschließen.

Und dann ist da noch Clara Westhoff. Die Beziehung der beiden Frauen ist eng und vertrauensvoll. Der Bildhauerin, die ähnlich wie sie empfindet, fühlt Paula sich nah. In ihr hat sie ein gleichgesinntes Gegenüber gefunden, das, was die von ihr so viel bewunderte Marie

Bashkirtseff als «Schwesterseele» bezeichnet. Gemeinsame warme Sommerabende, die gar nicht enden wollen, Streifzüge durch das Moor, wenn die Arbeit getan ist. Manchmal gehen die beiden jungen Frauen noch spät am Abend hinunter an die Hamme zum Baden. Paris ist in die Ferne gerückt.

Clara Westhoff hat sich ihr Atelier auf einem Bauernhof in Westerwede eingerichtet, einem kleinen Ort nicht weit von Worpswede. Auch sie arbeitet zielstrebig an ihrem bildhauerischen Werk. Gerade hat sie acht Engelsköpfe für die Worpsweder Kirche fertiggestellt. «Nach einem ziemlich biederen Sonntag schlendern Clara Westhoff und ich durchs Dorf. Wir finden, der Tag darf nicht so geschlossen werden. Wir wollen tanzen. Aber wo und wie? Im nächsten Augenblick sind wir aber schon wieder bei der Kunst, bei Claras Kirchenengeln.» Die beiden Künstlerinnen laufen zur Kirche, deren große Tür verschlossen ist. Nur die Tür zum Turm steht offen. Aus Neugier und Übermut klettern die jungen Frauen in ihren weißen Sonntagskleidern auf die hölzerne Turmstiege, setzen sich auf den Balken neben dem Glockenstuhl. Weit ist der Blick über das Moor und die grüne Wiesenlandschaft, durch die sich die Hamme wie ein silbernes Band zieht. Wie erhaben sie sich in diesen Höhen fühlen! Das Vergnügen ist riesig. Auch der Tatendrang. Die große und die kleine Glocke. Die Glockenseile. Clara nimmt das eine, Paula das andere Seil. Die Glocken beginnen zu läuten, leise zunächst und schließlich so laut, daß es weit über den Weyerberg hinaus zu hören ist.

«Frevel, Frevel! Die Stimme des Herrn zu wecken und über unser Land zu senden! Was soll das bedeuten?»

Wütend steigt der Küster die Stiege zum Glockenturm hinauf. Zwei Mädchen! Erschrocken macht er umgehend kehrt, gibt ihnen nur ein Zeichen, ihm zu folgen. Unten im Kirchhof hat sich inzwischen eine Menschenmenge versammelt. Wo es brenne, will man wissen. Auch die Pferde für den Spritzenwagen sind schon eingespannt, da es die Feuerglocke war, die die Mädchen geläutet haben. «Wir machten uns schnell aus dem Staube, wurden aber noch vom Pastor gestellt, der mit bleich schnaubendem Gesicht einige Male Sacrosanctum! zischte.»

Von den beiden Übeltäterinnen forderte der Worpsweder Kirchenvorstand anstelle einer Gerichtsverhandlung je einhundert Mark Strafgeld. Da dieses aber weder von der einen noch von der anderen Künstlerin gezahlt werden konnte, bot sich Clara Westhoff an, auf ihr Honorar für die acht Engelköpfe zu verzichten. Als «Strafarbeit» soll Paula Becker die Sonnenblumen und Girlanden um die Köpfe der Engel gemalt haben. Außerdem hat sie die «Moritat» mit Kohlestift festgehalten: «Zwei Frauen Glocken läutend».

Glanzvoller Mittelpunkt des gesellschaftlichen und künstlerischen Lebens in Worpswede um 1900 war Heinrich Vogelers «Barkenhoff». Hier, im «Märchenschloß» des Malers, waren sie alle sehr innig zusammen, abgeschlossen gegen Fremde und Einheimische, verbunden durch ein verwandtes Lebensgefühl und eine eigene Naturauffassung: Heinrich Vogeler und seine junge Braut Martha Schröder, eine Lehrerstochter aus Worpswede; Paula Becker, Otto Modersohn und Clara Westhoff, auch die Malerin Marie Bock, Paulas Schwester Milly und Vogelers Bruder Franz. Zu den Gästen gehörten auch immer wieder Rudolf Alexander Schröder und der Dichter Richard Dehmel, der Schriftsteller Otto Julius Bierbaum, Alfred Heymel und der Kunsthistoriker Richard Muther. Die Zusammenkünfte der Freunde in dieser paradiesischen Umgebung sollte Heinrich Vogeler auf seinem Gemälde «Sommerabend» festhalten, das er in diesem Jahr begann und erst 1905 vollendete.

Ende August des Jahres 1900 besuchten zwei Dichter die Künstlerkolonie: Carl Hauptmann, der Bruder des Dramatikers Gerhart Hauptmann, war Gast im Hause seines Freundes Otto Modersohn, und der junge Rainer Maria Rilke, eben von einer Reise nach Rußland zurückgekehrt, war einer Einladung Heinrich Vogelers auf den «Barkenhoff» gefolgt. Der vierundzwanzigjährige Dichter, noch völlig im Bann der überwältigenden Eindrücke des russischen Landes und betroffen vom Schmerz der Trennung von seiner langjährigen Geliebten Lou Andreas-Salomé, trat in einem extravaganten Aufzug auf: Er trug rote, bunt applizierte Lederstiefel und ein grünes russisches Bauernhemd. Ein byzantinisches Kreuz schmückte seine Brust.

Höhepunkt der Woche waren die Sonntage, an denen sich die Gesellschaft im «Weißen Saal» des «Barkenhoff» versammelte. «Wir

sitzen im Musiksaal», wird Rilke über einen seiner ersten Abende auf dem «Barkenhoff» am 4. September 1900 schreiben, «weiß, weiße Türen, Vasen darüber gemalt, aus denen Rosenketten sanft zu beiden Seiten fallen. Alte Stiche, kleine galante Gartenszenen, graziöse Porträts. J.J. Rousseaus Grabmal. Empirestühle, ein Lehnstuhl (...) Man spielt Richard Strauß, Franz Schubert (...)».
Verklärt blickte Otto Modersohn zu Paula hinüber, die, den Kopf leicht geneigt, leise in sich hineinzulächeln schien, während sie dem Gesang ihrer Schwester Milly lauschte, die vom Klavier begleitet wurde. Später folgte Rilke der Aufforderung, aus dem «Spielmann» zu lesen. «Die Mädchen liebten das Lied», schrieb der Lyriker in seinem «Worpsweder Tagebuch» über Paula Becker und Clara Westhoff, die ihm hingebungsvoll zuhörten. Auch Carl Hauptmann las aus seinen Prosatexten und Gedichten. Über diese ganz spezifische Stimmung im weißen Musiksalon notierte Rilke ergriffen:

Menschen, die sich verwandeln unter Liedern und Versen. Ernst, Gespräche, Stille; die Kerzen brennen tief, Schatten gehen über die Stirnen. Einsame aus Gemeinsamkeit, Schweigende aus Teilnahme. Der Abschied wirklich ein Voneinandergehen. Schwarze Bäume, übergroße Büsche, Stimmen klar in der Nacht, seltsam vertraut, und man verliert sich unter den Sternen.
4. September 1900

«Dr. Carl Hauptmann ist auf eine Woche hier», hält Paula Becker am 3. September in ihren Aufzeichnungen fest. «Er ist eine große, starke, ringende Seele, einer, der schwer wiegt. Ein großer Ernst und ein großes Streben nach Wahrheit ist in ihm. Er gibt mir viel zu denken.» Paula verehrte und bewunderte Hauptmann, dem sie 1899 im Hause Otto Modersohns schon einmal begegnet war. «Fein, ein Mensch», hatte sie damals notiert. «Ich freue mich darauf, ihn mehr zu sehen.» Die junge Malerin muß dem sehr viel älteren Dichter während ihrer gemeinsamen Gespräche von ihren Erlebnissen in Paris erzählt und ihm gegenüber vielleicht auch den Wunsch geäußert haben, wieder dorthin fahren zu wollen. Hauptmanns Reaktion ist wohl skeptisch gewesen. «Vertiefen, von innen nach außen leben, nicht von außen nach innen», gibt Paula Becker in ihren eigenen

Worten den Inhalt der Hauptmannschen Gedanken wieder. «Deshalb gegen Paris für mich.»

Über Rainer Maria Rilke, der das genaue Gegenteil von Carl Hauptmann war, notierte Paula Becker am selben Tag: «Ein feines lyrisches Talent, zart und sensitiv, mit kleinen rührenden Händen. Er las uns seine Gedichte, zart und voller Ahnen. Süß und bleich.»

Otto Modersohn hielt am Abend des 3. September 1900 in seinem Tagebuch fest:

Carl Hauptmann, in ein braunes Kleid gehüllt, in nervöser Unruhe und mit lebhaften Gesten und Schritten auf und ab gehend, Rilke in sich zusammengezogen still in einer Ecke lehnend, von wo er ab und zu einige zielsichere Worte entgegenwarf. Hauptmann entzündete sich geradezu an Rilkes mystischer Art.

Rilke, den Heinrich Vogeler bereits im Frühjahr 1898 in Florenz kennengelernt und schon zu Weihnachten desselben Jahres in Worpswede zu Gast gehabt hatte, bewohnte das Giebelzimmer des «Barkenhoff». Der junge Dichter war getragen vom Glück über diese vertraulichen und festlichen Augenblicke und die menschliche Zuneigung, die ihm die Gesellschaft Gleichgesinnter entgegenbrachte.

Eigentlich ist das ein Märchen. Ich sitze in einem ganz weißen, in Gärten verlorenen Giebelhaus unter schönen und würdigen Dingen, in Stuben, die voll von der Stimmung eines Schaffenden sind. Ich sitze in seinen träumerischen Stühlen, freue mich an seinen Blumen, schaue mich in seinen Spiegeln, und seine Uhren sprechen mich an wie den Herrn. Da wohnte ich einsam, wartend, immer sechs Tage lang, und am siebenten empfange ich im weißen Saal bei zwölf Kerzen, die in hohen silbernen Leuchtern stehen, die ernsten Männer der Gegend und sehr schöne, schlanke Mädchen in Weiß, die, wenn ich sie bitte, Leier spielen und singen und sich zusammensetzen, in feinen Empirestühlen, und die vornehmsten Bilder sind und der köstlichste Überfluß und die süßesten Stimmen dieser flüsternden Zimmer.
10. September 1900

«Sehr schöne, schlanke Mädchen in Weiß.» Paula Becker und Clara Westhoff. Für den jungen Lyriker bilden die «blonde Malerin» und ihre «dunkle Schwester», wie er die beiden Künstlerinnen bereits bei der ersten Begegnung nennt, den Mittelpunkt aller Ereignisse auf dem «Barkenhoff». Der dichtende Jüngling ist beim Anblick der jungen Frauen, anfänglich auch der Vogelerschen «blonden Braut» Martha, wie verzaubert. Ihre Schönheit nimmt ihn gefangen. Er empfindet diese Schönheit als geheimnisvoll und mädchenhaft. Die naturverbundenen und für seine Lyrik offenen Künstlerinnen scheinen jene Idealvorstellung von einem Mädchen zu verkörpern, wie es der junge Rilke in seinen Träumen vor sich sieht:

(...) ganz in Weiß kamen die Mädchen vom Berg aus der Heide. Die blonde Malerin zuerst, unter einem großen Florentiner Hut lächelnd. Als wir eben in der dunklen Diele standen und uns aneinander gewöhnten, kam Clara Westhoff. Sie trug ein Kleid aus weißem Batist oder Mieder im Empirestil. Mit kurzer, leicht unterbundener Brust und langen glatten Falten. Um das schöne dunkle Gesicht wehten die schwarzen, leichten, hängenden Locken, die sie, im Sinn ihres Kostüms, lose läßt zu beiden Wangen.
Das ganze Haus schmeichelte ihr, alles wurde stilvoller, schien sich ihr anzupassen, und als sie oben bei der Musik in meinem riesigen Lehnstuhl lehnte, war sie die Herrin unter uns. Ich sah sie an diesem Abend wiederholt schön. Im Lauschen, wenn die manchmal zu laute Charakteristik des Gesichts gebunden ist an Unbekanntes. Dann prägt sich der Rhythmus des unterdrückten, horchenden Lebens in ihrer Gestalt, leise wie unter Falten, aus. Sie wartet, ganz hingegeben auf das, was sie nun erleben soll.
10. September 1900

Gesellschaften, Hauskonzerte, literarische Abende, Tanzen. Improvisierte Zusammenkünfte in den Ateliers, gemeinsame nächtliche Spaziergänge. Kutschfahrten in die Umgebung. Austausch von Erlebnissen, unermüdliche Gespräche über das Rätsel von Leben und Tod, Vertraulichkeiten, innigstes Verständnis. Tage, die überwältigend schön sind. Augenblicke voller Zärtlichkeit, Erwartung, Erregtheit.

Manchmal, wenn ihm die Abende zu lang werden, verabschiedet sich Rilke schon frühzeitig von der kleinen Gesellschaft. Er mag es nicht, wenn es zu laut, wenn zuviel Wein getrunken wird, wenn er am Ende des Zusammenseins noch Walzer tanzen und Trinklieder singen soll. «Schauerlicher Schluß deutscher Geselligkeit!» denkt er voller Abscheu und blickt aus dem Fenster seines Zimmers in die Nacht. Nebelschwaden hängen zwischen den Birken, aber darüber ist der Himmel sternenklar. Da hört er die kleine Gesellschaft, allen voran Paula und Clara, die noch kein Ende finden wollen, die Stiege hinauflaufen. Er öffnet die Tür, läßt sie herein. «Und nun sind sie hier alle so rührend in ihrem Schauen. Halb Wissende, d. h. Maler, halb Unbewußte, d. h. Mädchen», wird er notieren. «Erst faßt die Stimmung sie, der ganze Ton dieser Nebelnacht mit dem fast vollen Monde über den drei Pappeln, diese Stimmung von mattem beschlagenen Silber macht sie wehrlos und zwingt sie in das Mädchensein, in das dunkle, sehnsüchtige... Dann gewinnt der Künstler in ihnen Macht und schaut und schaut, und wenn er tief genug geworden ist in seinem Schauen, sind sie wieder an der Grenze ihres eigenen Wesens und Wunders und gleiten leise wieder in ihr Mädchenleben hinein.»

Lange noch lehnt der Dichter aus dem Fenster und blickt den hellen Gestalten nach, die sich auf den schmalen, baumbestandenen Wegen des mondbeschienenen Gartens langsam entfernen. Wie sehr er diese Mädchen verehrt! Fühlt sich der träumende Jüngling in diesem Augenblick von der Ausstrahlung der «blonden» und der «dunklen» Schwester auf einer Ebene berührt, die er eigentlich gar nicht zulassen will, er, der zur Einsamkeit Entschlossene? «Wieviel lerne ich im Schauen dieser Mädchen, besonders der blonden Malerin, die so braune, schauende Augen hat!» notiert Rilke am 16. September über Paula, deren lebhafte Heiterkeit er genauso liebt wie ihren tiefen Ernst. Die Vermutung liegt nahe, daß sich der Dichter eher zu Paula Becker hingezogen fühlt als zu Clara Westhoff. Aber Rilkes Huldigung gilt beiden Frauen gleichermaßen. Denn trotz seiner starken Gefühle will er keine von ihnen besitzen. Im Gegenteil. Er möchte das Geheimnis um sie wahren und auch ihre Einsamkeit schützen, die eine Voraussetzung ist für ihr Leben als Künstlerinnen. «Wieviel Geheimnisvolles ist in diesen schlanken Gestalten, wenn sie vor dem Abend stehen oder wenn sie, in samtenen Sesseln lehnend, mit allen Linien lauschen», notiert er. «Langsam lege ich Wort für Wort auf die silberne, zarte Waage ihrer Seelen, und ich bemühe mich, aus jedem Wort ein Kleinod zu machen. Und sie fühlen, daß ich sie irgendwie schmücke und beschenke mit einem Schmuck voll Glanz und Güte. Und immer strebe ich, mit meinen wechselnden Worten ihre Seelen leise zu wiegen, und ohne daß eine Schale fällt, spielen sie in den beiden Ufern des Gleichgewichts.»

> Mädchen, Dichter sind, die von euch lernen
> das zu sagen, was ihr willig seid.
> Und sie lernen leben an euch, Fernen,
> wie die Abende an großen Sternen
> sich gewöhnen an die Ewigkeit...
>
> Keine darf sich je dem Dichter schenken,
> wenn sein Auge auch um Frauen bat;
> denn er kann euch nur als Mädchen denken,
> das Gefühl in euren Handgelenken
> würde brechen von Brokat.
>
> Laßt ihn einsam sein in seinem Garten,
> wo er euch wie Ewige empfing,
> auf den Wegen, die er täglich ging,
> bei den Bänken, welche schattig warten,
> und im Zimmer, wo die Laute hing.
>
> Geht... es dunkelt, seine Sinne suchen
> eure weiße Führerschaft nicht mehr,
> und die Wege liebt er, lang und leer,
> und kein Weißes unter dunklen Buchen,
> und die stumme Stube liebt er sehr.
>
> Eure Stimmen hört er ferner gehn
> unter Menschen, die er müde meidet,
> und sein zärtliches Gedenken leidet
> im Gefühle, daß euch viele sehen...
>
> *10. September 1900*

7. KAPITEL

«Denn daß ich mich verheirate, soll kein Grund sein, daß ich nichts werde»

September 1900 – Dezember 1900

Paula Becker und Otto Modersohn sehen sich in diesen Septemberwochen zwar nicht täglich, aber doch so oft wie möglich. Heimlich treffen sie sich, sobald es zu dämmern beginnt, in Modersohns Atelier oder bei Brünjes, im Kiefernwäldchen hinter der Ziegelei oder an einem kleinen versteckten Platz in der Heide. Schließlich liegt der Tod Helene Modersohns noch nicht einmal drei Monate zurück, und das Liebespaar will dörfliches Gerede unter allen Umständen vermeiden.

Gemeinsam betrachten die junge Malschülerin und der gestandene Landschaftsmaler alte Mappen mit Modersohns früheren Zeichnungen, die in seiner Geburtsstadt Soest, später in Münster und schließlich während seines Studiums an der Düsseldorfer Kunstakademie entstanden waren. Kleinformatige Landschaften, mit feinem, lebendigem Strich gezeichnet. Figuren, Köpfe. Kompositionen aus der Worpsweder Zeit. Gegenseitig schwärmen die beiden Künstler von kommenden Zeiten, in denen sie gemeinsam schaffen, «streben» werden. Sie gehen hinaus in die Wiesen und Moore von Worpswede, um vor dem gleichen Motiv zu malen, wobei sie hin und wieder von Fritz Overbeck begleitet werden.

«Äußerlich reizvoll, anmutig, kräftig, gesund, energisch!» notiert Otto Modersohn über die Erscheinung der elf Jahre jüngeren euphorisch in sein Tagebuch. «Gewandt, geschickt, nicht verlegen, selbständig, graziös, weiblich. Ein künstlerischer Mensch!» Wie «reich und fein» sie sein Leben macht, ihn belebt, sein Geheimstes und Tiefstes würdigt. Sie versteht mich! notiert der Maler. Sie empfindet seine Kunst wirklich mit! Regt ihn an!

Auch seine Reflexionen über ein gemeinsames Leben mit Paula und sein Bild von der Vierundzwanzigjährigen als zukünftiger Ehe- und Hausfrau vertraut der fünfunddreißigjährige Witwer bereits zu diesem erstaunlich frühen Zeitpunkt seinem Tagebuch an. «Hausputz, Reinemachen?» Es kann ihm doch nur recht sein, wenn sie für diese Dinge nicht so viel übrig hat. Den Haushalt leiten – das würde Paula doch können! Essen kochen und Strümpfe stopfen? Dafür müßten eben andere sorgen! Waren es nicht schöne Zeiten, damals, in seinem Atelier bei Mutter Grimm? Wann wurde da geputzt? Vergaßen nicht die meisten Frauen über derartige häusliche Tätigkeiten alles andere? Drohte es nicht auch bei Helene, wie bei allen Bremern, häufig zu viel zu werden? Wieviel Stimmung, Gemütlichkeit wurde dadurch oft zerstört! Heiratete man denn, um «alsbald ein philisterhaft-spießbürgerliches Leben» mit einem ordentlichen Haushalt zu führen, in dem alles nach dem Schnürchen ging, um Kinder zu bekommen und großzuziehen? Nein, das war es nicht, was sich Otto Modersohn von einer Ehe versprach. Und schon gar nicht von einer Ehe mit Paula Becker. Was er anstrebte, war ein «ideales Künstlerleben ganz nach freiem Geschmack» mit einer Frau an seiner Seite, die das liebte, was auch ihm das Liebste war.

> Meine Liebe ist ganz wunderbar. Welche köstlichen Seiten hat Paula für mich. Dieser Trieb zum Geistigen, Künstlerischen, Phantasievollen, Koloristischen, o wie ist es mir lieb. Das feuert mich an, belebt mich, begeistert mich. Musik, Literatur, Malerei, Natur – alles ist ihre Liebhaberei. So muß meine Frau sein. Die kleinen Sorgen des Lebens dürfen nicht so großen Raum haben. Immer das Große, Feine, Köstliche lieben und suchen. – So passen wir im Innersten zusammen. So lieben wir dasselbe und vertiefen uns gegenseitig, helfen uns über das Kleine hinweg. –
> *September 1900*

Am späten Nachmittag des 12. September unternehmen Otto Modersohn und Paula Becker gemeinsam mit Rainer Maria Rilke eine Kahnfahrt auf der Hamme. Für den Maler und die junge Künstlerin endet der Ausflug erst weit nach Mitternacht. «5–2 Uhr nachts verlobt», vermerkt Otto Modersohn in seinem Tagebuch.

Bis auf Clara Westhoff und Heinrich Vogeler erfährt niemand etwas von dieser Verlobung. Weder in Bremen noch in Worpswede soll darüber geredet werden. Auch Rilke wird nicht in das Geheimnis eingeweiht. Die spätabendliche Kahnfahrt mit den beiden Freunden hat den Dichter begeistert. Erfüllt von der Größe der Landschaft und nicht nur von Paula Becker unwiderstehlich angezogen, sondern auch ganz besonders beeindruckt von der Persönlichkeit Otto Modersohns, besuchte Rilke den Maler am frühen Nachmittag des 13. September in seinem Atelier. Die Begegnung war anregend. Nach dem Gespräch mit dem Maler notierte Rilke in seinem Worpsweder Tagebuch:

> Er hat das Gefühl, eine Einheit zu sein allem vielen gegenüber, und die Aufgabe, das viele immer mehr zu vereinfachen, d. h. in sich aufzunehmen. Sein Wachstum ist begründet. Seine Seele lebt nach allen Seiten hin. Seine Augen sind arglos offen. Seine Lippen geduldig und selten redend. Seine Hände sind am Werke. Er ist ein Künstler. (...)
> Er liebt, die Farben zu studieren an Pflanzen und Tieren. Gepreßte Blätter in ihrem Dunkel und Bleichwerden geben ihm ein Gefühl von dem, was die Buntheit überdauert, und er lernt an ihnen eine Tongamme, die ewiger ist als die lichten Übertöne des Sommers. (...)
> Dies ist auf kleinen Blättern gerettet, welche M. abends zuhause unter der Lampe mit Rötel und Kreide träumt. Diese Blättchen, jedes halb so groß wie diese Seite, geben dem Schauenden unendlich viel. Denn sie sind gebildet aus dem Überfluß dieser maßvollen Persönlichkeit und im Gegensatz zu den stark wirklichen Studien dunkel und visionär. (...)
> Alles das ist schon ganz in den kleinen Blättern enthalten; mit aller Ewigkeit dieser einfachen Eindrücke erfüllt, muten sie unendlich groß und unvergeßlich an.
> *15. September 1900*

«Abendblätter» wird Rilke diese kleinformatigen, abends am Tisch unter der Lampe in wenigen Minuten entstandenen Kompositionszeichnungen in Kohle, Rötel und verschiedenen Kreiden auf getöntem Papier nennen, in denen Otto Modersohn die Natur gleichsam aus dem träumerischen Spiel, der Vorstellung heraus neu gestaltet.

1 Paula Becker
  1895

2 Familienbild im Garten des Hauses Schwachhauser Chaussee 29
(Paula Becker zweite von links), um 1893

3 Paula Becker (stehend links) mit den Verwandten von Bültzingslöwen in Berlin-Schlachtensee, um 1897/98

4 Paula Becker und Clara Westhoff in Paulas Atelier, um 1899

5 Paula und Elsbeth Modersohn im Garten hinter dem Haus, um 1902

6 Paula und Otto Modersohn in der Veranda, 1901

7 Otto Modersohns Haus in Worpswede um 1902

8 Paula, Otto und Elsbeth Modersohn,
Worpswede um 1904

9 Otto Modersohn, um 1906

10 Paula Modersohn mit »chapeau gris« in Worpswede vor der Paris-Reise, 1905

11 Paula Modersohn-Beckers Atelier in der Avenue du Maine

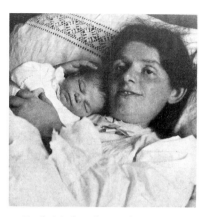

12 Paula Modersohn-Becker
mit Tochter Mathilde,
November 1907

13 Liegende Mutter mit Kind,
Kohle, 1906

14 Stilleben mit Früchten, um 1905/1906

Modersohn selbst vermerkte zu diesen groß und einfach angelegten Kompositionsskizzen, sie seien «ganz unbewußt, wie Funken im Feuer der Begeisterung abgesprüht (...) mit fliegender Hand hingeschrieben, das Wesentliche deutlich sagend».

Nur fünf Tage nach der nächtlichen Übereinstimmung des Brautpaars im Boot auf der Hamme wird Otto Modersohn von einem Brief Paula Beckers überrascht, der ihn betroffen machen muß:

Ich habe über uns beide nachgedacht und habe es beschlafen, und nun kommt mir Klarheit. Wir sind nicht auf dem richtigen Wege, Lieber. Sieh, wir müssen erst ganz, ganz tief in uns gegenseitig hineinschaun, ehe wir uns die letzten Dinge geben sollen oder das Verlangen nach ihnen erwecken. Es ist nicht gut, Lieber. Wir müssen uns erst die tausend anderen Blumen unseres Liebesgartens pflücken, ehe wir uns in einer schönen Stunde die wunderbare tiefrote Rose pflücken. Um das zu tun, müssen wir beide uns noch tiefer ineinander versenken. Laß das Bilderstürmerblut der Ahnfrau ein wenig noch schweigen, und laß mich eine kurze Zeit noch Dein Madönnlein sein. Ich meins gut mit Dir, glaubst Du's? Denk an die holde Dame Kunst, Lieber. Wir wollen diese Woche beide malen. Dann komme ich am Sonnabend früh zu Dir. Und dann sind wir gut und mild. «Das sanfte Säuseln», wie Du sagtest. Gute, artige Kinder, «denn die muß es auch geben», um Dich ein wenig verändert zu zitieren.
Leb wohl, Lieber. Denke was Schönes und fühle was Schönes. Wir haben uns ja die Hände gereicht, um mit vereinten Kräften f e i n e r zu werden, denn wir sind ja noch lange nicht auf unserm Höhepunkt, ich noch l a n g e nicht und Du auch nicht, Lieber, Gott sei Dank. Denn Wachsen ist ja das Allerschönste auf dieser Erde. Nicht, wir beide haben es noch gut vor. Sei still geküßt, und laß Dir den geliebten Kopf leise streicheln. Ich bin Dein, Du bist mein, des sollst Du gewiß sein.
Nach dem 12. September 1900

Welche Beweggründe mögen Paula Becker zu diesen Zeilen veranlaßt haben, in denen die Frischverlobte die eben getroffene Entscheidung zwar nicht zurücknimmt, aber doch Zweifel an ihrer Richtigkeit durchblicken läßt? Verbirgt sich hinter diesem Brief die Sorge, eine zu frühe Bindung könne ihren weiteren künstlerischen Weg gefährden? Stand die junge Malerin, die in diesen Tagen des intensiven Zusammenseins mit Otto Modersohn auch immer wieder lange Gespräche mit dem gleichaltrigen Rainer Maria Rilke führte und ihn besser kennenlernte, unter dem Einfluß des Dichters, der in einer festen Bindung nur ein Hindernis für das künstlerische Schaffen sah? Oder bezieht sich der Appell an Modersohns Vernunft auf den Wunsch des Verlobten, dem Schwur auf der Hamme eine Liebesnacht folgen zu lassen, was sie jetzt, zu diesem frühen Zeitpunkt, noch nicht erfüllen kann, will?

Der Abend des 19. September ist kalt. Gerade hat es zu regnen begonnen. Der Gedanke an den Brief, den sie am Montagnachmittag an Otto Modersohn geschrieben hat, läßt Paula nicht zur Ruhe kommen. Sie greift zur Feder, schreibt in großen, geschwungenen Buchstaben, faltet den Brief, steckt ihn in einen Umschlag und adressiert ihn «An Meinen». Den Brief in der Manteltasche, läuft sie durch die Dämmerung, den schmalen Pfad entlang, an der Ziegelei vorbei bis zur Sandkuhle. Dort, in der Heide, liegt unter dem dichten Geäst einer niedrigen Kieferngruppe ein Stein, unter den sie ihren Brief schiebt. Paula weiß, daß der Weg Otto Modersohns am kommenden Morgen als erstes hierher, zu ihrem gemeinsamen geheimen Versteck führen wird.

Ich habe heute fein gearbeitet, das heißt, für meine Verhältnisse, und ich bin riesig froh. Und ich habe gedacht, wenn ich schön durchhalte und nicht auf einmal plötzlich vor dem Berge stehenbleibe, dann bekommst Du einmal eine Frau, die sich schon sehen läßt. Ich wollte es so von ganzer Seele für uns beide. Vor der Hand bin ich es, glaube ich, nur, die daran glaubt. Na, wenn Du auch daran glaubtest, so wäre es vielleicht zuviel des Glücks, und ich schösse zu sehr in den Himmel. Das ist nämlich auch menschlich mein schwacher Punkt, daß ich leicht übermütig werde. Heute morgen war es gerade auf der Kippe. Künstlerisch übermütig aber darf ich nicht werden, denn dann hat es nämlich ein Ende mit der

Kunst. Darum ernst. Mache mich nicht immer gleich zum Lachen, wenn ich es einen Augenblick nicht tue. Denke diese wenigen ernsten Augenblicke gereichen meiner Seele zum Heil. Vertiefung nach allen Seiten hin. Nur die Lachseite ist bei mir tief genug. – Ich habe dazwischen arg philosophiert über den anderen Punkt und so viel Lebensweisheit angesammelt, daß ich für uns beide wünsche, daß ich sie wieder bis Sonnabend verschlafe. Sie wirkt sonst zu überwältigend. Laß Dir's gutgehn, mein Lieber. Denke gar nicht an die alte, dumme Welt, viel an Kunst und ein weniges an mich.
Mittwoch abend.

Sonnabend, 23. September 1900. Heinrich Vogelers gelbe, hochrädrige Kutsche mit den gepolsterten Sitzen aus tiefrotem Samt ist mit Levkojen und Sonnenblumen geschmückt und wartet vor dem weißen Tor des «Barkenhoff». Paula, die ihren schwarzen Pariser Strohhut mit der breiten Krempe und den Rosen trägt, lächelt in die Runde, erwartungsvolle Vorfreude im Blick. Ihre Schwester Milly, Marie Bock und Rilke sind schon da. Eben kommt Vogeler aus seinem Haus, um dem Kutscher in Livree Anweisungen zu geben, gefolgt von seinem Bruder Franz und Otto Modersohn. In Hamburg soll Carl Hauptmanns Drama «Ephraim Breite» Premiere haben, und alle wollen sie sich nach Bremen kutschieren lassen, um dort den Zug nach Hamburg zu nehmen und das Stück ihres Freundes zu sehen.

Nur Clara Westhoff ist nicht dabei. Man würde sie in Bremen treffen, heißt es. Sie wolle vorher noch kurz zu den Eltern. Als die Kutsche bereits unterwegs ist, erblickt Rilke, der Paula Becker gegenübersitzt und in «ihren frohen braunen Augen» viel «von dem bewegten, wandernden Land» sieht, Clara Westhoff, die in der Ferne auf dem Fahrrad die Chaussee entlangkommt. Sie versucht die Kutsche einzuholen.

«Den sollten Sie eigentlich haben für gestern...», ruft Clara atemlos vor Anstrengung Rilke zu, als sie sich endlich auf gleicher Höhe mit der Kutsche befindet, und reicht ihm einen großen Heidekranz hinauf in den Wagen. Der Dichter, der am Vorabend im weißen Musiksaal des «Barkenhoff» sein Drama «Das tägliche Leben» vorgelesen und bei der kleinen Zuhörerschaft einen großen Eindruck hinterlassen hat, nimmt den von Clara Westhoff gebundenen, eigentlich für Carl Hauptmann bestimmten Kranz entgegen. Ergriffen und geschmeichelt zugleich, winkt er Clara, die sich inzwischen schon wieder weit hinter der Kutsche befindet, lange nach, den Kranz in der Hand. «Um die Biegung der ins Rund gezwungenen Äste spielte noch die einfache, fromme Kraft ihrer Bildhauerhände», wird Rilke nach der Hamburgfahrt aufschreiben. «Und so genoß ich die Stärke des einen Mädchens mit meinen hochgehaltenen Händen, und aus dem lieben Gesicht der anderen kam mir etwas Mildes und zu aller Demut Mutiges zu.» Könnte es ihm in diesem Augenblick bessergehen als in der Gesellschaft all dieser großartigen Menschen? «Mir ist seltsam wirr und klar in diesen Tagen», notiert er. «Ich finde ein Land und Menschen, finde sie so, als ob sie mich erwartet hätten.»

Während der ersten Stunden in Hamburg fühlte sich die kleine ländliche Gesellschaft fast verloren, fremd in der großstädtischen Umgebung. Die Stadt habe sie, die Heidekinder, bedrückt, schrieb Rilke. Ganz bange und traurig seien sie in der ersten Befremdung geworden, bis Carl Hauptmann sie im Café de l'Europe traf und mit ihnen Pläne für den Tag machte. Angefangen von der Premiere und der Übergabe des Worpsweder Heidekranzes an Hauptmann nach dem fünften Akt seines Dramas, über das anschließende große Essen im Kempinski bis hin zum Besuch der Kunsthalle waren die Tage dann doch «voll von Glanz, Glück und Gemeinsamkeit». Am Morgen nach der Premiere kaufte Rilke Rosen und verteilte sie. «Jeder von uns hatte eine von meinen Rosen, an denen wir uns wiedererkannten, wenn einer von uns sich in seinem Nachsinnen verloren hatte.»

Die Besucher aus Worpswede sahen auch die private Kunstsammlung des Bankiers Behrens, wo sie neben Corot zwei Bilder von Böcklin besonders beeindruckten. «Mir ist, ich lerne jetzt erst Bilder schauen», notierte Rilke im Anschluß an die Hamburgreise in sein Tagebuch, und auch Otto Modersohn schwärmte von den Tagen, deren wunderbare Unvergeßlichkeit er vorwiegend Paula zu verdanken hatte:

Den seligen Mittelpunkt bildete die unausgesprochene, von allen geahnte Liebe. Mir war an der Seite meiner Paula so unendlich wohl.

Der Abend des 28. September war kühl. Paula hatte die Vorhänge ihres Atelierfensters zugezogen, einen Tee gekocht und sich in eine Wolldecke gehüllt. Seit ihrer Rückkehr aus Hamburg war sie bis auf Otto Modersohn und Heinrich Vogeler niemandem begegnet. Vogeler hatte eines Abends mit einer Flasche Rotwein vor ihrer Tür gestanden, um mit ihr und Otto auf ihre Verlobung anzustoßen. «Otto hatte es ihm schon einmal in kurzen Worten erzählt, aber da hatte er vor lauter Verlegenheit, daß es sich um etwas Zartes handle, gar nicht zugehört», notierte Paula.

Sie wußte, daß es dringend an der Zeit war, den Eltern zu schreiben. So lange schon hatte sie nichts mehr von sich hören lassen. Auch ihre Tanten wußten noch nichts von der Verlobung. Und ihr Tagebuch? Das lag ebenfalls seit Tagen unangerührt auf dem Bord.

Ganz unerwartet erhielt Paula an diesem Abend Besuch von Rilke. Er liebte es, zu der «blonden Malerin» zu gehen, in der Stille ihres «Lilienateliers» zu sitzen. Das «Lilienatelier» nannte er Paulas Raum bei Brünjes, in dem sie an einer der Wände einen dunklen Gobelin mit dem französischen Lilienmuster hängen und gelegentlich eine Lilie in der Vase stehen hatte.

Paula freute sich über den späten Besuch des Dichterfreundes. Es gab so vieles zu erzählen. Immer noch hatte sie die kleine Plastik des sitzenden Knaben ganz stark vor Augen, die sie kürzlich in Clara Westhoffs Atelier gesehen hatte. Auch Rilkes Gefühl war beim Anblick der Skulptur ein «gutes» gewesen, wie er in seinen Worpsweder Aufzeichnungen vermerkte, in denen er das Gespräch wiedergibt, das zwischen ihm und Paula stattfand: «Es ist oft rührend, bei Clara Westhoff», sagte Paula, «in der so viel monumentaler und großliniger Stil liegt, zu sehen, wie sie eine Blume, eine einzelne Blume trägt oder auf ein kleines Ding alle Güte und Fülle ihres breiten Wesens anwendet, wie sie um ein kleines Wort alle ihre Sinne versammelt, so daß dieses fast unter der Last der Liebe zusammenbricht. Es macht mich ganz wehmütig, das zu sehen. Zu sehen, wie sie sich zusammenfaßt, sich zurückzieht aus ihren Maßen und mit all ihrer Liebe über ein Ding kommt, an dessen Kleinsein sie sich erst gewöhnen muß! Wie Kinder führt sie alle ihre Sinne aus den tiefen Hochwäldern, in denen sie sich verstreut haben, heraus und lehrt sie auf einer schattigen Wiese um eine kleine blasse Blume stehen und singen.»

Rilke, ergriffen von so viel Großmut, antwortete: «Du liebes Mädchen, solche Dinge siehst du an deiner Freundin und siehst und sagst sie schön. Und weißt gar nicht, was für Glück und Größe das ist, an dem Leben eines anderen demütig zu werden und dienend. Ich bin dein Lauschender, dein Lehrling, wenn du so sprichst, und werde dein Lehrender, jetzt, da ich dich lehre, daß du gut und heilig bist. Verstehst du mich?»

Ein Klopfen an der Tür hatte das Gespräch unterbrochen. Ottilie Reyländer. Paula nahm sie in die Arme. Die junge Malerin zog ihren Regenmantel aus, begrüßte Rilke, der zwar schon von der Achtzehnjährigen gehört, sie aber bisher nicht kennengelernt hatte. Ihren überraschenden und späten Besuch bei Brünjes begründete Ottilie Reyländer, die besonders auf Rilke einen unruhigen Eindruck machte, mit ihrem Entschluß, schon am kommenden Tag nach Paris reisen zu wollen. Ob sie in ihrem Atelier wohnen könne, fragte sie die Freundin. Paula war ein wenig irritiert angesichts der fast fordernd vorgetragenen Bitte ihrer jungen Kollegin. Aber ihr gefiel die Vorstellung, Ottilie Reyländer in ihrem Zimmer in der Rue Campagne Première zu wissen.

Als die Malerin Paula im Gegenzug ihr Worpsweder Atelier im Haus des Schneiders Ranke zum Arbeiten anbot, sprang Paula auf. Am liebsten hätte sie sich auf der Stelle den Raum angeschaut, den sie zwar kannte, aber nur grob in Erinnerung hatte. Er lag im ersten Stock. Und das Nachbarhaus war das Otto Modersohns.

Rilke, der dem Dialog der beiden Frauen schweigend zugehört hatte, erhob sich aus dem Lehnstuhl und schaute Paula an: «Sie sind gütig. Ich sage es Ihnen jetzt zum zweitenmal. Wenn ich es zum drittenmal werde gesagt haben, wird es unwiderruflich sein.»

«Oh, ich bin nicht gegen alle gleich...»

«Eben, das ist Güte. Gutsein gegen Auserwählte. Denn Güte ist, wie alle sogenannten Tugenden, nicht etwas Vorhandenes, blind

Wirkendes, sondern angewandtes eigenes Erleben auf fremde Dürftigkeit. Wer ohne Auswahl gütig ist, ist gütig; wer aber einigen gegenüber gütig wird, tut gut... Wählen Sie noch?»

Der Abend im »Lilienatelier» war lang und schön. «Groß», wie Rilke sich ausdrückte, ein «großer» Abend. Die Abende seien immer groß, wenn er aus diesem Hause komme, sagte er. Draußen war es windstill. Ein klarer Himmel mit zunehmendem Mond.

Am Abend des 3. Oktober besuchte Rilke Paula Becker noch einmal in ihrem Atelier. Er brachte ihr ein Gedicht mit, das er während des Tages aufgeschrieben hatte:

> Du blasses Kind, an jedem Abend soll
> der Sänger dunkel stehn bei deinen Dingen
> und soll dir Sagen, die im Blute klingen,
> über die Brücke seiner Stimme bringen
> und eine Harfe, seiner Hände voll.
>
> Nicht aus der Zeit ist, was er dir erzählt,
> gehoben ist es wie aus Wandgeweben,
> solche Gestalten hat es nie gegeben –
> und Niegewesenes nennt er das Leben,
> und heute hat er diesen Sang erwählt:
>
> Du blondes Kind von Fürsten und aus Frauen,
> die einsam warteten im weißen Saal,
> fast alle waren bang, Dich aufzubauen,
> um aus den Bildern einst auf dich zu schauen:
> auf deine Augen mit den ernsten Brauen,
> auf deine Hände, hell und schmal.

An diesem Abend hatten Rilke und Paula einen Gedankenaustausch über Gott. Auch von diesem «reichen Abend im Atelier mit den Lilien» und den Gesprächen berichtet der Dichter in seinen Aufzeichnungen: «Ich habe mich anfangs so oft gewundert, daß Sie den Namen Gott gebrauchen (auch Dr. Hauptmann nannte ihn oft) und daß Sie ihn so schön gebrauchen können», sagte Paula. «Mir war dieses Wort so sehr genommen. Freilich, ich habe seiner auch nie heftig bedurft. Manchmal, früher, glaubte ich: im Wind ist er, aber meistens empfand ich ihn nicht als einheitliche Persönlichkeit. Ich kannte nur Stücke von Gott. Und manch einer seiner Teile war schrecklich. Denn auch der Tod war nur seines Wesens ein Teil. Und er erschien mir sehr ungerecht. Er duldete Unsägliches, ließ Grausamkeit und Gram zu und war gleichgültig groß. (...) Nein, mir ist dies alles doch fremd, mir ist Gott überhaupt ‹sie›, die Natur. Die Bringende, die das Leben hat und schenkt.»

Paulas Eingeständnis, daß sie sich nicht zu einem männlichen Gott bekennen konnte, sondern an eine weibliche Gottheit glaubte, setzte Rilke seine Vorstellung von einem unvollendeten Gott entgegen, der erst werden müsse: «Wann sollte er auch geworden sein? Der Mensch bedurfte seiner so dringend, daß er ihn gleich von Anfang als Seienden empfand und sah. Fertig brauchte ihn der Mensch, und er sagte: Gott ist. Jetzt muß er sein Werden nachholen. Und wir sind, die ihm dazu helfen.»

Hatte Rilke nicht am Abend der Heimkehr von der Hamburgreise am 27. September beschlossen, in Worpswede zu bleiben? Hatte er nicht in seinem Tagebuch notiert, er wolle «Herbst haben», sich «mit Winter bedecken», mit keiner Farbe sich verraten, er wolle «einschneien um eines kommenden Frühlings willen», damit, was in ihm keime, «nicht zu früh aus den Furchen steige»?

Am frühen Morgen des 5. Oktober nahm Rainer Maria Rilke kurzentschlossen, schweren Herzens und ohne sich zu verabschieden die Postkutsche und reiste über Bremen nach Berlin zurück. Nur Paula Becker hinterließ er einen schriftlichen Gruß. Wie er inzwischen gehört hatte, warteten in Berlin Briefe aus Rußland auf ihn, die dringend beantwortet werden mußten. Den Worpsweder Freunden gegenüber begründete er von Berlin aus seine plötzliche Abreise damit, daß er seine nicht länger aufzuschiebende dritte Rußlandreise vorbereiten müsse. An Paula Becker schrieb er:

Mir ist ja Rußland doch das geworden, was Ihnen Ihre Landschaft bedeutet: Heimat und Himmel. (...)
Verstehen Sie, daß es eine Untreue ist, wenn ich tue, als ob ich anderswo schon ganz erfüllt Herd und Heimat fände? Ich darf

noch kein Häuschen haben, darf noch nicht wohnen. Wandern und Warten ist meines.

An Clara Westhoff schrieb der Dichter:

Eure Heimat war mir, vom ersten Augenblick, mehr als nur eine gütige Fremde. War eben Heimat, die erste Heimat, in der ich Menschenleben sah (sonst leben alle in der Fremde, alle Heimaten aber stehen leer...).

Paula hatte mittlerweile das Atelier von Ottilie Reyländer bezogen, das ihr unverändert überlassen worden war. Nur ein paar wenige Dinge hatte die junge Malerin mit nach Paris genommen. Zwischen den vielen kleinen, teilweise zerbrochenen alten Krügen, Vasen, Tellern, zwischen Steinen, trockenen Moosen und Flechten, zwischen den Skizzen, die herumlagen, der Mappe mit den Kinderzeichnungen und dem grünen Vogelbauer, der auf dem Bord stand, fühlte sich Paula ausgesprochen wohl. Hier würde sie den Apfelbaum mit roten Äpfeln auf blauer Luft malen, um den Kinder tanzen, freute sie sich, und die Kirche mit den weit geöffneten Toren, aus denen am Sonntag die schwarze Menge andachtsvoll strömte. Morgens begann Paula meistens mit der Arbeit an einem Halbakt, nachmittags mußte ihr die Schwester Herma Modell sitzen, die sie in diesen Tagen zu Besuch hatte. Paula liebte die Anwesenheit der so viel Jüngeren, in der, wie sie notierte, so Süßes träume und schlafe und die wie «Pappelblätter auf der Luft» sei.

Spätherbst 1900. Paula ist mit ihren Holzschuhen durch den Schneematsch gelaufen, die Staffelei auf dem Rücken. Sie hat versucht, ihre Stimme singend gegen das scharfe Pfeifen des Windes zu erheben, der ihr die Regentropfen ins Gesicht peitscht. Ob Klinger kommen wird? Jedenfalls wird sie morgen gemeinsam mit Clara von dem Efeu schneiden, der auf dem Dach des Flinkerschen Hauses wuchert, und den Eingang zu Claras Atelier damit schmücken. Wenn sie an die Begegnung mit Klinger in Leipzig denkt, damals, vor drei Jahren, als sie mit ihren Tanten und der Cousine in seinem Atelier war! Was für ein großes Ereignis! Und sie selbst so schüchtern, so kindlich, so fassungslos. Wie schön es wäre, wenn er seinen Aufenthalt in Bremen mit einem Abstecher nach Worpswede verbinden würde! Es ist alles naß geworden, die Haare, die Jacke, das Tuch, selbst die Malutensilien. Paula legt ein Stück Holz auf die Glut in ihrem kleinen Ofen, hockt sich davor, reibt sich die Hände warm. Als sie die Teekanne vom Regal nimmt, fällt ihr Blick auf das kleine, in graues Leinen gebundene Heft, das ihr neulich, am Vorabend seiner Abreise, Rilke geschickt hatte mit der Bitte, es für die Zeit seiner Abwesenheit aufzubewahren. Es ständen darin einige seiner liebsten Verse! hatte er Paula geschrieben. Wie sehr ihr dieses kleine Heft inzwischen schon am Herzen liegt. Jeden Tag blättert sie darin, sie liebt die «Verkündigung» und «An meinen Engel».

Wann Rilke wohl wieder zurück nach Worpswede kommen würde? hatte sich Paula nach seiner Abreise oft gefragt, und die Antwort des Dichters war mit dem Brief vom 18. Oktober gekommen, in dem er ihr schrieb, er käme nicht wieder nach Worpswede und bitte sie deshalb, ihm das Skizzenbüchlein bis zum 1. November zurückzuschicken. Diesem Brief hatte Rilke zwei Paula gewidmete Bücher für ihre Bibliothek beigefügt: «Gedichte» und «Marie Grubbe» von Jens Peter Jacobsen.

Paula hält die beiden Bücher in den Händen. Wie wird sie sie einbinden? Aus rosa und gelber Seide wird sie Hüllen nähen, die sie wattiert und an den Kanten mit geblümtem Seidenband verstärkt. Paulas Blick gleitet über den Stapel von Büchern, die auf ihrem Tisch liegen: Walther von der Vogelweide; *Der grüne Heinrich* von Gottfried Keller. Dieses Buch liebt sie, es ist eines von «ihren» Büchern. Sie wird Rilke schreiben, denkt Paula. Heute abend noch. Sie wird ihm sagen, wie sehr er ihnen fehlt:

Wir warten auf Sie in der Dämmerstunde, mein kleines Zimmer und ich, und auf dem roten Tische stehen herbstliche Reseden, und die Uhr tickt auch nicht mehr. Aber Sie kommen nicht. Wir sind traurig. Und dann sind wir wieder dankbar und froh, daß Sie überhaupt sind. Dieses Bewußtsein ist schön. Clara Westhoff und ich, wir sprachen neulich darüber, daß Sie eine lebendig gewordene Idee von uns seien, ein erfüllter Wunsch. Sie leben stark unter unserer kleinen Gemeinde. Ein jeder von uns ist Ihnen

dankbar zugekehrt und möchte Ihnen so gerne noch einmal Freude machen. Es geht so schön, Ihnen Freude zu machen, weil man es tut, ohne es zu merken und zu wollen. An unseren schönen Sonntagen sind Sie unter uns, sind wir bei Ihnen. Und so wird es bleiben. Denn Sie werden einem jeden von uns zum Ereignis, und in uns lebt weiter, was Sie uns in Überfülle lautlos und sanft in die Hände legen. (...)
Herr Modersohn hat sich s e h r über Ihren Brief gefreut. Er hat ein schönes Bild gemalt: ein Mädchen mit Schafen, das in der Abendsonne den Abhang hinunter heimzieht. Sie würden das Bild lieben. Es entsteht fast täglich ein neues. Es ist der Beginn einer wundervoll reichhaltigen Schaffensperiode für Modersohn. Mir ist immer, als ob ich die Hände über ihn halten sollte. Dieses Händehalten tut mir wohl. Sie haben dem Manne an jenem Nachmittage in das verborgene Gewässer seiner Seele geblickt, das aber ist tief und schön, und wer es schauet, dem ist wohl. –
25. Oktober 1900

Als Mathilde und Carl Woldemar Becker von der Verlobung ihrer Tochter mit Otto Modersohn hören, fällt ihnen ein Stein vom Herzen. Wenn er auch elf Jahre älter, Witwer mit Kind und obendrein noch ein Künstler aus dem nicht gerade hochgeschätzten Worpswede ist – der zukünftige Schwiegersohn ist Familie Becker auf Anhieb sympathisch, und der Gedanke, Paula endlich in einer nicht nur menschlich glücklichen, sondern auch finanziell gesicherten Situation zu wissen, beruhigt sie in hohem Maße. Am liebsten hätten die Eltern die Verlobung der Tochter offiziell gefeiert, aber sie befürchten auch, die Zeremonie könne angesichts der gegebenen Umstände zu großartig ausfallen. «(...) mit dem Feiern mache Dir nur keine Sorge», beruhigt die Tochter am 28. Oktober den Vater in Bremen, «Otto und ich sind ja beide ganz vernünftige Leute.» Sie kündigt ihr Kommen an und bittet die Mutter um Verständnis, daß sie ihr so lange nicht mehr geschrieben habe:

Denn Initiative ist jetzt mein schwacher Punkt. Sie war eigentlich nie meine stärkste Seite. Nun muß ich das wenige, was ich besitze, noch in Otto Modersohn und mich teilen. Denn er hat noch vie-ie-iel weniger als ich.

Ich wundere mich oft, wie einsichtig und sanft ich zu ihm bin. Das kommt wohl von der Liebe. Ich werde, glaube ich, eine ganz gute Frau. Es ist mir sogar schon begegnet, daß ich mich ängstigte, daß mir mein Dickkopf mit der Zeit völlig abhanden ginge, und bei seinem Vierteljahrhundert hat er doch eigentlich antiken Wert. Da darf ich ihn mir doch nicht völlig aus den Händen rollen lassen, habe ich philosophiert. Der Mann ist aber auch so rührend kindergut, und wenn er einen einmal verletzt, so geschieht es in solch göttlicher Ahnungslosigkeit, daß man davor in Demut niederknien muß. Das ist eben jene Naivität, die ich schon im zarten Kindesalter an Maidli sehr bewunderte. Wir Bewußten, wir haben es eigentlich noch einmal so schwer. Wir dürfen niemandem wehe tun, weil wir wissen. Ich bin sehr am Malen, nehme all das bißchen Zeit wahr, was man jetzt hat, und er, er schüttelt weiter schöne Bilder aus dem Ärmel. Ich will meine Junggesellenzeit noch recht zum Lernen wahrnehmen; denn daß ich mich verheirate, soll kein Grund sein, daß ich nichts werde.

3. November 1900

Erst zu diesem Zeitpunkt, Anfang November, berichtet Paula Becker auch ihrer Tante Marie und den Verwandten Arthur und Grete Becker von dem Ereignis:

Ja, ich sitze im Glück, tief und sanft, und das Leben umweht mich süß. Es ist mir alles wie ein Traum. Eigentlich war mir mein ganzes Leben wie ein Traum, doch jetzt ist es eben noch mehr. Solche Abende, wie ich sie verbringe, blühen, glaube ich, den wenigsten in der Welt. Wie heute, als wir uns gegen Dunkelwerden an unserem Lieblingsplatz trafen. Da standen wir zusammen zwischen zitternden Föhren, in denen der Wind knackte; – – – er ist wie ein Mann und wie ein Kind, hat einen roten Spitzbart und zarte liebe Hände und ist siebzehn Zentimeter größer als ich. Er hat eine große tiefe Intensität des Gefühls. Daraus besteht eigentlich der ganze Mensch. Kunst und Liebe, das sind seine beiden Stücklein, die er geigt. Er hat eine ernste, fast schwermütige Natur

bei einer großen Freude an Sonnenschein und Frohsinn. Ich kann ihm viel sein. Das ist ein wundervolles Glück. In der Kunst verstehen wir uns sehr gut, der eine sagt meist, was der andere empfindet. Ich will auch meine Kunst nicht an den Nagel hängen. Wir wollen nun vereint weiterstreben. Bei seiner großen Einfachheit und Tiefe wird mir fromm zumut. Ich bin ein solch komplizierter Mensch, so ewig zitternd, da tut solch eine ruhige Hand so viel Gutes. Ich trage das Glück in meinem Herzen.
Oktober 1900

Da habe ich aber lange mit Euch geschwiegen, nicht wahr? Und was dachtet Ihr dazu, Ihr Lieben. Es kam aber so von selbst und hatte seine liebe Bewandtnis. In mir bereitete sich ein großes, wundervolles Ereignis vor. Das mußte erst ganz ausklingen. Und nun ist es da mit seiner Gegenwart, ist in mir und um mich und heißt Glück. Eigentlich wohnt ja das Glück schon so lange bei mir, so lange ich mich der Kunst widme. Neu aber ist es zu mir gekommen in Gestalt eines lieben, ernsten Mannes, mit dem ich mein ganzes Leben teilen werde. Der Maler Modersohn und ich, wir sind uns einig; wir wollen uns nächstes Jahr heiraten. (...)
Ich habe ein Verständnis für seine Kunst und er ein Verständnis für mein Streben. Ihr werdet ihn liebhaben, wenn ihr ihn kennenlernt. Er ist eine ernste, tiefangelegte Natur, die ganz in ihrer Kunst aufgeht. In feinsinniger Weise nimmt er die Schönheiten der Schöpfung in sich auf und bringt allem und allen ein Herz voll Liebe entgegen. Mir wird es an seiner Seite sehr gut gehen. Ich bin wahrhaft glücklich und innerlich still. Er hat ein kleines blondes Töchterlein, dem ich die Mutter ersetzen werde. Unsere Verlobung soll fürs erste noch geheim bleiben. Euch mußte ich sie aber mitteilen, Euch, die Ihr in solcher Liebe dazu verholfen habt, daß ich bei meiner Kunst bleiben konnte. Ich reiche Euch die Hand und danke Euch für alles Gute, das Ihr an mir getan habt. Es ist auf guten Boden gefallen; denn ich kann wohl sagen, daß ich seit meinem zwanzigsten Jahre jeden Tag meines Lebens mit Freude gelebt habe. Und nun ist ein jeder Tag noch voller und schöner. Und ich bin still und dankbar.
1. November 1990

Am 1. November schickte Paula, wie verabredet, das kleine Skizzenbüchlein an Rilke zurück. In ihren Brief legte sie eine Kette aus Kastanien. Sie hatte die Früchte kürzlich gesammelt und auf ein Band gezogen.

Rilke antwortete umgehend. Er erzählte der Freundin, daß die Kastanienkette bei ihm nicht immer an der Wand hänge, sondern daß er sie sich manchmal hole und wie einen Rosenkranz durch seine Finger gleiten lasse. «Man muß bei jeder Kugel solcher Rosenkränze ein bestimmtes Gebet wiederholen; ich ahme diese fromme Regel nach, indem ich bei jeder Kastanie etwas Liebes denke, das sich auf Sie und Clara Westhoff bezieht. Da erweist es sich nur, daß der Kastanien zu wenige sind.»

Die Kastanienkette erinnerte Rilke an die Allerseelentage seiner Kindheit, die er auf Kirchhöfen verbrachte, «an fremden Gräbern oft und oft an den Gräbern von Verwandten und Vorfahren, an Gräbern, die ich mir nicht erklären konnte und über die ich nachdenken mußte in den wachsenden Winternächten.»

Seinen Brief an Paula hatte Rilke mit dem Satz beendet: «Aber ich merke, das ist kein Brief für Sie und eigentlich auch für mich keiner. Ich habe Sehnsucht, Freundin. Leben Sie wohl!»

Paula, befremdet angesichts der Bemerkung «Das ist kein Brief für Sie», antwortete:

Ich finde, wir sollen von unserer armen Seele nicht immer Sonntagsstimmung verlangen. Und dann finde ich, jeden Akt, den wir tun, das sind wir, und man soll Achtung davor haben. Ich erkenne keine Norm an, nicht Norm Rilke, Norm Becker etc., sondern fasse den Menschen auf in seiner mannigfachen Vielfarbigkeit oder versuche es zu tun, in Demut und habe Achtung davor und habe auch Achtung vor Ihrem Briefe. (...)

Meine Seele feiert heute auch keinen Sonntag. Sie weiß auch nicht, was sie heute feiert oder nicht feiert. Das weiß ich eigentlich nie. Sie ist verschleiert heut. Ein Nebel liegt auf ihr und macht sie unbeweglich. Und trotzdem schreibe ich Ihnen. Und Sie erlauben den Seelenalltag, nicht wahr? Und dulden ihn und schätzen ihn nicht gering? (...)

Und dies ist alles, alles Nebensache und kleiner Kram und Sa-

chen, womit man die Zeit totschlägt. Das Eine für mich, das Ganze, das Große, das Feststehende für mich ist meine Liebe zu Otto Modersohn und seine Liebe zu mir. Und die ist was Wundervolles und segnet mich und überströmt mich und singt und geiget um mich und in mir. Und ich hole tief, tief Atem und gehe dahin wie im Traum. Sie wissen davon, nicht wahr? Es ist schon lange; schon vor Hamburg. Ich habe Ihnen nicht davon gesprochen. Ich dachte, Sie wüßten. Sie wissen ja immer, und das ist so schön. Und heute mußte ich es Ihnen doch mit Worten nennen und taufen und Ihnen es fromm in die Hände legen, auf daß Sie Pate stehen. Denn Ihre Hände bringen Gutes. Und Sie lieben die Blumen. Sie sind ja auch so schön. Und sie machen uns besser. Wir hatten gestern wieder einen Sangessonntag, und Sie waren unter uns.
12. November 1900

In der ersten Adventswoche war Paula Becker in Bremen. Tiefhängende Wolken, Regen. So recht begreifen wollte sie es nicht, warum sie jetzt hier und nicht bei Otto Modersohn war. «Sie meinen es alle so gut, und in ihrer Liebe wird mein armes Seelchen fürchterlich malträtiert», schrieb sie dem Geliebten nach Worpswede. «Es ist von Übel, wenn der Mensch nicht da ist, wohin er gehört. Und ich gehöre nicht hierher in die Stadt.»

Mein Menschlein ist hier völlig ausgelöscht. Merkwürdig. Ich habe nichts zu sagen und nichts zu fühlen. Das ist es ja, was ich Dir sagte: Ich kann nicht viel aushalten. Du bist doch Einer und ein Feiner.
5. Dezember 1900

Beide waren sie so gut in der Arbeit gewesen. Besonders Otto Modersohn. Kürzlich hatte er drei neue Bilder angefangen. Ganz erfüllt von seiner Kunst, wollte er am liebsten gar nichts anderes an sich heranlassen. Genießen wolle er sein Leben, hatte er neulich zu ihr gesagt, als er und Paula, die Dämmerung war schon hereingebrochen, über den Weyerberg gingen und sich im Gespräch noch einmal die Tage in Hamburg vergegenwärtigten, diese köstlichen, unbeschwerten Tage in Hamburg. Das Leben genießen, das Leben schön leben, reich nach jeder Richtung, hatte er gesagt, «frisch, frei, fröhlich», «keine sentimentale Kopfhängerei, keine Ängstlichkeiten, groß und frei, den Geist im Genießen erheben aus dem Alltag». Und er hatte ihren Kopf in seine Hände genommen und ihre Stirn geküßt und ihr gesagt, wie sehr er sie liebe und welches Glück es für ihn sei, sie gefunden zu haben, ein nicht hoch genug zu schätzendes Glück. Wie oft schon hatte ihr Temperament, ihr lebensfroher Sinn, ihn, der entschieden zum Schweren, Grüblerischen neigte, erheitert. Und in wie vielen Augenblicken hatte sie ihm geholfen, seine üblen Launen, seinen Argwohn, seine Stimmungslosigkeit zu überwinden. Er war ihr so dankbar dafür.

Seine Stimmungslosigkeit! Er wußte, daß Paula diese Stimmungslosigkeit nicht mochte an ihm. Er habe sie aus der Stimmung gebracht, pflegte sie zu sagen. Dabei konnte es sein, daß er sich nur gerade hingesetzt hatte und im Begriff war, seinen Kaffee zu trinken, als Paula und Clara Westhoff hereingestürmt kamen und Paula ihn herbeiwinkte und sagte, die Stimmung sei so fein, er müsse schnell kommen, er müsse das erleben. Aber wenn er dann nicht sogleich aufsprang, sondern die Mädchen einlud, sich zu ihm zu setzen, und ihnen einen Kaffee anbot, reagierte Paula mürrisch und warf ihm vor, er verstehe es nicht «mitzuschwingen». «Mitschwingen» nannte sie das. Aber kam nicht auch Paula unglaublich leicht aus der Stimmung? Störten nicht auch sie die geringsten Kleinigkeiten? Und nahm sie je ein Blatt vor den Mund? Wie schnell fällte sie ein Urteil über andere Menschen, die ihr geistig nicht auf der Höhe schienen. Wie abweisend konnte sie sein. Und manchmal glaubte sie sogar, ihm feine Allüren beibringen, ihn erziehen zu müssen: Nicht die Tasse ohne Untertasse reichen! Nicht sprechen, wenn man ißt! Nicht mit der Gabel allein essen!

Manches an Paula war Otto Modersohn fremd, und in trübseligen Augenblicken oder wenn sie sich wieder einmal gestritten hatten und sie weinte, machte er sich doch ernsthaft Sorgen im Hinblick auf die gemeinsame Zukunft. Ihre kleinen spitzen Bemerkungen zum Beispiel. Diese kleinen Schroffheiten. Dieses manchmal Überempfindliche. Er konnte sich über das «Gesuchte, Künstliche» erregen, das, was ihre Eltern als «egoistisch» an ihr bezeichneten. Auch Clara Westhoff hatte es an sich, und er lehnte es entschieden ab. Aber was war das alles gegen Paulas Lebensfülle, ihre Jugendfrische! Und schließlich war sie noch eine junge Frau von vierundzwanzig Jahren. Entweder «schweigen bei kleinen Differenzen», nahm sich Otto Modersohn vor, oder «ganz kurz und schlicht es erwähnen und damit gut». In den wesentlichen Punkten paßten sie ja so wunderbar zusammen: in dem erhabenen Genießen von Kunst und Natur und im Schaffen. Paula «noch weit mehr lieben als bisher», sagte er sich, für die Geliebte kämpfen, ihr Anerkennung verschaffen und selbst auch ganz aufgehen in der Kunst, in ihr leben. «Groß denken!» Das war es doch!

Weihnachten 1900. Paula war zu ihrer Familie nach Bremen gefahren, Otto Modersohn mit der kleinen Tochter Elsbeth zu seinen Eltern nach Münster, wo er auch die Brüder Ernst und Willy und die Schwester Laura traf. Wenn sich die anfängliche Freude des Wiedersehens gelegt hatte, begann sich Modersohn meistens sehr schnell unwohl zu fühlen in dieser Umgebung. Die Innigkeit, die seine Geschwister mit den Eltern verband, empfand er so nicht. Sie verstanden und interessierten sich füreinander. Aber er mit seiner Kunst! Wie sehr er sich nach Paula sehnte.

Auch bei den Beckers hatte sich die Familie versammelt. Paula genoß den Geruch nach Tannengrün und Kerzen. Gemeinsam wurden Weihnachtslieder gesungen. Oft stieg Paula noch spät abends im Pelz des Vaters auf das Dach des elterlichen Hauses und lauschte den Domglocken, das rotgoldene Lichtermeer der festlich geschmückten Stadt unter sich. «Ich beobachte überhaupt und sehe viel», schrieb sie an Otto Modersohn nach Münster. «So hat mir heute die faltige Backe meines Vaters große Freude gemacht. So ein Menschenantlitz einmal richtig malen zu können, das gehört für mich doch zu dem Schönsten. Originell im Raum stehend, fein und intim in Charakter, Farbe. Wenn man es nur erst könnte.»

Nicht traurig und sehnsüchtig solle er an sie denken, bat Paula ihren Geliebten, sondern «froh, daß wir einander angehören». Würde nicht die Trennung ihre Liebe nur noch vertiefen?

Wie verbringst Du Deine Tage? Mir geht es gut. Alle sind beflügelt von einer Festfreude, und dieser innere Sonnenschein, den ein jeder in sich trägt, der macht goldene Brücken. Ich wärme mich an diesem Stück Christentum und nehme es entgegen wie ein Märlein. Und dann, weißt Du, ist es solch ein Fest für Frauen, denn diese Mutterbotschaft, sie lebt ja immer noch weiter in jedem Weibe. Das ist alles so heilig. Das ist ein Mysterium, das für mich so tief und undurchdringlich und zart und allumfassend ist. Ich beuge mich ihm, wo ich ihm begegne. Ich knie davor in Demut. Das und der Tod, das ist meine Religion, weil ich sie nicht fassen kann. Des mußt Du Dich nicht betrüben, Du mußt es lieben, Lieber. Denn das sind ja doch die größten Dinge dieser Erde. Ich liebe ja auch die Bibel. Ich liebe sie aber als schönstes Buch, das meinem Leben viel Lieblichkeit gebracht hat.
25. Dezember 1900

Ihre Gedanken zum Sinn des Weihnachtsfestes teilt die junge Malerin am selben Tag auch Rilke mit, dessen «Geschichten vom lieben Gott» sie ihrer Schwester Milly geschenkt hat.

Mir ist die ganze Zeit so nach Weihnachten zumute, und mir ist so, als müßte ich zu Ihnen kommen und Ihnen das sagen. Es ist solch ein wunderbares Fest. Und ist eins, das lebt und wärmt. Es ist ein Fest für Mütter und Kind, und auch für Väter. Es ist ein Fest für alle Menschheit. Es kommt über einen und legt sich warm und weich auf einen und duftet nach Tannen und Wachskerzen und Lebkuchenmännern und nach vielem, was es gab, und nach vielem, was es geben wird. Ich habe das Gefühl, daß man mit Weihnachten wachsen muß. Mir ist, als ob dann Barrikaden fallen, die man mühsam und kleinlich gegen so vieles und viele aufgebaut hat, als ob man weiter würde und das Gefäß umfassender, auf daß darin jedes Jahr eine neue weiße Rose aufblühe und den anderen zuwinkt und in sie hineinleuchtet und ihnen die Wange streicht mit ihrem Geschimmer und die Welt erfüllt mit Schönheit und Duft. Und das ist Leben, und ist ein Leben wie ein Gebet, ein frommes Gebet, ein jauchzendes Gebet, ein liebliches und lächelndes Gebet, welches immer tiefer hinabsteigt in den Sinn des

Seins, dessen Auge größer wird und ernster, weil es viel gesehen. Und wenn es alles gesehen das letzte, dann darf es nicht mehr schauen, dann kommt der Tod. Und vielleicht versöhne ich mich in diesem Sinne mit dem Tod, weil ich ihn ja auch einst leiden muß. Dann ist es besser so. –
Weihnachten 1900

Die Zeit beginne ihr wieder über den Kopf zu wachsen, schrieb Paula Ende Dezember an Otto Modersohn. Auch Clara Westhoff schien es ähnlich zu gehen. «Sie wankt dahin mit kreuzunglücklicher Stirne und wünscht diesem Jahr 1900 ein schnelles Ende.» Wann kommst Du? fragte sie den Verlobten in Vorfreude auf den ersten Spaziergang, den sie zusammen im frischgefallenen Schnee machen würden. Zwischen all diesen «halben Menschen und Menschlein», die sie allmählich «halbieren» und «in kleine Stücke» hauen, komme sie nicht zu sich selbst, klagte Paula in ihrem Brief nach Münster, und der Gedanke, daß sie in wenigen Tagen schon, kaum daß sie Otto Modersohn gesehen hatte, nach Berlin aufbrechen müßte, um dort eine Hauswirtschaftsschule zu besuchen, wie es die Eltern als Vorbereitung für ihre Ehe forderten, bedrückte sie. «Und ich selber hasse mich in dieser Halbheit und Lahmheit, und mein Menschlein denkt sehnsüchtig der Zeit, da es nicht humpelte und nicht humpeln wird.»

Das Leben i s t ein Wunder. Es kommt über mich, daß ich oftmals die Augen schließen muß, wie wenn Du mich in Armen hältst. Es überrieselt mich und durchleuchtet mich und schlägt in mir satte, verhaltene Farben an, auf daß ich zittere. Ich habe ein wundervolles Gefühl der Welt gegenüber. Laß sie treiben, was sie will, und hinken statt tanzen, soviel sie will, und schrein statt singen, soviel sie will. Ich gehe an Deiner Seite und führe Dich an der Hand. Und unsere Hände kennen sich und lieben sich und ihnen ist wohl.

> So zwei sich lieben von ganzem Herzen,
> Sie können ertragen der Trennung Schmerzen.
> So zwei sich lieben von ganzer Seele,

sie müssen leiden des Himmels Befehle.
So zwei sich lieben mit Gottesflammen,
Geschieht ein Wunder und bringt sie zusammen.

Komm Silvester oder komm am zweiten. Mache es ganz, wie Du wünscht. Ich finde alles gut so. Ich habe das wundervolle Gefühl, als ob in dieser Zeit der Trennung unsere Liebe geläutert und durchseelter würde. Das erfüllt mich mit einer dankbaren Frömmigkeit gegen das Weltall. Mein König Rother. Ich bin das Mägdlein, das Dich liebt und das sich Dir schenkt und dessen Scham vor Dir gebrochen liegt und zerronnen ist wie ein Traum. Und das ist meine Demut, Lieber, daß ich mich gebe wie ich bin und in Deine Hände lege und rufe: Hier bin ich.
So sei es bis an unseres Lebens Ende. Laß Dir leise den Rotherbart streichen und empfange einen Kuß auf jede Wange, und dann nimm meine Seele auf und trinke sie. Trinke sie in einem heißen Kuß der Liebe.
27. Dezember 1900

Der Liebesbrief aus Bremen wird umgehend aus Münster beantwortet:

Welche Wonnen, welches unaussprechliche Glück geht von Deinen Briefen aus. In aller Unruhe, in allem Mißbehagen, das mich oft niederdrückt, machen sie mein ganzes, reiches Glück aus. Denn Deinen letzten Brief hätte ich fast wörtlich aufschreiben können. Auch mir steht das Unbehagen oft bis an die Kehle, aber ich schweige. Ich weiß es ja, das, was ich bin, kann ich und darf ich nicht zeigen, ich würde kein Verständnis finden. War ich schon früher so gänzlich anders geartet, wie viel mehr jetzt. Aber einen wie starken und süßen Trost habe ich in Dir, Du Beste, Du meine liebste, holde Paula. Unser Wesen trifft sich in seinen Tiefen, das ist eine stetige Quelle des reinsten Glückes für mich. Rein paradiesisch erscheinen mir die Abende bei Brünjes von hier aus. Mein Geist ist überhaupt selten hier, der wandert immerfort an Deiner Seite, merkst Du's wohl? Oh, wenn ich Dich erst wieder in meinen Armen halte, und wenn ich erst wieder in Dein sonniges, tie-

fes Auge schaue und dann – wenn ich erst wieder den Weyerberg unter meinen Füßen fühle und vor meiner Staffelei stehe: Dann bin ich, der ich bin und sein muß. Nun weiter keine Worte darüber. (...)
Ich fühle mich aufgelegt, ich weiß selbst nicht wozu alles. Aber in mir da gährt es und will heraus. Oh, Du mein selig-süßes Mädchen, wie trinke ich Deine Seele, auf daß sie mich zu Großem wende. In dem Reich, das meine Seele erstrebt mit aller Macht, da wohnt auch die Deine, sie kennen sich und neigen sich zueinander. –
Bald, o Wonne, werde ich Dich wieder schauen. Am Zweiten nachmittags 5.15 werde ich in Bremen ankommen. Mit allen meinen Gefühlen bin ich Dir stets nahe, alles Beste wünschte ich auf Dich herab. Möge das neue Jahr unsere Verbindung vollständig machen zu unserem dauernden Glücke.
30. 12. 1900

Auch ihrer Tante Marie gegenüber kann Paula Becker ihre ungeduldige Stimmung und Erregung angesichts des viel zu oberflächlich auf sie wirkenden gesellschaftlichen Miteinanders in der Stadt nicht verbergen, das sie manchmal wie eine «Art von Vergewaltigung» empfindet:

Sie machen voreilig alles tot mit Schlagwörtern und Schlaggefühlen. Wir wollen auch nicht hier in der Stadt verkehren, außer natürlich hier zu Hause. Es geht nicht gut. (...) Draußen leben wir eine stille Gemeinde: Vogeler und seine kleine Braut, Otto Modersohn und ich, und Clara Westhoff. Wir nennen uns: die Familie. Wir sind immer Sonntags beieinander und freuen uns aneinander und teilen viel miteinander. So mein ganzes Leben zu leben, ist wunderbar.
30. Dezember 1900

8. KAPITEL

«Und daß ich dieses Muß in meiner Natur habe, dessen freue ich mich»

Januar 1901 – März 1901

Eine schneidende Kälte herrschte während der ersten Januartage des Jahres 1901. Beiderseits der Hamme waren die Wiesen, Felder und Kanäle überschwemmt und zugefroren. Endlos weite Eisflächen luden zum Schlittschuhlaufen ein.

Das Wetter ist so schön, der Wunsch, in der Nähe Otto Modersohns zu sein, so groß und die Lust auf die Hauswirtschaftsschule in Berlin so gering, daß Paula Becker ihre ursprünglich unmittelbar nach der Jahreswende geplante Reise auf den 10. Januar verschiebt. Täglich ist sie auf dem Eis. Mit elegantem Schwung segelt sie in ihrem braunen Kleid durch die winterprächtige Landschaft, zieht große Bogen, läßt die Freunde und Otto Modersohn weit hinter sich. Ein hoffnungsloses Unterfangen, ihr folgen zu wollen.

Kurz bevor sie am 10. Januar schließlich in den Zug nach Berlin steigt, steckt Paula noch schnell einen kleinen Gruß an Rilke in den Bahnhofsbriefkasten. «Also, ich komme jetzt nach Berlin», kündigt sie dem Freund an, und an Otto Modersohn schreibt sie:

Und nun heißt es zwischen uns beiden schon wieder «Auf Wiedersehen». Und ein jeder von uns versucht sich in dieser zweimonatlichen Zeit des Alleinseins wacker zu halten und tüchtig zu schaffen, Du, mein König, schöne, schöne Bilder, ich – Suppen, Klöße und Ragouts.
Januar 1901

Paula in Berlin. Mit Widerwillen. Kochkurse! Und ein Leben im vierten Stock zwischen ihr zwar sympathischen Menschen, Frauen wie der Tante Herma Parizot und ihrer Cousine Maidli, die sie sogar ausgesprochen gern hat, die sie als «zart», «vibrierend», «sensitiv» empfindet, die aber so anders als sie sind: «Gartenblumen, und mein Blühen ist doch so sehr im Felde.» Was soll sie hier in diesem eleganten Viertel in der Eisenacherstraße 61? Zwischen hohen Häuserwänden und dem Lärm der Straße? Wenn sich ihr Zimmer wenigstens im Pariser Quartier Latin befände! Aber hier?

Ihr Raum mit Bett, Schrank, Waschtisch und Pult ist lang und schmal. Paula hat Otto Modersohns Studie mit den Rosen und den Wolken an die Wand gehängt, daneben ein Foto, das sie selbst, Clara Westhoff und Otto Modersohn zeigt – ihr Weihnachtsgeschenk an den Verlobten mit einem Vers darunter: «Du und ich und ich und du und Clara Westhoff auch dazu.»

Morgens schaue sie auf seine Studie und auf sein Bild, halte stille Zwiegespräche mit ihm und versuche, sich über die zwei Trennungsmonate hinwegzuträumen, schreibt Paula sehnsuchtsvoll an den Geliebten nach Worpswede. Wüßte er nur, wie sie sich fühlt! So, als habe man ihr die Flügel beschnitten, sie eingesperrt, geknebelt. Könnte sie nur ausbrechen aus dieser Enge. Nicht, daß die Menschen nicht ganz besonders herzlich zu ihr wären. Aber dieses konventionelle und veräußerlichte Leben, das sie führen! «Mein Mann!» schreibt sie, und ihre Worte klingen wie ein tiefer Seufzer. «Ich führe hier ein merkwürdiges Leben, eigentlich ganz eines in mir allein.» Wie mag es in Worpswede gehen? Auf dem Eis? Spürt er, daß sie sich von ganzem Herzen nach ihm und nach dem Leben auf dem Weyerberg sehnt?

Ein kleines Stück ihres geliebten Worpswede fand Paula Becker in den Gesprächen mit Rilke wieder, den sie an den Sonntagen in seinem Zimmer in Berlin-Schmargendorf besuchte. Hier, in der Stadt, schien ihr der Dichterfreund zwar weniger frohgestimmt, weniger «schaffend» und im «Vollgefühl seiner Kunst» als in Worpswede, aber er hole Atem zu neuen Dingen, beobachtete Paula und freute sich über die schönen, stillen Stunden, die sie mit ihm verbrachte. Was sie vor allem mit dem Gleichaltrigen verband, war ihr Streben nach höchsten künstlerischen Zielen. Rilke rezitierte aus seinem «Buch der Bilder» und las der Freundin aus Gerhart Hauptmanns neuem Drama «Michael Kramer» vor, das am 21. Dezember in Berlin am Deutschen Theater uraufgeführt worden war. Er hatte am 19. Dezember die Generalprobe gesehen und diese als sehr beeindruckend empfunden. Zusammen unternahmen sie Spaziergänge und Ausstellungsbesuche. Sie schauten sich eine Ausstellung

Honoré Daumiers bei dem Kunsthändler Paul Cassirer an, der sich schon sehr früh für die französischen Impressionisten eingesetzt hatte und mit der Berliner Sezession zusammenarbeitete. In Begleitung Rilkes besuchte Paula auch die Ausstellung eines Heinrich Vogeler-Interieurs, das der Worpsweder für die Kunsthandlung Keller & Reiner entworfen hatte.

Nach einer ihrer Begegnungen schenkte Rilke Paula ein Foto Gerhart Hauptmanns, den sie verehrte, und Paula ihrerseits gab dem Dichterfreund ihre Tagebücher zu lesen, ihr «Kinderbuch». Rilke antwortete umgehend mit einem langen Brief, in dem er sich betroffen darüber zeigte, niemals eins ihrer Bilder angeschaut zu haben:

> Und zu Ihnen, der Künstlerin, bin ich auch gekommen. Da kommt mir ein Bedauern; ich war in Worpswede immer am Abend bei Ihnen, und dann sah ich wohl da und dort im Gespräch eine Skizze (ein Kanal mit Brücke und Himmel steht noch deutlich in meiner Erinnerung), bis Worte von Ihnen kamen, die ich gleich s e h e n wollte, so daß ich meinen Blicken die Wände verbot und Ihren Worten nachging und die Schwingungen Ihres Schweigens sah, das um Dantes Stirne über der Lilie, in ihrem dichten Duft, sich zu versammeln schien, wenn es dämmerte. So sah ich fast nichts von Ihnen, denn Sie selbst haben mir niemals etwas gezeigt.
>
> 24. 1. 1901

Zum Schönsten in Berlin gehörten für Paula Becker die Besuche der großen Museen. Hier, weitab vom Lärm der Stadt, so nah der Kunst und für sich allein, fühlte sie sich geborgen und zugleich zum Lernen angeregt. In ihrer großen Manteltasche hatte sie nichts weiter als nur ihren Skizzenblock und den letzten Brief Otto Modersohns.

Vor den Werken der holländischen und italienischen Meister des 14. und 15. Jahrhunderts verweilte Paula besonders lange und hielt sie in kleinen Zeichnungen fest. Sie schaute sich Rembrandt an, auf dessen Großartigkeit und Tiefe Otto Modersohn sie immer wieder hingewiesen hatte. Überall könne sie ihn zwar nicht annehmen, schrieb sie an Modersohn, in vielen Stücken liege ihr Rembrandt sehr fern, aber, so räumte sie ein, «dann hast Du recht: in dem hat es gezittert». Angesichts der Gemälde Dürers konnte sich die junge Malerin dieses Mal nicht so begeistern: «Dürer wirkte heute auf mich ein wenig zu wohlgenährt und zufrieden», notierte sie. «Was hungernde, suchende Seelen sagten, dem höre ich gerne zu.» Anders die Bilder Böcklins. Die Besucherin erlebte sie so schön wie «noch nie». Wie verzaubert stand sie vor seinen geheimnisvoll verschleierten Frühlingslandschaften, in denen sich Liebespaare und Fabelwesen bewegten. «Eigentlich mag ich Böcklin nur noch ganz, ganz leise für mich denken, denn ganz Berlin schwätzt laut davon. Daß doch die Leute alles in ihre Mäuler nehmen müssen, auch Veilchen und Rosen.» Wieder einmal werde ihr bewußt, so vermerkte Paula Becker, wieviel starkes, tiefes Empfinden den Menschen erfassen müsse, damit er sich in seiner Kunst auszudrücken verstehe. An Otto Modersohn schrieb sie:

Ich fühle stark, wie alles Bisherige, was ich von meiner eigenen Kunst erträumte, noch lange nicht verinnerlicht genug empfunden war. Es muß durch den ganzen Menschen gehen, durch jede Faser unseres Seins. (...)
– Den Velazquez sah ich heute zum Schluß. Er wirkte mir sehr verfeinert kühl, ich glaube doch ein wenig zu gemäßigte Atmosphäre für mich. Ein Haus mit Zentralheizung paßt nicht mehr für mich. Auf der Deele soll es kalt sein und in der Stube warm, und wer an den Ofen faßt, der soll sich brennen, und Leben ist überall. Nur keine Hoftemperatur, dann brauche ich auch hohe Absätze und seidene Strümpflein und Frou-Frou-Röcklein, und in die Unkosten will ich Deine Zukunft lieber nicht stürzen.
15. Januar 1901

Ja, Otto, im Leben ist viel, viel, viel Wunderbares. Da habe ich oftmals das Gefühl, als müßte man ganz still und fromm dazwischen sitzen und den Atem anhalten, auf daß es nicht entfleucht.
17. Januar 1901

In mir ist ein merkwürdiges, weiches, zitterndes, träumendes Lebensgefühl in diesen Tagen.
18. Januar 1901

Die Kochkurse? Paula lernt und hat inzwischen sogar Spaß. Kartoffelmus und Karottenpüree, Bouillon und Saucen, falscher Hase und Kalbsfrikassee. Gelassen, heiter fast, führt sie aus, was ihr, der zukünftigen Hausfrau, an Aufgaben gestellt wird. Aber während die junge Kochschülerin schält und schnippelt, rührt und mixt, sind ihre Gedanken bei den Abendwolken am Weyerberg, bei den Sonntagen auf dem «Barkenhoff», bei Otto Modersohn. Und sie freut sich auf Clara Westhoff, die in diesen Tagen nach Berlin kommen wird.

In Worpswede schien sich derweil der Winter vorerst verabschiedet zu haben. Ein warmer Tauwind blies über das Land, nur in den tiefen Furchen der schwarzen Äcker lag noch ein Rest von Schnee. Otto Modersohn stimmte die sechswöchige Abwesenheit seiner jungen Braut zwar traurig, aber er fühlte sich andererseits so beflügelt durch seine Liebe zu ihr, daß er zunehmend wieder Freude an seiner Malerei, am Leben überhaupt und zu Worpswede bekam, das ihm in den letzten sorgenvollen Jahren recht gleichgültig geworden war. Welche Verwandlung hatte Paula in ihm hervorgerufen! Um wieviel jünger fühlte er sich plötzlich wieder durch sie, frischer. Wie steckte ihn diese Frau an mit ihrer Lebendigkeit und ihrem künstlerischen Feuer. Ihre Lebensfreude wirkte mitreißend. Alles Kleine, Enge lehnte sie ab. Diese Haltung war so wohltuend! «Ich liebe sie mit all ihrem Sein, all ihren kleinen, intimen, ihren eigentümlichen Zügen, so wie sie ist, liebe ich sie und bin unermeßlich glücklich», notierte Otto Modersohn in diesen Januartagen in sein Tagebuch. «Ich versenke mich ganz in Liebe in sie.»

Drollige Dinge macht sie mit ihren Händen, wie sie etwas greift, zum Munde führt, sie hält die Sachen oft nach unten, biegt das Handgelenk sehr – darin liegt sehr viel Anmut. Damit zusammen hängt das pikante akzentuierte Kopfbiegen, Kopfvorneigen. Dann ihre Füße und Beine. Ihr Gang ist drollig und persönlich. Sie hat einen riesigen Schritt, setzt die Fußspitzen zuerst auf (sie wallt, «Wandersmann» – der «Waller»). Wie im geistigen, so im körperlichen, schlägt sie oft mit den Füßen hinten aus, und dann kommt die spitze «lange» Zunge vorn zum Vorschein – blitzschnell.

Ihr Lachen ist ein ganzes Kapitel für sich. Sehr oft umspielt ihre

Mundwinkel ein Lächeln. Oft macht sie: ha, ha, ha, mehr gesprochen – ihr Lachen ist mir äußerst lieb und daß es so häufig kommt. Zu ihrem Gesichte steht frohe, heitere Laune so sehr gut, Trauer macht sie mir fast fremd, wenn ihre Tränen rollen.
24. Januar 1901

Sein Leben mit Helene war so anders gewesen! Wie hatten ihn die durch ihre Krankheit ausgelösten Probleme und Sorgen belastet. Wie sehr konnte er sich manchmal über ihr Bedürfnis nach Ablenkung und Zerstreuung erregen! Und ihre künstlerischen Interessen? War sie innerhalb des Worpsweder Kreises letztlich nicht eine Fremde geblieben? Und lag hierin nicht der Grund, warum auch für ihn das Leben dort schwer geworden war? Er hatte sich zuletzt so stark nach künstlerischer Anregung gesehnt! Wenn er die vergangenen fünf Jahre zurückblickte – wann schon hatte er sich wirklich im vollen Besitz seiner Kräfte gefühlt? Selten. Im Gegenteil. Er war immer stärker ins Grübeln gekommen, hatte viel zu sehr herumphilosophiert, Tagebuch geschrieben. Endlose Seiten. Sein Leben war zu eintönig geworden. Wie konnte unter solchen Umständen seine Kunst gedeihen? Und jetzt, mit Paula an seiner Seite, fühlte er sich plötzlich wie befreit, fühlte, daß ihn der alte Geist wieder beseelte, daß er Raum gewann zu neuem Leben: «Meine Kunst blüht. Und wenn die Welt voll Teufel wär', ich wollt sie schon bezwingen», trug Otto Modersohn voll Überschwang in sein Tagebuch ein. «Die Malerei ist eine Lust, eine ursprüngliche Wonneseligkeit.»

Zum einen angeregt durch Paula Becker, die in ihrer Malerei entschieden zum Figürlichen neigte, aber auch höchst beeindruckt von den Tagebuchaufzeichnungen Arnold Böcklins, entwickelte Otto Modersohn ebenfalls ein Interesse an der Figur. Ganz sicher werde er in Zukunft Figuren studieren, notierte er: «Holde Mädchengestalten, in köstlichen Kleidern oder nackend.» Alte, Könige, Elfen, Ritter, Bauern. «Elfenreigen» und «Waldfrau» bezeichnete Otto Modersohn diese Märchenbilder, die um 1901/02 entstanden.

Heute nachmittag drängen sich meine Gedanken mit aller Gewalt zu Dir. Würdest Du in diesem Augenblicke, Du Liebste, bei mir eintreten – wie wollte ich Dich empfangen! Das würden Stunden!

Auch so, wo Du ferne von mir im bunten Gewühl der Großstadt weilst, will ich Dich grüßen mit aller Innigkeit und aller Zartheit. Es ist mir hohes Glück, Dir zu zeigen, wie meine Seele die Deine sucht und ein Ruhen in ihr Seligkeit ist. Ein magischer Zauber geht von Dir aus, eine verjüngende Kraft.

Wie wird neben der Liebe die andere, ebenso schöne und duftige Blume, die Kunst blühen. Wie werden wir die Natur mit Liebe durchdringen und umfassen, alle die anspruchslosen Kostbarkeiten, das schiefe Strohdach, den krummen Apfelbaum, das schimmernde Gewand der Birke, das weiche, blumige Gras, die zottelige Ziege und die Alte im Lehnstuhl – alles, alles, um uns ist des Gottes voll. – Paula, muß das nicht schön sein! Liebste sieh, so denke ich mir unser Leben, und Du?

In mir ist ein Glockenton, so hehr und feierlich, voller Wohllaut, so leuchtend und tief strahlend. Er klingt herüber aus meiner Stille zu Dir, zu Dir, mein innig geliebtes Weib. Erkenn in ihm meine tiefe, meine inbrünstige Liebe.

26. Januar 1901

Briefe von Berlin nach Worpswede, von Worpswede nach Berlin. Viele Briefe und Postkarten, hin und wieder auch ein Päckchen mit einer Studie. Getrocknete Blumen, Fotografien. Damit in dem kleinen Moordorf möglichst niemand von dem regen Briefverkehr und der engen Beziehung zwischen Paula Becker und Otto Modersohn erführe, wurde Rilke in Berlin gebeten, Paulas Post an Modersohn zu adressieren. Clara Westhoff und auch Heinrich Vogeler mußten den Worpsweder Poststellenleiter Johann Kellner täuschen, indem sie die von Modersohn für Paula gedachten Umschläge mit ihrer Handschrift versahen. Du mußt Deine Briefe irgendwann auch wieder selbst adressieren! riet Paula Becker Otto Modersohn in Worpswede. Bei der vielen Post, die sie plötzlich von Vogeler erhielt, hätte Johann Kellner sonst bald allen Grund, mißtrauisch zu werden.

Ob er ihr wohl ein hübsches, helles Kleid spendieren wolle, das nur fünfzig Mark koste? bat Paula ihren zukünftigen Mann und ließ ihn wissen, daß es ihr Hochzeitskleid sein solle. «Damit will ich mich hübsch in Stand setzen», schrieb sie nach Worpswede, «und dann bist Du hoffentlich mit mir zufrieden.» Sie erzählte ihm, daß sie bei ihren spätabendlichen Streifzügen durch die Stadt in einem kleinen jüdischen Laden auf eine Reihe schöner Dinge gestoßen sei, auf Gläser mit türkisblauen Punkten und eine Karaffe und kleine Spiegel! «Das ist auch wunderbar und muß auch unser werden.» Sie hatte große Lust zu stöbern. Sehr preiswerte, «altmodische, kleingeblümte Tapetenproben» habe sie auch schon besorgt, auf denen «goldene Rahmen schön aussehen» werden, berichtete Paula beglückt, und außerdem habe sie sich mit «süß circenhaften» Hemden und Hosen und Nachthemden eingedeckt. «Ich habe sie ordentlich ein bißchen hübsch genommen, wie Du sie liebst», schrieb sie an den Verlobten auf dem Weyerberg und: «Ich denke so oft jetzt daran, daß wir uns im Sommer ganz gehören werden. Dann bin ich Dein minniglich Weib.»

Bei ihren Berliner Einkäufen muß Paula auch auf ein Korallenarmband gestoßen sein, das sie wohl schon im Hinblick auf ein eigenes Kind kaufte. So geht es aus einem Brief der Cousine Maidli an Herma Becker vom 23. September 1906 hervor: «Ich erinnere Paula noch so genau, wie sie war, als sie als Braut bei uns wohnte. Nie war mir so klargeworden, wie schön und dabei keusch und fein Sinnlichkeit bei einem jungen, blühenden Menschenkinde wirken kann. Und Paula wollte Kinder haben, sie sprach schon von ihnen in ihrer süßdrolligen Weise, und ein Korallenarmband brachte sie heim von einem ihrer Ausflüge zum Trödler, das sollte ihre Tochter haben.»

Etwas vom Häuserbauen. Ich meine eigentlich, oder selbstverständlich, etwas für Otto Modersohn und mich und unsere Kinder. Die Treppen sollen recht durcheinandergehen, auf und ab, möglichst auf verschiedenen Höhen die Zimmer liegend, dadurch entstehen auch Alkoven und komische Ecken. Die Fenster sollen teilweise bis auf den Boden gehen im oberen Stock. Im unteren ein Gartenzimmer mit Flügeltüren nach draußen. Einige Fenster mit niedrigen Fensterbrettern, breit, um darauf zu sitzen. Einige Fenster breit und schwer, ungefähr quadratisch, eine Neigung dazu die betreffenden Türen. Dach, Mansardendach, mit Fensterreihen unterbrochen. Wenn es geht, eine Turmstube mit flachem Dach. Laternen wie auf der Wilhelmstraße in Berlin; schön, wenn sie irgendwo stehen könnten. Merkwürdige, kleinblumige bräunliche oder graue Tapeten.

Undatiert

Eigentlich hätten die Briefe, die Paula Becker während ihrer Berlinzeit an Otto Modersohn nach Worpswede schrieb, kaum glückseliger, zärtlicher sein können. Dennoch schien dem Maler in seiner Mooreinsamkeit das «Glühende» zwischen den Zeilen zu fehlen. Seine Braut erzählte von Beethoven und Böcklin, von Hauptmann und Michael Kramer. Das war alles äußerst interessant, reichte ihm aber nicht. Und was sollte er mit ihren Postkarten aus Schmargendorf, die ihm Grüße von Rilke schickten? Er wußte ja, daß Paula sehr beschäftigt war. «Clara Westhoff, Kochen, Rilke da, das genügt», hatte er mißmutig in sein Tagebuch geschrieben. Wußte sie nicht, wonach er sich sehnte? Nach einem echten Liebesbrief. Nach einigen Kosesätzen. Und wenn es nur ein Wort gewesen wäre, eine Wendung. Otto Modersohn schwor sich, seine Geliebte «auf halbe Kost» zu setzen, ihr weniger oft und auch nicht mehr so lang zu schreiben: «Ich werde viel zurückhaltender sein, sie nur nicht immer anhimmeln, das schadet ihr.» Und schadete ihr nicht auch dieser Rilke, mit dem sie ständig zusammen war?

Es gab noch einen anderen Punkt, der Otto Modersohn bekümmerte. Wie hatte ihm Paula die Skizzenbücher vorenthalten können, die er vor kurzem, bei einem improvisierten Abendessen mit Clara Westhoff und den Brünjes-Leuten, überraschend in Paulas Atelier entdeckt hatte? Warum hatte sie ihm diese Blätter nicht gezeigt, die doch «so viel Feines und Künstlerisches» enthielten?

Paula antwortete:

Schreibe ich Dir immer nur von lauter Malen und von nichts anderem. Steht nicht Liebe in den Zeilen und zwischen den Zeilen, leuchtend und glühend und still und minnig, so wie ein Weib lieben soll und wie Dein Weib Dich liebt?
Lieber. Ich kann mein Letztes nicht sagen. Es bleibt scheu in mir und fürchtet das Tageslicht. Dann kommt es im Dämmern oder in einer Nacht einmal hervor. Aber, weißt Du, die Welt ist ihm so fremd. Mit der Zeit kommt dann wohl eine Zeit, wo Du fühlst,

daß ich es Dir gar nicht sagen mußte, sondern daß in lautlosen Stunden Du in mich übergegangen bist und ich in Dich. Scheine ich Dir kargend und geizig? Ich glaube, es ist meine Jungfräulichkeit, die mich bindet. Und ich will sie tragen, still und fromm tragen, bis eine Stunde kommt, die auch die letzten Schleier hinwegnehmen wird. Und dann? –
Aber daran denke ich wenig in dieser Stadt. Manchmal, wenn ich abends im Bett liege und Deine Studie auf mich strahlt, oder morgens, wenn ich erwache, oder in einer stillen, sinnenden Stunde. Sonst tue ich es nicht in dieser Stadt, denn die Dinge, die meine Ideen mit diesem Heiligsten verbinden, sind nicht schön und nicht rein. Wenn der Frühling über den Weyerberg zieht und grüne Schleier über die kleinen Birken spannt und jedes Bäumlein sich schauernd zur Befruchtung rüstet, wenn aus der Erde der junge Lebensgeruch strömt, dann wird es auch mir die Stirn küssen und wonniglich durch mein ganzes Wesen rieseln, und der Drang von mir zu Dir wird wachsen und zunehmen bis zu einem Tage, da ihm Erfüllung wird. Aber daran laß mich jetzt noch wenig denken, und wolle nicht, daß ich davon rede. Lieber, laß noch Dein Bräutlein in seinem Winterschlaf.
4. Februar 1901

Anfang Februar. Inzwischen war auch Clara Westhoff in Berlin angekommen. Ach, könnte sie doch nur alle um sich herum versammeln, die ganze Worpsweder «Familie», und mit allen gemeinsam ihren Geburtstag feiern, wünschte sich Paula Becker. Kommst Du zum Achten? hatte sie Otto Modersohn in ihren Briefen gefragt, kannst Du? «Du müßtest doch zu meinem Geburtstag hiersein!» Sie hatte so große Lust, die Bilder Böcklins mit ihm anzuschauen und in den «Michael Kramer» zu gehen.

Aber Otto Modersohn war nicht gekommen. Er hatte ein Bild mit Birken, Blumen, einem Rosenbusch und einem Paar für Paula gemalt und es zusammen mit einer Fotografie der Böcklinschen «Frühlingslieder» in einer kleinen Holzkiste nach Berlin geschickt. Die fünfundzwanzigjährige Braut war selig. Welch eine Wohltat, hier, zwischen den hohen Mauern der Stadt, an ihn denken zu können. «Eben, ich muß bald wieder bei Dir sein, nicht wahr. Soll ich?» schrieb sie ihm am Abend ihres Geburtstags. «Ich koche fünfmal die Woche, und da lerne ich schnell. Und kann bald genug für uns beide kochen. Weißt Du, sonst kommst du ins Spinnen und Sinnen und ich vergehe an Luftmangel.»

Auf dem Geburtstagstisch der jungen Braut in Berlin hatte auch ein Brief des Vaters aus Bremen gelegen. Innige Wünsche waren verbunden mit einer Reihe von Ermahnungen und gutgemeinten Ratschlägen an die zukünftige Ehefrau:

Du verläßt nicht bloß äußerlich, sondern auch innerlich Dein Vaterhaus, denn wie sehr Du auch an Geschwistern und Eltern hängst, sie sind Dir in Zukunft nicht mehr die Nächsten. Deine Pflicht ist es, ganz in Deinem zukünftigen Manne aufzugehen, ganz nach seiner Eigenart und seinen Wünschen Dich ihm zu widmen, sein Wohl immer vor Augen zu haben und Dich durch selbstsüchtige Gedanken nicht leiten zu lassen. Es wird Dir das gewiß in den meisten Fällen leicht sein, weil Du Otto wirklich liebst und mit ihm in den meisten Ansichten übereinzustimmen scheinst. Aber es werden doch auch Fälle vorkommen, wo es Dir schwerfallen wird, Dich ihm unterzuordnen, Dich seinem Willen zu beugen. Dann erst wirst Du wirkliche Prüfungen bestehen, und hoffe ich, daß Du, dann immer durch Liebe geleitet, den Ton und das Wort findest, welches zu Übereinstimmung führt. Wenn zwei miteinander leben, so muß gesucht werden, immer die Resultante beider Kräfte zu ziehen, ohne daß der eine zu sehr zu dominieren sucht oder gar durch zeitweiliges Zürnen das Gleichmaß stört. Jeder von Euch hat seine Vorzüge, seine Fehler, weil Ihr auch bloß Menschen seid. Die Aufgabe der Frau ist es aber, im Eheleben Nachsicht zu üben und ein waches Auge für alles Gute und Schöne in ihrem Mann zu haben und die kleinen Schwächen, die er hat, durch ein Verkleinerungsglas zu sehen.

7. Februar 1901

Paula Becker, die ihren «Achten» eigentlich zusammen mit Clara Westhoff und Rilke hatte feiern wollen, war wegen der «Fülle der Gesichte» schließlich doch allein zu ihrer Familie in das Haus der

15 Sonnige Kinder

16 Kiefern im Abendlicht, um 1900

17 Worpsweder Kind, 1907

18 Kinderakt mit Storch, 1906

19 Bildnis Lee Hoetger, um 1906

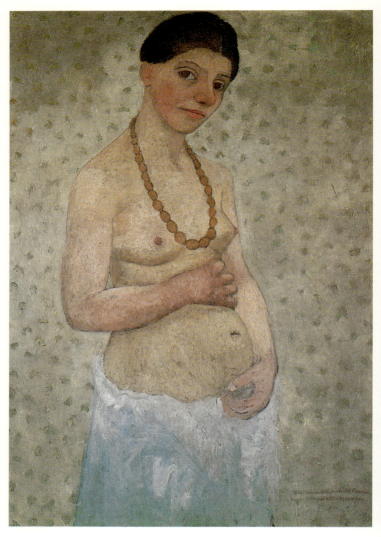

20 Selbstbildnis am 6. Hochzeitstag, Paris 1906

21 Selbstbildnis mit Hut und Schleier, 1906/1907

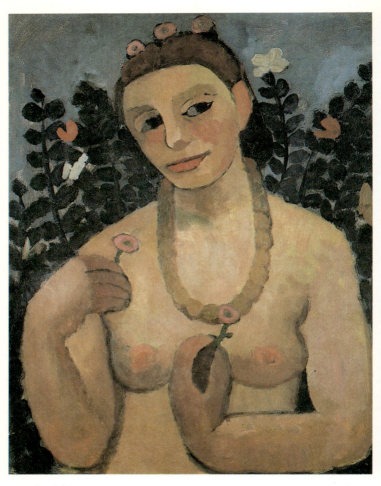

22 Selbstbildnis als Halbakt, 1906

Bültzingslöwens nach Schlachtensee gefahren. An Rilke schrieb sie am Abend ihres Geburtstages:

Es hat Liebe auf mich niedergeströmt, warm und weich und linde. Nun ist es Abend, und ich sitze in Stille am alten gelben Schreibpult von Großvater Bültzingslöwen. In der Küche nebenan tickt die Uhr und sagt, ich solle mich nicht fürchten und ich wäre nicht einsam, denn sie wache noch. Und ich bin nicht einsam, wirklich nicht. Ich bin ein glückliches Menschenkind, dem aus wunderbaren milden Händen ein roter, reifer Apfel nach dem anderen zugerollt wird. Und ich empfange einen jeden neuen wie ein Wunder vom lieben Himmel und seufze schier vor Glück. Und ich danke jenen Händen, daß sie auch Sie an die Hand nahmen und mir zuführten auf meine grüne Wiese. Und ich warf Ihnen meinen roten Apfel hin, und Sie legten mir manch süße Blume in den Schoß und heute auch einen süßen Syringenstrauß. Es wird Frühling... Und dann kamen Sie selbst, nicht auf meine grüne Wiese, sondern hinauf auf meinen Turm, was doch so schwer ist und so viele, viele Mühe macht. Da reiche ich Ihnen dankbar meine beiden Hände und blicke in Ihre gütigen Augen, und als Empfangender bitte ich Sie: Bleiben Sie mir so. (...)

Ich habe einen Imortellenkranz im Haar und einen wundervollen großen Schildpattkamm und ein gelblichseidenes Spitzentüchlein. Das schenkte mein Großvater einst meiner Mutter, als sie noch jung war. Und gelbe Imortellen habe ich im Gürtel. So sieht man aus, wenn man 25 Jahre alt ist und Otto Modersohns Braut ist. Hallelujah. Und er hat mir ein süßes Bildlein gemalt.
8. Februar 1901

«Für mich fängt es jetzt an, richtig schwer zu werden», schrieb Paula Becker am 16. Februar an Otto Modersohn und teilte ihm mit, daß sie nun allmählich müde werde «unter all diesen Müden». Die junge Malerin litt darunter, sich mit den Menschen nicht austauschen zu können, die um sie waren. Diese Menschen wußten nichts von jenem «siegreichen Entgegenlächeln dem Leben», und Paula konnte ihnen davon nur erzählen, wie man von einem Märchen erzählte. «Und dann muß ich es ihnen bleicher erzählen und die tiefen Farben verschweigen, die es hat, denn es würde sie traurig machen, weil ihre eigenen Augen sie nicht sehen», schrieb sie nach Worpswede. «Und ich liebe doch die Tiefe der Farbe wie mein Leben und brauche sie zum Leben wie die Luft.»

Eigentlich blieb sie doch nur ihrem Vater zuliebe noch in Berlin. «Fühlst Du meine Liebe, meine schweigsame große Liebe, die in mir wohnt?» wollte sie von ihrem Verlobten wissen und bat ihn, ihr zu sagen, was für Dinge noch für ihr Haus vonnöten seien. Woldemar Becker hatte seiner Tochter tausend Mark für ihre Aussteuer geschenkt. Jetzt war doch die Gelegenheit gut, alles Notwendige anzuschaffen.

Am 15. Februar muß es zu einer Begegnung Paula Beckers, Clara Westhoffs und Rilkes im Schmargendorfer Zimmer des Dichters gekommen sein. In ihrem Brief an Otto Modersohn erwähnte Paula nichts von diesem Zusammentreffen.

An Rilke schrieb sie:

Als ich gestern bei Ihnen beiden im Zimmer stand, war ich weit, weit ferne von Ihnen beiden. Und es überfiel mich eine große Traurigkeit, die auch heute über mir lag und mein Lebensmütlein dämpfte. Heute im Schlaf aber ist sie von mir gewichen, und ich fühlte, daß es eine kleinliche Traurigkeit war. Nun freue ich mich ihrer, daß sie weg ist, und freue mich meiner und des Lebens, und dies wollte ich Ihnen sagen und freue mich über Sie und reiche Ihnen die Hand. Ihr Bäumlein hat einen großen Schuß getan und ist gewachsen. Und der, der es sieht, der freut sich dran.

16. Februar 1901

Während sich Paula Becker über den Rest der Trennungsmonate «hinwegträumte», ein Paket für Modersohns Geburtstag am 23. Februar packte und sich leidenschaftlich auf das Wiedersehen in Worpswede freute, begann es auf dem Weyerberg zu grünen. Otto Modersohn notierte euphorisch:

Solch eine Zeit wie jetzt erlebte ich nie. Alle, die mein Atelier betreten, staunen. Es blüht, grünt und wuchert, ich fühle, wie ich freier, reifer werde, wie ich immer mehr mich finde. Die reine Landschaft war doch sicher nur der Anfang meines Schaffens, es lebt noch etwas anderes in mir. Auch ist nicht das Moor mein Ganzes. Ich habe weitere, größere, tiefere Gebiete in meiner Kunst. Vorbereitet war es ja lange, soviel die Kompositionen zurückreichen, aber die Zeit war noch nicht gekommen.
Übermorgen kommt meine Paula wieder, hurrah! Dann beginnt wieder das köstliche, reiche, anregende Leben mit dem lieben, frischen, frohen, tiefen Mädchen. Meine große Arbeit hat mir über die Zeit hinweggeholfen, aber ich freue mich unbeschreiblich, daß die Zeit jetzt vorüber. Hurrah!
7. März 1901

Am 8. März schrieb Paula Becker an Otto Modersohn:

Hurrah, heute kommt der letzte Brief aus Berlin, und ich ziehe wieder auf den Weyerberg zu meinen stillen Brünjesleuten. Ich kann Dir nicht sagen, wie ich mich freue. Ich kranke ordentlich danach. (...) Komisch, daß gleich vom Anfang der Ehe wir Frauen es sind, denen die Proben auferlegt werden. Ihr Männer dürft einfach so bleiben, wie Ihr seid. Na, ich nehme Euch das ja auch nicht übel, denn ich mag Euch ja sehr gern so leiden. Nur, daß im allgemeinen die männliche Natur größer ist als die weibliche, mehr im Zusammenhang und mehr aus einem Guß, das entspringt wohl daraus. Ich meine damit nicht uns zwei beiden im Besonderen, denn ich halte mich auch aus einem Guß; aber im allgemeinen Männlein und Weiblein. Du siehst, mir wächst schon wieder der Kamm, das ist ein beglückendes Zeichen oder Vorzeichen für meine Worpsweder Tage.
6. März 1901

Wäre es nach den Wünschen Woldemar und Mathilde Beckers gegangen, so hätte Paula ihren Aufenthalt in Berlin noch nicht so schnell beendet. Ein Telegramm der Mutter mit der Aufforderung, die Tochter solle ihre Zeit in der Stadt doch nutzen, stieß bei Paula auf taube Ohren. «Immer nur kochen, kochen, kochen. Das kann ich nun aber nicht mehr, tue ich auch nicht mehr», eiferte sich die Hauswirtschaftsschülerin in einem Brief an ihren Verlobten in Worpswede. «Weißt Du, ich muß all Deine Bilder sehn. Das kann ich doch nicht länger ertragen, daß soviel Augen sie begrüßen und meine nicht.»

Ganz entschieden wies Paula Becker den elterlichen Appell zurück. Von Anfang an, so schrieb sie an die Mutter nach Bremen, habe sie zwei Monate für den Aufenthalt in Berlin festgesetzt, und dabei müsse es bleiben. Es gehe nun nicht länger. Sie könne die hohen Mauern der Stadt nicht mehr ertragen, jeder weitere Tag sei Zeitverschwendung. In Berlin, so versuchte die Tochter den Eltern gegenüber ihre Entschiedenheit zu rechtfertigen, in Berlin führe sie ein Leben, das gar nicht das ihre sei:

Die Art, wie ich hier an die Kunst und an das herantrete, was für mein Leben das Höchste ist, wird mir durch die Verhältnisse veroberflächlicht. Es bedrückt mich so, daß meine Seele nicht freudig und angefacht unter ihnen gehen kann, wie sie es muß. Und jetzt heischt sie Freiheit von mir, und ich gebe sie ihr, ich halte sie nicht länger.
Es ist nicht nur Sehnsucht nach Otto Modersohn, die mich treibt, ich kann aber diese teppichklopfende Luft und hohen Häuser nicht mehr aushalten. (...)
Liebe Mutter, ich schreibe Dir dieses alles, weil ich weiß, daß Du auch diese Stimme in uns kennst, die will. Und das ist unsere eigenste Stimme. Ihr gebe ich nach. Haltet es nicht für ruchlos oder herzlos. Ich kann nicht anders. Ich muß. Und daß ich dieses Muß in meiner Natur habe, dessen freue ich mich. Denn das ist der Instinkt, der sie leitet.
Liebe Mutter, mein Brief ist sehr verworren. Aber es erregt mich, daß ich Euch Ärger bereite. Ich schreibe Dir und hoffe, daß Du meine Worte in Deine liebe sanftere Sprache übertragen Papa sagen wirst, damit unser Wiedersehen ein nicht gestörtes wird. Es ist so traurig, daß Ihr Euch an mir ärgert. Da ist doch auch hin und wieder etwas zum Freuen an mir, ich meine noch außer meiner Verlobung. Lies diesen Brief mit Milly durch und besprich ihn mit

ihr, und versucht, Euch ein wenig in meine Seele zu versetzen, die nach Freiheit lechzt und ihre Fesseln sprengt. Es ist nicht Schlechtigkeit von ihr. Es ist auch nicht Schwachheit von ihr. Es ist Stärke. Es ist gut, sich aus Verhältnissen loszulösen, die einem die Luft benehmen. Ich stehe hier, ich kann nicht anders. Amen.
8. März 1901

9. KAPITEL

«Und ist es vielleicht nicht doch besser ohne diese Illusion?»

März 1901 – März 1902

Mit einer kurzen Reise nach Dresden zu ihren Verwandten Grete und Arthur Becker schloß Paula ihre Berlinzeit ab. Welch ein Glücksgefühl, als sie am 9. März wieder in der Postkutsche saß und über das Kopfsteinpflaster in Richtung Weyerberg rumpelte. Das Wiedersehen war ein Fest. Otto Modersohn und Clara Westhoff hatten Paulas Atelier bei Brünjes mit Kätzchenzweigen und Blumen geschmückt. Paula jubelte.

Herrliche, unbeschwerte Tage folgten den anstrengenden Wochen in Berlin. Das Paar machte Hochzeitspläne. Bald würde sie Ottos Frau sein! In ihrer Euphorie äußerte die junge Braut sogar den Wunsch, Otto möge das Modersohnsche Wohnhaus verkaufen und dafür einen Bauernhof erwerben, den sie, so erträumte sie es sich, mit schönem alten Gestühl und originellen Gerätschaften und Kuriositäten einrichten würde. Ach, schreibt Paula an Marie Hill, «was ich jetzt erlebe, kann ich gar nicht schreiben.» Wie viel schöner wäre es, die Tante könnte kommen und das große Glück der Nichte «sehen und fühlen»:

> Ich gehe jetzt in seinem Hause aus und ein, und wir machen zusammen Pläne, es umzugestalten, und dazwischen zwitschert unser kleines Mädchen und lacht und lacht. Und dann umschlingen wir uns alle drei und singen einen frohen Indianergesang.
> Wunderbar hat unsere Liebe auf seine Kunst gewirkt. Da sind auf einmal viele Schleier gefallen, die über ihm lagen, und nun kommt alles hervor und ans Licht in mannigfacher Gestalt. In ihm arbeitet es von immer neuen Bildern. Ich wünschte, Du sähest einmal die Pracht und ihn dazwischen, einfach und kindlich und jungenhaft in seinem Glück. Da stehe ich reflektierender Mensch ganz fromm und demutsvoll vor dieser Seeleneinfalt. Sein Leben ist die Natur. Er kennt jeden Vogel und seine Lebensgewohnheiten und erzählt

mir in Sorgfalt und Liebe von ihnen und den Schmetterlingen, und von jedem, was ein Leben in sich hat.
In unserer Nachbarschaft ist soviel Glück. Heinrich Vogeler kommt in diesen Tagen mit seinem blonden schlanken Mädel von der Hochzeitsreise heim, und Clara Westhoff heiratet in den nächsten Wochen den Dichter Rainer Maria Rilke, unser aller Freund. Und zu alledem ist Frühling.
23. März 1901

Mai 1901. Der Tag ist heiß gewesen. Ganz sommerlich heiß schon. Eigentlich hätte Paula Lust gehabt, noch ein Bild zu malen, jetzt, am frühen Abend, nachdem sich die Hitze gelegt hat. Den Schimmel von Klempner Stelljes vor dem zartblauen Himmel, «auf der Luft», wie es die junge Malerin zu nennen pflegt. Aber schließlich hat sie nur den Skizzenblock genommen und ist hinausgegangen, hinüber zu der blühenden Wiese, wo die gelben Hundeblumen stehen, wo seit ein paar Tagen junge Ziegen tollen und so viele Kinder spielen. Sie hat sich in das hohe Gras gesetzt und ein paar Striche gezeichnet. Aber es ist ihr schwergefallen, sich zu konzentrieren, immer wieder hat sie an den Vorabend denken müssen, den sie mit der «Familie» auf der Vogelerschen Terrasse verbracht hatte. Es war ein schöner Abend gewesen, sie sind immer schön, die Abende im Hause von Martha und Heinrich Vogeler. Aber dieses Mal war die Stimmung eine andere als gewöhnlich. Dieser Abend hatte nicht die Fülle jener anderen Sonntagabende gehabt, an denen auch Clara und Rilke dabeigewesen waren.
Clara! Sie gehört nun zu Rilke! dachte Paula und rief eins der spielenden Mädchen zu sich herüber, um ihm den kleinen Kranz auf das Haar zu legen, den sie inzwischen aus gelben Blumen und Gräsern geflochten hatte. Wie sie sich wohl fühlen wird? Damals, in Berlin, hatte die Bildhauer-Freundin einen eher unentschiedenen Eindruck auf Paula gemacht. Dann war Clara abgereist. Von Rilke getrennt, hatte sie gemerkt, wie sehr sie doch an ihm hing. Hatte ihm geschrieben und ihn gebeten, nach Westerwede zu kommen, um mit ihr zu reden. Und Rilkes Antwort war gewesen:

Ich sehe nicht zurück und laufe zu Dir, wie ein Füllen hinausläuft zur kühlen nächtlichen Weide. Mit fliegender Mähne und gestrecktem Hals.

18. Februar 1901

Paula hatte sich ins Gras gelegt, den hohen, bewölkten, immer noch warmen Himmel über sich. Sie mußte lächeln, als sie an die Gesichter der Freunde in Worpswede und Bremen dachte, die angesichts der Nachricht von der Beziehung zwischen Clara und Rilke erstaunt reagiert hatten, verwundert sogar und verständnislos. Und wie Frau Westhoff geblickt hatte! Und Otto Modersohns einziger Kommentar war gewesen: «Schau, da kommt Clara Westhoff mit ihrem Rilkchen unterm Arm.»

Clara! Paula war es, als läge die Freundin neben ihr im Gras. Wie nah sie sich ihr fühlte und wie sehr sie das Zusammensein, das Gespräch mit ihr vermißte. Sie mußte ihr schreiben:

In allerletzter Zeit denke ich wieder ganz intensiv an meine Kunst, und ich glaube, es geht vorwärts in mir. Sogar bekomme ich, glaube ich, ein Verhältnis zur Sonne. Nicht zur Sonne, die alles teilt und überall Schatten hineinsetzt und das Bild in tausend Teile zerpflückt, sondern zu der Sonne, die brütet und die Dinge grau macht und schwer und sie alle in dieser grauen Schwere verbindet, auf daß sie eines sind. An das alles denke ich viel, und es lebt in mir neben meiner großen Liebe. Es ist mal wieder eine Zeit, wo ich denke, ich werde einmal etwas sagen können, wo ich fromm bin und erwartungsvoll. In Otto Modersohn wird in dieser Zeit auch so vieles neu. Es nimmt mich so wunder, wie in ihm die Dinge werden. Sechs Wochen geht er nur herum mit seinem Piepchen, und am 43. Tage auf einmal, da kommt es ans Licht. Er verwirft im Augenblick die meisten von seinen neuen Bildern. Ich weiß nicht, ob mit Recht. Aber was ihm vorschwebt, ist ein immer tieferes Eindringen in die Natur. Und ich begreife mit Jauchzen diese Revolutionen, denn ich weiß auch gar nicht, wohin sie führen, so ist es doch genug für mich zu sehen, wie da in meinem Lieben so viel, viel vorgeht. Und alles auf eine so ruhige Weise, alles wie bei der Natur selber. L i e b e Clara Westhoff, ich fange schon beinahe

an, mich daran zu gewöhnen, Sie nicht zu sehen und mit Ihnen über all diese Dinge zu reden. Aber ganz geht es doch nicht, und ich fühle, wie manches in mir unausgesprochen bleibt, weil Sie nicht da sind. (...)
Liebe Clara Westhoff, es wird schön, wenn wir wieder zusammen sind. Ich möchte Ihnen noch viele liebe Dinge sagen, aber dann will so vieles nicht aufs Papier, und es wird wohl gut sein zwischen uns beiden, daß manche letzten Dinge aus Scheu unausgesprochen bleiben. Ich grüße innig Ihren Mann. Und singt er wieder?
13. Mai 1901

Die Tage von Paula Becker und Otto Modersohn waren mit künstlerischer Arbeit ausgefüllt, mit langen Spaziergängen entlang der Kanäle, mit Gesprächen über Kunst und dem gedanklichen Austausch über die Situation in Worpswede. Sein Können wachse, er wage alles, an der Seite seiner entzückenden Paula sehe er einen «weiten, glänzenden Weg» vor sich, notierte Otto Modersohn euphorisch in sein Tagebuch und kritisierte zugleich heftig die anderen Worpsweder.

Bei Mackensen im Garten, oh, dessen Ideen über Garten, glatte junge Stämme, alles nach der Schnur auf guten Boden säen etc. etc. – Mit glühender Liebe wurde ich erfüllt für mein echt künstlerisches Ideal in Leben und Kunst. Ich bin kein nüchterner Naturalist wie Mackensen – ein Romantiker, ein Poet auf dem Boden der Natur. So müssen meine Bilder sein, so muß mein Leben sein, so muß mein Haus und Garten sein. Was frage ich nach der Obsternte, den paar Äpfeln, Kartoffeln und Kohl. Ich will einen stimmungsvollen Garten haben, in dem in einer Ecke auch Kohl stehen kann, aber zunächst will ich etwas ganz anderes. Mackensen verachtete die alten Bäume bei Bolten, überhaupt den Garten, diesen wunderbaren. Wo ist der hingekommen. Er putzt die Stämme seiner Obstbäume ab – ich würde mich freuen, wenn sie bunt wären und krumm und schief, recht krumm, je krummer, desto besser. Oh, mein Zukunftshaus, das muß Poesie atmen, keine protzende «Mitte» mit Auffahrt etc. Meine Paula ist ein Juwel, da sie alle meine Ideen mehr wie versteht.
12. April 1901

Gemeinsames Schwärmen in der Natur, ganz verwandte Gefühle sowohl im Leben als auch in der Kunst, nach deren tiefstem und wahren Wesen beide Künstler streben. Immer wieder suchen Paula und Otto dasselbe Motiv auf, holen sich dieselben Modelle. Die Bilder des Paares aus dieser Zeit sind sich zuweilen ähnlich: die Schützenfestbilder und Birkenstämme, das «Mädchen mit Hut» und «Das Mädchen am Baum», die «Laternenkinder» und «Elsbeth im Garten». Angeregt durch Otto Modersohn, den Landschaftsmaler, findet auch Paula Becker, die dem Menschenbildnis zugewandt ist, Gefallen an der Darstellung der Landschaft. Dennoch unterscheidet sich ihre Arbeits- und Malweise von der des Künstlers. Bei Modersohn kann man beobachten, daß seine Bildkompositionen, angeregt durch das starke Formempfinden Paula Beckers, zusammenfassender werden.

Das Glück des Künstlerpaares wird nur kurzfristig überschattet, wenn sich der zukünftige Ehemann fragen muß, warum Paula auf seine Liebkosungen, seinen Wunsch nach Liebe, oft so zurückhaltend reagiert. Wie anders war es im vergangenen Herbst gewesen! «Reich und üppig!» hatte Modersohn in seinem Tagebuch notiert, und die Frage, warum seine geliebte Paula plötzlich nicht mehr so weit gehen will wie früher, beginnt ihn zu quälen. Ist er zu stürmisch? Müßte er sich mehr zügeln? Paulas Verhalten stimmt ihn traurig. «Ein vorübergehender Kater», tröstet sich der Verlobte schließlich und glaubt, den Grund für das rätselhafte Verhalten seiner Geliebten gefunden zu haben:

Ich übertrieb das Zusammensein mit Paula, das immer auf Liebesgenuß und Gekose hinauslief, alles andere trat ganz zurück. Ich malte nicht, las nicht, komponierte nicht. Nun hat ja alles das seinen Grund. Im Winter hatte ich sehr viel gemalt, mußte Pause machen. Meine Augen schmerzten, damit gingen 14 Tage hin. – Mein Drang zur Liebe in dieser Frühlingszeit war sehr stark, da ich lange nicht im Frühling ihm folgen konnte.
Meine Liebe ist gewachsen. Ich liebe ihr Wesen, alle intimen Züge ihres Wesens, ihre sprudelnde, lustige, frische Art. Muß mich mäßigen für uns beide.
Es entsteht leicht Überdruß und Gleichgültigkeit – darum mäßig.

Das Animalische nicht so vortreten lassen – darum mäßig darin; in den feinsten Momenten dachte ich gar nicht daran.
Ihr gewährt's keine Befriedigung – darum mäßig. Unsere Liebe muß das bleiben, was sie war und ist – wirklich fein, ideal, geistig. – Mit ihr spazieren, lesen, sehen, reden.
Gestern (5-1) ganz wunderbar, wohl am schönsten und tiefsten unsere Liebkosungen, nach verständnisvoller Aussprache. Sie mag nicht das häufige Liebkosen – von Berlin leer, öde, hungrig nach geistigem feinen Gehalt.
O wie verstanden wir uns gestern himmlisch.
Nie schmiegten wir uns so von selbst ineinander, nie tranken wir so unsere Küsse, man konnte nicht auseinander, sie war bezaubernd in ihrer innigen Liebe, wie sie mich umhalste, streichelte.
Ich brachte sie um halb zwölf zu Bett, kleidete sie ganz aus, dann legte ich mich selbst dazu, oh, wunderbarer Reiz, den jugendfrischen, köstlichen Leib in meinem Arm, mit Küssen bedeckt. Ich blieb artig die ganze Zeit.
22. März 1901

Am 25. Mai, es ist der Samstag vor Pfingsten, heiraten Paula Becker und Otto Modersohn. Aber der Weg des Paares führt nicht über den Weyerberg zum Altar in die kleine Worpsweder Kirche, wie es sich Paula erträumt hat, sondern an das Krankenbett Woldemar Beckers in Bremen. Seit Wochen schon leidet Paulas Vater unter heftigen Nierenschmerzen, und kürzlich ist es ihm sogar so schlechtgegangen, daß er sich innerlich auf seinen Tod vorbereitet und von seiner Familie Abschied genommen hatte.
Anläßlich des Festtages sind auch Otto Modersohns Eltern aus Münster und sein Bruder Ernst angereist. Ernst Modersohn ist Pastor. Er traut das Paar im Beckerschen Wohnzimmer. Nur der engste Familienkreis ist versammelt. Noch am selben Tag verlassen die Frischvermählten Bremen und treten ihre Hochzeitsreise an, die bis zum 19. Juni dauert. Die Stationen sind Berlin, Prag, München. Das eigentliche Ziel ist der kleine Ort Schreiberhau im Riesengebirge, wohin der Dichter Carl Hauptmann das Ehepaar Modersohn für eine Woche eingeladen hat. Bei den Hauptmanns lernen die Modersohns eine Reihe interessanter Menschen kennen. Nicht weit

von Schreiberhau entfernt, in dem kleinen Ort Agnetendorf, lebt Hauptmanns Bruder Gerhart. Der «große Gert», wie Paula in einem Brief an die Eltern schreibt und empfindet: «Das ist die Schattenseite unseres grundgütigen Dr. Hauptmann, daß er an der Größe seines Bruders krankt.»

Vor ein paar Jahren waren sie gemeinsam hierhergekommen, die beiden Hauptmann-Brüder Gerhart und Carl. Bald schon folgten ihnen viele andere Schriftsteller, Maler und Wissenschaftler. Die gewaltige, kräftespendende Gebirgsnatur zog sie an. Ähnlich wie die Worpsweder Maler im Moor, wollten sie in der Bergwelt des Riesengebirges leben, zwischen den Menschen aus den «Hütten am Hange», zwischen den Bergbauern und Holzfällern, den Besenbindern und Webern. Hier schrieb Gerhart Hauptmann «Die Weber». Auch «Hanneles Himmelfahrt» und der «Biberpelz» entstanden in Agnetendorf.

Eindrucksvolle Augenblicke in der Gebirgsnatur, anregende Gespräche, ein menschlich herzliches Miteinander. In ihr selber jedoch sei es noch nicht in Ordnung, und sie könne noch nicht alles bewerten, schreibt Paula an die Eltern nach Bremen. Dann gehe sie manchmal ein Viertelstündchen aus und versuche, «in sich aufzuräumen und die Krausheiten zu glätten». Sehr bald schon zieht es Paula und Otto Modersohn zurück in die norddeutsche Ebene, zurück zu ihrer Arbeit, zum kranken Vater, in das gemeinsame Zuhause.

Ich fühle still unter all diesen redenden Menschen, was für ein ruhiger klarer Talisman in Ottos Herzen ruht. Da ist nichts von Irrlichterieren, es ist Ruhe und Geschlossenheit und Abgerundetheit, und die Erde ist so wohl bereitet, und man fühlt: hier ist gut sein.
12. Juni 1901

Am 19. Juni waren die Modersohns wieder zurück in Worpswede. Zwar tauschte Otto Modersohn das Wohnhaus nicht gegen ein Gehöft ein, wie es seiner jungen Frau wohl gefallen hätte, aber er ließ es nach Paulas Wünschen umbauen und renovieren. Im Zuge dieser ganzen Veränderungen bekam auch Paulas Atelier bei Brünjes noch ein Oberlicht, was sich sowohl auf die Atmosphäre des Raumes als auch auf Paulas Arbeitsstimmung sehr positiv auswirkte. Für das Fenster der neuen kleinen Glasveranda im Modersohnschen Wohnhaus wurden Gardinen aus weißem Mull genäht, leuchtendrote Geranien schmückten den hellen Raum, an dessen Wänden Otto Modersohns Studien aus seiner Münsteraner Zeit hingen. Das Aquarium hatte seinen Platz auf dem Ofen gefunden, der Laubfrosch hockte in einem großen Glas zwischen den Blumentöpfen auf dem Fensterbrett.

Ein Mann, ein Kind, ein Haus und die künstlerische Arbeit. Die Frage, wie sie das nun alles miteinander vereinbaren soll, muß sich Paula Modersohn nicht stellen. Sie muß sich nicht zerrissen fühlen angesichts der Rolle, die nach geltendem Brauch von einer Ehefrau erwartet wird. Die junge Malerin ist mit einem Mann verheiratet, der nicht das Recht für sich in Anspruch nimmt, allein künstlerisch tätig zu sein – er akzeptiert und achtet seine Frau vor allem als selbständige Künstlerin, die ihm in ihrer Arbeit und in ihrem Bestreben, große Kunst zu schaffen, absolut ebenbürtig ist: «Ich finde, eine Frau muß anregen, auch ein geistiges Leben führen – nicht bloß im gewöhnlichen Sinne Frau sein für Haus und Kind. Die furchtbar ordentlichen, geregelten Ehen ohne Freiheit, Witz und Unternehmungen sind langweilig.»

Mit dem ersten Tag ihres Familienlebens schreibt Paula Modersohn ganz entschieden vor, wie ihr Alltag auszusehen hat: Sehr wohl will sie ihre Pflicht als Hausfrau tun und der dreijährigen Elsbeth aus Modersohns erster Ehe eine gute Mutter sein. Aber mehr als zwei Stunden ihres kostbaren Tages ist sie nicht bereit, für ihre Aufgaben im Haushalt zu opfern. Die Zeit von sieben bis neun Uhr am Morgen gehört ganz der Familie und dem Haus, aber dann, um Punkt neun, sobald das Hausmädchen eingetroffen ist und seine Anweisungen erhalten hat, ist die Ehefrau frei. Frei, den kleinen Pfad hinter der Ziegelei zu nehmen, der durch die Wiese zu ihrem Brünjes-Stübchen führt. Erst mittags um eins erscheint sie wieder zu Hause, wenn die dampfenden Schüsseln auf dem Tisch stehen und Elsbeth vor ihrem Teller sitzt.

Ein kurzer Mittagsschlaf und ein anschließender Kaffee mit ihrem Mann – dann verschwindet Paula für den Rest des Nachmittags abermals in ihrem Atelier. Um sieben Uhr ist sie wieder daheim. Dann hat sie Zeit für Elsbeth und für Otto Modersohn.

Paula tut alles, damit ihr Rhythmus nicht gestört wird. Auch Besucher, die während ihrer Mittagspause plötzlich und unerwartet in der Tür stehen, empfindet sie als störend, und sehr bald schon hat es sich unter den Freunden herumgesprochen, daß Paula Modersohn Überraschungen solcher Art nicht lieb sind und sie erst am Abend Gäste zu empfangen bereit ist. Nur am Sonntag läßt die junge Künstlerin ihre Arbeit ruhen und ist ganz für ihre Familie da. Dann steht das Haus auch Gästen offen. Paula Modersohns Schwester Herma erinnert sich:

> Die Sonntage pflegte eines oder mehrere von uns fünf Bremer Geschwistern in Worpswede im kleinen Modersohnhäuschen zu feiern. Denn da wurde nicht gearbeitet, und jeder Sonntag wurde zum Fest.
> Und nun die fröhliche Schlemmerei des kleinen Frühstücks, das in seiner Einfachheit so reizend dastand auf dem frischen Tischtuch, als Hauptstücke die alten Rosentassen und die pompöse Zuckerdame im Krinolinenrock und breitem Schäferhut, ein Bologneserhündchen auf dem Arm.
> Diese unvergeßliche, unbeschreibliche Harmonie von Natur, Geist und anmutiger Schalkheit. Jeder von uns, der das erleben durfte, fühlte sich mit im Fest. Und dann wurde geplant, was der Tag bringen werde. Irgendeinen schönen Weg ins Moor, ein Bad vom Boot aus in der Hamme.
> *Undatiert*

«Und wir haben Mondschein», hält Paula Modersohn in ihrem Tagebuch fest, «und als gestern Brünjes zu Balle waren, sprangen wir im Akt aus dem Fenster und hielten einen Ringelreihenflüstertanz.» Sie liebt es, im Licht des vollen Mondes nackt zu baden und die Nacktheit ihres Körpers bei Tänzen und Reigen in der sie umgebenden nächtlichen Natur zu genießen, ja zu feiern. «Paulas Akt ist mir vertraut», notiert der sonst eher zurückhaltende Otto Modersohn beglückt über die Unbefangenheit seiner jungen Frau. «Sie nimmt mit Clara Westhoff und Fräulein Bock Luftbäder, tanzt mit Clara Westhoff und Herma einen Elfentanz im Mondschein in der Birkenkuhle im Akt, badet mit Clara Westhoff.» Auf Bildern hält der Maler fest, was ihn in sommerlichen Mondnächten an der Hamme verzaubert. Viele seiner Zeichnungen und Skizzen aus dieser Zeit dokumentieren zudem die Freude der Frischvermählten und ihrer Freunde an der Freikörperkultur.

Einmal, als Otto Modersohn seine Frau in der freien Natur nackt malt, provoziert der Künstler gar einen Skandal in der Kolonie. «Otto hatte in dem Tannenwäldchen an einer der Lehmgruben Paula nackt gemalt», erinnert sich Heinrich Vogeler in seinen Aufzeichnungen, «das hatte einem neugierigen, lüsternen Anschleicher die Phantasie so angeregt, daß wilde Kneipengerüchte von Nacktorgien im Tannenwald entstanden.» Aufruhr in der Künstlerkolonie. Die Sitten schienen gefährdet. Fritz Mackensen und Hans am Ende, in Vogelers Augen beide «Vertreter der konventionellen Welt, beide Reserveoffiziere», «schlugen sich auf die Seite der Spießer».

«Worpswede, was wird aus dir!» äußerte sich Otto Modersohn zornig in seinem Tagebuch. Hatten die Kollegen nichts Besseres zu tun, als ihn als sittenlos hinzustellen und ihn zu verleumden? Und das alles nur, weil «Paula ein Luftbad nimmt, 1 Minute ausgekleidet ist, und ich sehe sie. Welche Armut, Verständnislosigkeit, Untreue...».

In ihrem ersten Ehejahr muß Paula Modersohn trotz des häuslichen Glücks und ihrer intensiven künstlerischen Arbeit dennoch Augenblicke erleben, in denen sie sich sehr einsam fühlt und mit vielen Tränen zu kämpfen hat. Zwei einschneidende Ereignisse wirken sich im Jahr 1901 wesentlich auf die Stimmung der jungen Künstlerin aus.

Mit großer Enttäuschung und in ihren Gefühlen tief verletzt, reagiert Paula auf den schweigsamen Rückzug ihrer engsten Freundin und wichtigen Vertrauten Clara Westhoff in die Ehe mit Rilke, und als am 30. November Woldemar Becker an einem Herzschlag stirbt, erfährt Paula Modersohn bewußt den ersten großen Schmerz ihres Lebens. «Wir alle sind durch dieses Scheiden noch enger aneinandergewachsen», schreibt sie an ihre Tante Marie. «Liebet Euch untereinander, das war sein Wille.» Der Tod des Vaters bedeutet für Paula einen schweren Verlust.

Auch Otto Modersohn empfindet den Tod als «schmerzliche Lücke». Er notiert in sein Tagebuch:

> Ein reiches Leben ist abgeschlossen. Seine Interessen waren sehr zahlreiche, allem Edlen, Hohen war er zugewandt, wundervolle, glückliche Jahre muß er in Dresden mit seiner Familie erlebt haben – ich hörte so gern davon erzählen. Es war ihm leider nicht vergönnt, unser Heim noch mal zu sehen, was ich so sicher gehofft. Für alle Zeit werde ich ihn hochschätzen und verehren in meinem Gedenken.
> *5. Dezember 1901*

Was Paula, wenn sie an Clara denkt, einfach nicht begreifen will, ist die Veränderung der Freundin seit ihrer Heirat mit dem Dichterfreund. Die junge Bildhauerin und der um zwei Jahre ältere Rilke hatten am 28. April im Elternhaus Clara Westhoffs in Bremen-Oberneuland geheiratet und waren anschließend in eine kleine Wohnung auf einem Bauernhof in Westerwede in der Nähe Worpswedes gezogen.

Wie kann es sein, so muß sich Paula immer wieder fragen, wie kann es sein, daß nicht auch Clara trotz der neuen Bindung das Bedürfnis nach Nähe und Gedankenaustausch hat? In einem Brief fragt sie die Freundin:

> Ist es Ihnen nicht manchmal, als ob Sie in eine kleine Stube bei Hermann Brünjes in Ostendorf eintreten müßten. Da warten viele Dinge auf Sie und eine junge Frau. Der wird das Warten aber sehr lang und traurig.
> *30. September 1901*

Verständnislosigkeit, Ungeduld. Mit Wehmut muß Paula Modersohn zudem erfahren, daß Clara Rilke schwanger ist und im Dezember ein Kind erwartet. Auch Martha Schröder, seit kurzem die Frau Heinrich Vogelers, wird bald Mutter sein:

> Nun gibt es schon lange drei junge Frauen in Worpswede. Und gegen Weihnachten kommen die Kindlein. Ich bin noch nicht reif

dazu, ich muß noch ein wenig warten, auf daß ich herrliche Frucht trage. Clara Westhoff hat nun einen Mann. Ich scheine zu ihrem Leben nicht mehr zu gehören. Daran muß ich mich erst gewöhnen. Ich sehne mich eigentlich danach, daß sie noch zu meinem gehöre, denn es war schön mit ihr.
22. Oktober 1901

Clara Westhoff und Rainer Maria Rilke. Schon der Beginn des Ehealltags der beiden Künstler erwies sich schnell als sehr schwierig. Der sechsundzwanzigjährige Dichter, plötzlich Ehemann und bald auch Vater, war im ersten Jahr durchaus bemüht, durch vieles Schreiben für die Kulturseiten verschiedener Zeitungen und Zeitschriften die Existenz in Westerwede zu sichern. Er wäre sogar zu einer festen Tätigkeit bereit gewesen, wenn sich eine Gelegenheit ergeben hätte. Am liebsten aber, so schrieb Rilke an seine Freunde nach Rußland, würde er in ihr Land, das er so liebte, zurückkehren und in Moskau als Korrespondent arbeiten.

Auch Clara gelang der Versuch nicht, als frei Bildhauerin Unterricht zu geben. Die materiellen Sorgen wurden größer, und die kleine Tochter Ruth hielt sich, kaum war sie geboren, häufiger im Hause ihrer Großeltern in Bremen auf als bei Mutter und Vater in Westerwede. Sehr bald schon konfrontierte Rilke seine junge Ehefrau mit dem Gedanken, daß es für ihn wohl sinnvoller sei, wieder auf Reisen zu gehen. Wäre er nur erst wieder allein unterwegs, so dachte es sich der mittellose Dichter hoffnungsvoll, werde sich vielleicht auch seine Auftragslage bessern. Schließlich war Rilke es gewohnt, daß ihm die Türen vieler großer Häuser offenstanden.

Seine Vorstellung von einer Künstlerehe hatte der junge Lyriker in einem Brief vom 17. August an Emanuel von Bodmann formuliert:

Im übrigen bin ich der Meinung, daß die «Ehe» als solche nicht so viel Betonung verdient, als ihr durch die konventionelle Entwicklung ihres Wesens zugewachsen ist. Es fällt niemandem ein, von einem einzelnen zu verlangen, daß er «glücklich» sei – heiratet aber einer, so ist man sehr erstaunt, wenn er es n i c h t ist! (...)

Es handelt sich in der Ehe für mein Gefühl nicht darum, durch Niederreißung und Umstürzung aller Grenzen eine rasche Gemeinsamkeit zu schaffen, vielmehr ist die gute Ehe die, in welcher jeder den anderen zum Wächter seiner Einsamkeit bestellt und ihm dieses größte Vertrauen beweist, das er zu verleihen hat. Ein Miteinander zweier Menschen ist eine Unmöglichkeit und, wo es doch vorhanden scheint, eine Beschränkung, eine gegenseitige Übereinkunft, welche einen Teil oder beide Teile ihrer vollsten Freiheit und Entwicklung beraubt.
17. August 1901

Februar 1902. Zwei Tage nach ihrem Geburtstag erhielt Paula Modersohn endlich ein Zeichen von der Freundin aus Westerwede. Clara Rilke, die beim Durchblättern ihres Tagebuchs aus dem Jahr 1900 auf eine Notiz gestoßen war, die sie in jenem Jahr anläßlich des gemeinsam in Berlin gefeierten Geburtstags von Paula gemacht hatte, nahm den achten Februar zum Anlaß, der Malerin zu schreiben. In ihrem sowohl sprachlich als auch inhaltlich stark von Rilke beeinflußten Brief versuchte die Bildhauerin, Paula ihre neue Situation zu erklären und sich andererseits zu rechtfertigen:

Ich bin (in diesem Falle: leider) – so sehr ans Haus gebunden, daß ich nicht, wie früher, mich einfach aufsetzen kann und fortradeln. Ich kann nicht mehr wie früher mein ganzes «Um und Auf» auf den Rücken nehmen, um es in eine andere Häuslichkeit zu tragen und mein Leben dort für eine Weile weiterzuführen – sondern ich habe es jetzt alles um mich, das ich sonst draußen suchte, habe ein Haus, das gebaut werden muß – und so baue und baue ich –, und die ganze Welt steht immer um mich her. Und sie läßt mich nicht fort. Alle Bausteine müssen im Hause bleiben, wenn es fest werden soll, und dürfen nicht fortgetragen werden und dorthin. Darum kommt die Welt zu mir, die ich nicht mehr draußen suche, und lebt mit mir in allen Dingen, die um mich sind. Und diese Dinge, die wohl wissen, welche Wege mich zu ihnen führten und die sie lieb haben, da sie immer auf sie zugingen (...) standen eine Weile und gedachten Ihres Festtages und sandten Ihnen einen Gruß. –

Und ich komme mit Ihnen und sende viele gute Wünsche für Sie und Ihr Haus
9. Februar 1902

Dem Geburtstagsbrief seiner Frau an Paula Modersohn hatte auch Rilke noch ein paar freundliche Zeilen hinzugefügt. Der Dichter entschuldigte die Verspätung des Briefes um zwei Tage mit den Worten «da war Arbeit um Arbeit» und empfahl sich mit vielen Grüßen zudem an Otto Modersohn. Noch am Abend der Ankunft des Briefes aus Westerwede schrieb Paula Modersohn an Clara Rilke:

Sie haben seit dem Nachmittage, als ich Ihnen das Geld in Ihr kleines Zimmer hinterm Schlosse brachte, sehr gekargt. Und ich, die ich dem Leben anders gegenüberstehe, ich hatte Hunger. Ist Liebe denn nicht tausendfältig? Ist sie nicht wie die Sonne, die alles bescheint. Muß Liebe knausern. Muß sie Einem alles geben und andern nehmen. Darf Liebe nehmen. Ist sie nicht viel zu hold, zu groß, zu allumfassend. Clara Westhoff, leben Sie doch, wie die Natur lebt. Die Rehe scharen sich in Rudeln, und die kleinen Meisen vor unserem Fenster haben ihre Gemeinschaft und nicht nur die der Familie. Ich folge Ihnen ein wenig mit Wehmut. Aus Ihren Worten spricht Rilke zu stark und zu flammend. Fordert das denn die Liebe, daß man werde wie der andere? Nein und tausendfach nein. Ist nicht dadurch der Bund zweier starker Menschen so reich und so allbeglückend, daß Beide herrschen und Beide dienen in Schlichtheit und Friede und Freude und stiller Genügsamkeit. Ich weiß wenig von Ihnen Beiden, doch wie mir scheint, haben Sie viel von Ihrem alten Selbst abgelegt und als Mantel gebreitet, auf daß Ihr König darüberschreite. Ich möchte für Sie, für die Welt, für die Kunst und auch für mich, daß Sie den güldenen Mantel wieder trügen. Lieber Rainer Maria Rilke, ich hetze gegen Sie. Und ich glaube, es ist nötig, daß ich gegen Sie hetze. Und ich möchte mit tausend Zungen der Liebe gegen Sie hetzen, gegen Sie und gegen Ihre schönen bunten Siegel, die Sie nicht nur auf Ihre feingeschriebenen Briefe drücken. (...)
Ich segne Euch beiden Menschen. Geht denn das Leben nicht, wie

wir sechs es uns einst dachten? Wenn Ihr auch unter uns seid, sind Eure Seelen nicht auch in dieser größeren Gemeinschaft vereint. Können wir denn nicht zeigen, daß sechs Menschen sich lieb haben können. Das wäre doch eine erbärmliche Welt, auf der das nicht ginge! Und ist unsere denn nicht wunderschön und zukünftig.

Ich bin Ihre alte Paula Becker und bin stolz, daß meine Liebe so viel dulden kann und von gleicher Größe bleibt.

Ich danke Ihnen, lieber Freund, sehr für Ihr schönes Buch. Und bitte, bitte, bitte geben Sie uns keine Rätsel auf. Mein Mann und ich, wir sind zwei einfache Menschen, wir können so schwer raten, und hinterher tut uns der Kopf weh und das Herz.
10. Februar 1902

Eifersucht? Wohl weniger. Natürlich fühlt sich Paula Modersohn zurückgewiesen von diesen beiden ihr so nahen Menschen, und das verletzt sie. Vor allem aber ist es ihr unbegreiflich, wie sich eine Frau ihrem Mann so unterwerfen kann, daß sie dabei ihre eigene Identität und Individualität verliert. Paula Modersohn macht Rilke verantwortlich für die plötzliche Veränderung der Freundin und die damit verbundene Entfremdung zwischen den beiden Frauen.

Nicht Clara Rilke selbst beantwortete den Brief Paula Modersohns vom 10. Februar, sondern ihr Mann muß es für angemessen gehalten haben, sich in die Angelegenheit einzuschalten und anstelle seiner Frau auf die vorwurfsvollen, rebellischen Zeilen der «blonden Malerin» zu reagieren. In einem langen Brief warf der Dichter der jungen Künstlerin Mangel an Verständnis für die aufgrund ihrer Eheschließung zwangsläufig veränderte Situation und Seelenverfassung Claras vor, bezichtigte Paula der besitzergreifenden Liebe und des Mißtrauens und bat sie, Claras «Einsamkeit» vertrauensvoll zu schützen, statt sie zu stören, indem sie «ungeduldig an die Wände» poche, hinter denen «Dinge sich vollziehen, die wir nicht kennen, die ich ebensowenig kenne wie Sie»:

> Wenn Ihre Liebe zu Clara Westhoff jetzt etwas tun will, dann ist Ihre Arbeit und Aufgabe diese: nachzuholen, was sie versäumt hat. Denn sie hat versäumt zu sehen, wohin dieser Mensch

gegangen ist, sie hat versäumt, ihn zu begleiten auf seiner weitesten Entwicklung, sie hat versäumt, sich auszubreiten über die neuen Weiten, die dieser Mensch umfaßt, und sie hat nicht aufgehört, ihn dort zu suchen, wo er an einem gewissen Punkte seines Wachstums war, sie will mit Hartnäckigkeit eine bestimmte Schönheit festhalten, die er überschritten hat, statt, im Vertrauen auf künftige neue gemeinsame Schönheiten, auszuharren. (...)
Sie müssen fortwährend Enttäuschungen erfahren, wenn Sie erwarten, das alte Verhältnis zu finden, aber warum freuen Sie sich nicht auf das Neue, das beginnen wird, wenn Clara Westhoffs neue Einsamkeit einmal die Tore auftut, um Sie zu empfangen? Auch ich stehe still und voll tiefen Vertrauens vor den Toren dieser Einsamkeit, weil ich für die höchste Aufgabe einer Verbindung zweier Menschen dies halte: daß einer dem anderen seine Einsamkeit bewache.
12. Februar 1902

Aber nicht nur Paula Modersohn fühlte sich gekränkt durch den Rückzug der Rilkes in die Mooreinsamkeit von Westerwede. Auch ihrem Mann war der plötzliche Umschwung im Verhalten der Freunde ein Rätsel, und mit Wehmut dachte er an jene Zeiten im Herbst 1900, als sich die «Familie» regelmäßig auf dem Vogelerschen «Barkenhoff» zusammengefunden und man so außerordentlich anregende, frohsinnige Stunden miteinander verbracht hatte. Und das alles sollte nun, innerhalb von so kurzer Zeit, vorbei sein? Hatte er nicht geglaubt, daß das Leben nun erst richtig anfange? Als besonders bedrückend empfand Modersohn die Verfassung seiner Frau, der es immer noch anzumerken war, daß sie das distanzierte Verhalten der einzigen Freundin weder einzuordnen noch ihren Kummer darüber zu überwinden vermochte.

Warum, so fragte sich Otto Modersohn, warum waren weder Clara noch Rilke jemals wieder in Paulas Atelier gewesen, nachdem sie sich in Westerwede niedergelassen hatten? Warum diese Ignoranz Paulas Arbeit gegenüber? Und warum dieser unfreundliche Empfang, wenn er und seine Frau die Rilkes in ihrem Westerweder Haus besuchten? Von welchem Hochmut mußte Rilke erfaßt sein? Wie konnte er es wagen, einer Frau wie Paula zu empfehlen, geduldig zu warten, bis sie, Clara, die holde Gattin des Dichters und die große Künstlerin, ihre Tore auftue, um Paula zu empfangen?

Gestern abend mit Paula bei Rilkes. Auf was für ungesunden Wegen wandelt der, und wie ist seine Frau in dieser kurzen Zeit ins Gegenteil verwandelt, wie hat sie ganz ihre Individualität eingebüßt. Das ist ein Jammer. Wo sie vor einem Jahr tobte, in ihrem einfachen, bäuerlichen Kram saß, zwanglos und ungeschlacht – da sitzt sie nun, ein Vogel, dem man die Flügel geschnitten, still in ihrem Sessel in einem kühl, äußerst pedantisch, übermäßig ordentlichen Zimmer, wo man die Gegenstände alle blank kahl sofort zählen kann. Und er las Beatrix von Maeterlinck und Gedichte von Stefan George, den er imitiert in seiner Gesuchtheit.
30. Oktober 1901

Mißklänge. Schuldzuweisungen. Rückzug, wohin man schaute. Im Vergleich zu früher, so klagte Modersohn, war es inzwischen selbst bei Vogeler langweilig geworden. Auch der fragte nie nach Paula. Kannte ihre Arbeit nicht, würdigte sie nicht als Künstlerin. Aber hatten sie nicht auch in Bremen alle ein stilles Übereinkommen: «Paula wird nichts leisten.» Sie nahmen sie doch alle nicht ernst!

Gestern bei Heinrich Vogeler kam manches zur Sprache, war nicht so erfreulich. Paula scheint er auch gar nicht zu verstehen. Neulich war er bei ihr und sagte zu ihren Arbeiten nichts. Und jetzt meinte er, einer Frau müßte die Kunst sehr klein erscheinen, sie müßte eben nur Frau sein. (...)
Nur bei Clara Westhoff macht er eine Ausnahme, die braucht gar nicht Hausfrau zu sein, die muß nach Florenz für die Kunst etc. Paula sieht er nicht als Malerin an.
25. November 1901

Dabei hatte Paula doch gerade in diesem Winter 1901/02 so große Fortschritte gemacht! Wenn sie sich so weiterentwickelte, dessen war sich Otto Modersohn ganz gewiß, würde sie einmal etwas «sehr Feines in der Kunst leisten».

In aller Stille wird sie weiterstreben und eines Tages alle in Erstaunen setzen (wie ich damals). Darauf freue ich mich... Ich freue mich meiner Paula. Sie wird den Frühling besingen, das Holde, Süße, Anmutige, Feine ist ihre Welt. Jugend, Liebe, Knospen, Blüten, Stille, Ruhe. Auch das Ernste, Umflorte, Düstere, Tiefe, Bedeckte, Leise gehört ihr an (Böcklins Magdalena).
Sie hat eigene Ideen über Form, über Farbe, über Technik. Sie ist künstlerisch durch und durch. Es ist sicher die beste Malerin, die hiergewesen ist.
12. März 1902

Das Eis hatte zu schmelzen begonnen, und auf der Obstbaumwiese vor Paulas Atelierfenster bei Brünjes lag nur vereinzelt ein bißchen Schnee. Der Morgen war kalt, aber sonnig, und Paula war, nachdem sie ihren kleinen Ofen geheizt hatte, hinaus in den Garten gegangen und beobachtete die großen, glänzenden Wassertropfen, die langsam an den schwarzen Stämmen der Bäume herunterrannen. Die Kätzchen blühten bereits und die Schneeglöckchen. Ein Buchfink sang. Wie lieb ihr dieser Platz und diese frühe Morgenstunde waren.
Paula pflückte ein paar Zweige des ersten Grüns und band einen Kranz. Statt in ihr Atelier zu gehen, nahm sie den Weg hinauf zum Weyerberg «wie im Traum mit einem Lächeln im Herzen», blieb einen Augenblick lang zwischen den windschiefen, knorrigen Kiefern stehen, die von dichtem Eichengebüsch umgeben waren, und ging dann hinüber zu dem kleinen Worpsweder Kirchfriedhof. Vor dem Grab Helene Modersohns blieb sie lange stehen und legte ihren kleinen Kranz darauf. Sie mußte an ihren eigenen Tod und an ihr Grab denken:

Ich habe manchmal an mein Grab gedacht und wie ich es mir anders denke als das andere. Es muß gar keinen Hügel haben. Es sei ein viereckig längliches Beet mit weißen Nelken umpflanzt. Darum läuft ein kleiner sanfter Kiesweg, der wieder mit Nelken eingefaßt ist, und dann kommt ein Holzgestell, still und anspruchslos und da, um die Wucht der Rosen zu tragen, die mein

Grab umgeben. Und vorne im Gitter, da sei ein kleines Tor gelassen, durch das die Menschen zu mir kommen, und hinten sei eine kleine anspruchslose stille Bank, auf der sich die Menschen zu mir hinsetzen. Es liegt auf unserem Worpsweder Kirchhof, an der Hecke, die an die Felder stößt, im alten Stück, nicht im Zipfel. Auf dem Grab stehen vielleicht zu meinen Häupten zwei kleine Wacholder, in der Mitte eine kleine schwarze Holztafel mit meinem Namen ohne Datum und Worte.
So soll es sein. Daß da eine Schale stünde, in die man mir frische Blumen setzte, das wollte ich auch wohl.
24. Februar 1902

In der kommenden Zeit wird Paula Modersohns Korrespondenz mit der Familie weniger. Die Gründe dafür solle sie bitte «nicht in unserem Verhältnis» suchen, schreibt die Künstlerin an ihre Tante Marie, sondern «in meiner Natur, die, wie ich glaube, dürftig in ihren Äußerungen ist».

Die Stunden im Brünjes-Atelier sind ihre «glücklichsten». «Da tue ich etwas, oder ich denke daran, was ich tun werde oder was in letzter Zeit geschah. Oder ich lese.» Böcklin hat Paulas Interesse für Gottfried Keller geweckt. Der Dichter war ein Freund des Malers. «Mir war sehr ernst und feierlich und dankbar zumute, als ich von seinem Sterben las.»

Traurigkeit, wenn sie an Clara Rilke denkt. Die Freundin fehlt. «Sie mag Paula nicht sagen, daß sie nicht glücklich, und darum kommt sie nicht», glaubt Otto Modersohn und schimpft Rilke einen Pedanten und Starrkopf. «Ich glaube, sie werden sich trennen, sie behält das Kind, der Vater gibt das Geld, und er geht nach Rußland. Er ist von ihr in dies Leben hineingezogen, was ihn bitter stimmen wird – nie redet er sie an mit Vornamen, sie leben nebeneinander, innerlich fremd, nie ineinander.»

Ostern 1902. Vorbereitungen für das Osterfest. Hinter der Ziegelei hat Paula den ersten gelben Huflattich gefunden. Rückblickend auf das vergangene Jahr schreibt sie in ihr Tagebuch:

In meinem ersten Jahre der Ehe habe ich viel geweint, und es kommen mir die Tränen oft wie in der Kindheit jene großen Tropfen. Sie kommen mir in der Musik und bei vielem Schönen, was mich bewegt. Ich lebe im letzten Sinne wohl ebenso einsam als in meiner Kindheit. Diese Einsamkeit macht mich manchmal traurig und manchmal froh. Ich glaube, sie vertieft. Man lebt wenig dem äußeren Schein und der Anerkennung. Man lebt nach innen gewendet. Ich glaube, aus solchem Gefühle ging man früher ins Kloster. Da ist denn mein Erlebnis, daß mein Herz sich nach einer Seele sehnt, und die heißt Clara Westhoff. Ich glaube, wir werden uns ganz nicht mehr finden. Wir gehen einen anderen Weg. Und vielleicht ist diese Einsamkeit gut für meine Kunst, vielleicht wachsen ihr in dieser ernsten Stille die Flügel. Selig, selig, selig.
Ich empfange den Frühling draußen mit Inbrunst. Er soll mich und meine Kunst weihen. Er streut mir Blumen auf meine Stunden. Ich fand an der Ziegelei gelben Huflattich. Die habe ich viel mit mir herumgetragen und habe sie gegen den Himmel gehalten, wie ihr Gelb dort tief und leuchtend stand.
In der Osterwoche, März 1902

Am Ostersonntag notiert sie:

Es ist meine Erfahrung, daß die Ehe nicht glücklicher macht. Sie nimmt die Illusion, die vorher das ganze Wesen trug, daß es eine Schwesterseele gäbe.
Man fühlt in der Ehe doppelt das Unverstandensein, weil das ganze frühere Leben darauf hinausging, ein Wesen zu finden, das versteht. Und ist es vielleicht nicht doch besser ohne diese Illusion, Aug' in Auge einer großen einsamen Wahrheit?
Dies schreibe ich in mein Küchenhaushaltebuch am Ostersonntag 1902, sitze in meiner Küche und koche Kalbsbraten.
Ostersonntag, 30. März 1902

10. KAPITEL

«Ich werde etwas»

April 1902 – April 1904

April 1902. Sonnige, warme Frühlingstage. Arbeitsreiche Stunden im Garten. Die Zeit des Laubenbauens. Lauben. Paula liebt diese kleinen lauschigen Plätze. Sie wünscht sich, eine möge unter dem Holunderbusch stehen, eine andere zwischen den Birken und eine dritte bei den Kürbissen. Otto Modersohn und Paulas Bruder Henner, der zum Helfen gekommen ist, hämmern und graben, zimmern Gartenbänke und legen kleine, schmale Wege an, die Paula mit Rosen, Bauernblumen und Nelken einfaßt. «Du kannst Dir denken, wie urgemütlich und komisch unser Puppengärtchen dadurch wirkt», schreibt sie an ihre Tante Marie. Eine silberne Glaskugel ziert die Mitte des Modersohnschen Gartens, der von nun an den Hintergrund bilden wird für eine Reihe von Bildern der beiden Künstler. «Paulas und mein Geschmack, künstlerische Art und Weise sind sehr verwandt», stellt Otto Modersohn beglückt fest und muß sich wundern, mit welcher Lust er auf die Anregungen seiner Frau selbst bei der Gestaltung des Gartens eingeht.

Paula notiert in ihr Tagebuch:

Ich stand im Grase mit bloßen Füßen, und mein Mann malte mich. Ich hatte mein Brautkleid an und dann ein rosa und ein blaues und schließlich ein weißes Atlaskleid, mit Gold besetzt. Bei dem rosa war der Rücken weit frei und die Arme. Ich stand aber in der Sonne. Und wenn dann die Ahnung eines Windes mir über den bloßen Nacken strich, so lächelte ich ein wenig, und meine Augen, die sich vor der Sonnenhelligkeit ganz geschlossen hatten, lüfteten sich auf Augenblicke... Um mich herum im Grase war es besät mit weißen Sternmieren. Ich pflückte eine Handvoll und betrachtete sie auf der hellen Luft und das Spiel ihres Schattens auf meinem Arm. Ich träumte im Wachen und sah wie aus einem zweiten Leben meinem Leben zu.
29. Mai 1902

Bildnisse von Kindern bestimmen in diesen Monaten des Jahres 1902 die Malerei Paula Modersohns.

Unmittelbar vor der Natur malt sie Kinder beim Baden und ins Spiel vertieft, Kinder gedankenverloren an einen Birkenstamm gelehnt oder mit einem Tier im Arm. Sie stellt schlafende Säuglinge in der Wiege dar und Geschwister in verantwortungsvoller, schützender Umarmung. Die Künstlerin malt Kinder, deren einziger Schmuck ein Blumenkranz im Haar ist, eine Frucht in der Hand oder eine Kette am Hals.

Aber nicht das genrehaft wiedergegebene Kinderporträt, wie man es seit der Romantik kennt, ist Paula Modersohns Thema. Ihre Aufmerksamkeit gilt nicht der Idylle, dem heiterniedlichen, unbefangen dem Spiel hingegebenen Kind. Die Malerin, die in der kleinbäuerlichen Welt Worpswedes lebt, sucht sich ihre Modelle mit Vorliebe in dem sie unmittelbar umgebenden Milieu. Zu den ernsten, scheuen, von der Mühsal des Daseins schon gezeichneten, häufig kranken, manchmal fast entstellt und «häßlich» wirkenden Kindern der Tagelöhner aus dem Teufelsmoor hat sie ein ganz besonders inniges Verhältnis. Für die Malerin bilden sie einen Teil der Natur, in der sie leben.

Manchmal läuft Paula noch spät abends ins Armenhaus zu diesen Kindern, die «für meine Gefühle die einzigen Individuen hier sind, die singen. Sonst hört man Singen nur von betrunkenen Leuten, so wenig liegt der Gesang diesem schweren Schlag». Mit großem Einfühlungsvermögen versucht die Künstlerin, nicht nur die äußere Erscheinung dieser Kinder einzufangen, sondern auch deren seelisch-geistige Verfassung zu ergründen. Mit fortschreitender Entwicklung setzt sich Paula Modersohn mutig über alle Konventionen hinweg. Indem sie wegläßt und vereinfacht, löst sie sich von der individuellen Charakteristik der dargestellten Gestalt und der sie umgebenden Wirklichkeit und kommt zu einer allgemeingültigen Aussage weniger über das Äußere als vielmehr über das Wesen des Kindes.

Zu einem ihrer stärksten Kinderbildnisse gehört Paula Modersohns Komposition «Elsbeth im Garten» aus dem Frühjahr 1902. Ein kleines Mädchen in blaugepunktetem Kleid steht, halb zur Seite gewandt und den leicht geneigten, blumenbekränzten Kopf im

Profil, barfuß in einer mit Kräutern und Blumen dicht bewachsenen Wiese, neben sich eine hohe, leuchtende Fingerhutstaude. Es hat die Hände übereinander auf den leicht gerundeten Bauch gelegt. Mit gesenktem Blick scheint es ganz versunken in sich hineinzulächeln.

Auch das «Kind mit Kaninchen» gehört zu den großen Bildnissen der Malerin.

> Meine Mutter. Es wird in mir Morgenröte, und ich fühle den nahenden Tag. Ich werde etwas. Wenn ich das unserem Vater noch hätte zeigen können, daß mein Leben kein zweckloses Fischen im Trüben ist, wenn ich ihm noch hätte Rechenschaft ablegen können für das Stück seiner selbst, das er in mich gepflanzt hat! Ich fühle, daß nun bald die Zeit kommt, wo ich mich nicht zu schämen brauche und stille werde, sondern wo ich mit Stolz fühlen werde, daß ich Malerin bin. (...)
> Und dies Fühlen und Wissen ist beseeligend. Mein lieber Otto steht dabei, schüttelt den Kopf und sagt, ich wäre ein Teufelsmädel, und dann haben wir beide uns von Herzen lieb, und jeder spricht von der Kunst des anderen, dann aber wieder von der seinen. (...)
> Und dann trage ich so oft die Worte in meinem Herzen, die Worte Salomons oder Davids: Schaffe in mir Gott ein reines Herz und gib mir einen neuen gewissen Geist, verwirf mich nicht von Deinem Angesicht und nimm Deinen heiligen Geist nicht von mir.
> *6. Juli 1902*

«Ich werde etwas», weiß Paula Modersohn und bittet in ihren einsamen, ringenden Stunden demütig um eine göttlich-geistige Kraft, die sie auf dem Weg zu ihren künstlerischen Zielen führen und begleiten möge. Wohl nicht zuletzt, weil der gedankliche Austausch mit der Freundin Clara Westhoff fehlt, nehmen die Tagebuchaufzeichnungen zu, in denen Paula ihre Gedanken zur Kunst formuliert. Immer mehr setzt sie sich mit dem Problem der Einsamkeit auseinander. «Denn dieses Alleinwandeln ist gut und zeigt uns manche Tiefen und Untiefen, deren man mit zweien nicht so gewahr würde.» Es ist ihr bewußt, daß sie sich von den anderen Worpswedern zu entfernen beginnt. «Mir ist es, als ob es schwer wäre, sein Leben gut und groß zu Ende zu führen», schreibt sie und glaubt: «Oh, wenn ich erst etwas bin, dann fallen mir allerhand Steine vom Herzen.» Wie sie ihnen allen dann «mutig in die Augen» wird schauen können! Wie sie es all diesen Menschen zeigen wird, die ihr Künstlertum bisher nur «mitleidig und zartfühlend behandelten wie einen kleinen schnurrigen, verbissenen Spleen». Paula Modersohns Streben nach großer Kunst, ihr Suchen nach neuen malerischen Möglichkeiten, die über den Naturalismus eines Fritz Overbeck oder den Natur-Lyrismus eines Heinrich Vogeler hinausgehen, nimmt als einziger ihr Mann ernst:

Ganz famos ist das Streben mit meiner lieben Paula. Abends lehnen dann die frischen Studien in der Veranda an dem Blumentisch. Gestern abend hat P. mich wirklich überrascht durch eine Skizze aus dem Armenhause mit der Dreebeen, Ziege, Hühnern – ganz famos in der Farbe, in Bildfassung riesig merkwürdig und mit dem Pinselstiel die Oberfläche kraus, krieselig gemacht. Merkwürdig, wie groß diese Sachen sind, riesig, als Maler gesehen. Mich interessiert tatsächlich nicht einer hier in Worpswede auch nur annähernd so wie Paula. Sie hat Witz, Geist, Phantasie, sie hat einen prächtigen Farbensinn und Formensinn. Wenn sie weiterkommt im Intimen, ist sie eine süperbe Malerin. Ich bin voller Hoffnung. Wie ich ihr von dem Intimen geben kann – so sie mir vom Großen, Freien, Lapidaren. Ich mache immer zuviel, dadurch werde ich leicht kleinlich, und ich hasse die Kleinlichkeit, ich will Größe. Darin regt mich Paula riesig an. Wundervoll ist das wechselseitige Geben und Nehmen; ich fühle, wie ich lerne an ihr und mit ihr. Unser Verhältnis ist zu schön, schöner als ich je gedacht, ich bin wahrhaft glücklich, sie ist eine echte Künstlerin, wie es wenige gibt in der Welt, sie hat etwas ganz Seltenes – sie ist innerlich künstlerischer wie Fritz Mackensen oder Heinrich Vogeler oder Fritz Overbeck, geschweige denn Carl Vinnen und Hans am Ende. Keiner kennt sie, keiner schätzt sie – das wird anders werden. Ich wirke leicht zu niedlich, nett angenehm und so etwas – während mein Ideal Größe ist.
15. Juni 1902

So bewundernd Otto Modersohn den zunehmend stärker werdenden Bildern seiner «vorwärtsbrausenden» Frau gegenüberstand, so kritisch blickte der Maler in diesen Monaten auf seine eigene Arbeit. Nicht daß ihn angesichts der Werke Paulas Selbstzweifel gequält hätten. Im Gegenteil. Modersohn war sich seiner Fähigkeiten und der Qualität seiner Arbeit durchaus bewußt. Aber er machte sich den Vorwurf, viel zu viel Zeit zu vergeuden mit Studien und Bildern, die «halbernst» waren, Bildern, denen der «große, mächtige Zug» fehlte, denen es an Seele und Inhalt mangelte. «Weniger matt, schwächlich, leichtfertig, gedankenlos!» nahm es sich der Landschaftsmaler vor. «Alles muß leben, leuchten, nirgends tot. Keinen Tag warten, solange man kräftig und rüstig ist, nichts aufschieben, alles gleich tun. Nicht Masse, sondern sich vertiefen, konzentrieren auf einige wenige, bedeutende Bilder. Die große Stimmung im Auge behalten. In Stille sich sammeln.»

Als Devise meiner Kunst paßt nichts so gut wie das früher mit Paula oft gebrauchte: Das Ding an sich – in Stimmung.
Das ist das alte Thema meiner Bilder. Ich will nicht im Sinne des gewöhnlichen Naturalismus irgendeinen beliebigen, alltäglichen Winkel möglichst echt abmalen, sondern ich will zunächst einen Stoff, der eigenartig, merkwürdig, bemerkenswert, malenswert ist. Er muß mir rein als solcher etwas sagen und geben, und dann – dieser Stoff in Stimmung, in Luft, von Luft umgeben, im Raum stehend etc. – das ist kurz meine Kunst.
14. April 1902

Mit Bedauern und häufig mit bissiger Kritik beobachtete Otto Modersohn das in seinen Augen immer äußerlicher und konventioneller werdende Leben seiner Freunde in Worpswede. Wie gräßlich und protzig sein Haus ist! ereiferte er sich über Mackensens Villa und «Garten im Bürgerparkstil!» Er zeigte sich enttäuscht über Overbecks Worpswedemüdigkeit und reagierte beunruhigt auf Vogelers Veränderung: «Er hat sein Käppchen und seine Gitarre an den Haken gehängt und ist ein sogenannter feiner, dekadenter Herr geworden», schrieb Otto Modersohn, gereizt angesichts der «Gesuchtheit» seines Freundes, in das Tagebuch. War man damals nicht gemeinsam angetreten, gegen diese «sogenannte städtische Kultur» zu protestieren und das Einfache, Tiefe, Echte zu suchen, das Worpswede bot? «Worpswede wird im Sande verlaufen, und es kommt nur darauf an, daß sich der eine oder andere als Persönlichkeit durchsetzt», befürchtete Otto Modersohn.

Aber nicht nur über seine Kollegen oder Rilke und Clara, auch über seine Frau konnte sich Modersohn gelegentlich äußerst erregen. Wohl ausgelöst durch eine Gartenstudie von Paula, muß es Ende Juni zu einer heftigen Auseinandersetzung zwischen dem Künstlerpaar gekommen sein. Sie sind alle Egoisten! schimpfte Otto Modersohn in seinem Tagebuch:

Egoismus, Rücksichtslosigkeit ist die moderne Krankheit. Nietzsche der Vater. Gegenteil von christlicher Nächstenliebe. Finde es schrecklich barbarisch, brutal, nur an sich zu denken, für sich zu sorgen, andere Menschen mit Füßen zu treten. (...)
Leider ist Paula auch sehr von diesen modernen Ideen angekränkelt. Sie leistet auch etwas in Egoismus. Wer nicht nach ihrer Schätzung tief, fein genug ist, der wird schroff und rücksichtslos abgetan. Auf die Weise sind wir bald allein. Auch ein Triumph. Ich habe diesen schroffen Egoismus auch schon oft erfahren müssen. Ob wohl alle begabten Frauenzimmer so sind? Begabt in der Kunst ist Paula ja sehr, ich bin erstaunt über ihre Fortschritte. Wenn sich damit doch mehr menschliche Tugenden verbänden. Das muß das schwerste für ein Frauenzimmer sein: geistig hoch, intelligent und doch ganz Weib.
28. Juni 1902

Aber der «Kater» des Künstlers war immer auch sehr schnell wieder überwunden. «Wie Schuppen fällt es mir von den Augen», notierte Otto Modersohn einsichtig:

Ich glaube, daß wir im Wesentlichen auf rechtem Wege gehen. Paula strebt riesig künstlerisch und gesund. Und als Mensch, sie ist ja schroff gegen Kleines, nicht zu ihr Gehöriges, aber das tut sie aus hoher Einschätzung wirklicher Werte, die ja so sehr selten sind.
Juni 1902

Und diese verdeubelte Malerin hat noch mehr als Kunst. Heute morgen im Bett. Zum Morgengruß warf sie ihr Deckbett zurück und zeigte mir ihre Schönheit. Ich liebkoste die köstlichen Hemisphären, sie reckte sich und dehnte und wendete sich langsam. Jetzt liegt sie auf dem Bauch, jetzt auf dem Rücken, jetzt auf der Seite. Sie gibt mir alles, zeigt mir alles, alle Reize, alle Schönheiten meinen Augen, meinen Händen!
Mit ihr sinkt man nicht, langweilt man sich nicht, mit ihr kann man streben und leben. Wir befruchten uns gegenseitig.
7. Juli 1902

Malen ist kurz das: sehen, fühlen, machen. Das ist alles. Je kürzer der Weg, desto besser.
Seit ich so empfinde (nach Paulas Studien) fühle ich überall Harmonien, Klänge, nichts Einzelnes – Gemeinsames, Verbundenes; Luft, Licht, die großen Einiger. (...)
Paula ist mein Kamerad. Paula ist ein geniales Frauenzimmer, die Begabteste hier und überhaupt selten, sie allein hat großen Gesichtspunkt, fühlt, worauf es ankommt, ist Künstlerin durch und durch.
9. Juli 1902

Herbst 1902. Rainer Maria Rilke hatte seine Monographie über Worpswede abgeschlossen, die er im Auftrag des Verlags Velhagen & Klasing geschrieben hatte, und war Ende August nach Paris gereist.
Seine großen finanziellen Sorgen deprimierten ihn. Er litt unter seiner sozialen Isolation und der Einsamkeit im Moor, wo seine Arbeit nicht gedeihen konnte. Angeregt durch ein Angebot des Breslauer Kunsthistorikers Richard Muther, eine Monographie über Rodin zu schreiben, hatte Rilke bereits im Sommer schriftlichen Kontakt mit dem Bildhauer in Paris aufgenommen und ihn um Zusendung von biographischem Material gebeten.
Er möge doch auch auf das Schreiben antworten, das Clara Rilke ihm im Frühjahr mit der Bitte um eine Stellungnahme zu einer Reihe ihrer Arbeiten geschickt habe, schrieb Rilke an Rodin. Dessen

Reaktion aus Paris war positiv gewesen und umgehend in Westerwede eingetroffen.

«Du mußt kommen... ein stilles Atelier haben, nichts sonst», forderte Rilke daraufhin Ende August seine Frau in Norddeutschland auf.

Clara war hin- und hergerissen. Hier ihre Tochter – dort ihr Mann und Rodin. Die Trennung von der kleinen Ruth fiel Clara Rilke besonders schwer. Am liebsten hätte sie sie mit nach Paris genommen. Aber die Vorstellung, zusammen mit dem Kind in räumlich beengten und finanziell schwierigen Verhältnissen in der Großstadt leben zu müssen, beängstigte sie.

Die Bildhauerin entschied sich, das «kleine Mädchen», wie Rilke seine Tochter zu nennen pflegte, in die Obhut ihrer Eltern nach Oberneuland zu geben und allein nach Paris zu reisen.

Über die Begegnung mit Clara Rilke kurz vor ihrer Abreise notierte Modersohn in sein Tagebuch:

> Heute morgen traf ich Frau Rilke. Wie düster, wie ein schlimmes Buch, wirkte deren Erzählung auf mich und Paula. (...) Er in Paris bei Rodin – sie geht in vierzehn Tagen; wenn sie Geld hat. Kind zu den Eltern nach Oberneuland. Zukunft ganz ungewiß. Haus bis zum Frühjahr vermieten, dann kündigen sie. Möbel wollen sie verkaufen.
> *15. September 1902*

Im Oktober 1902 fuhr Otto Modersohn für ein paar Tage zu seinen Eltern nach Münster. Während Elsbeth die Abwesenheit des Vaters traurig stimmte, war Paula selig: «Ich schwelge darin, schwelge in meiner Einsamkeit, Deiner in Liebe gedenkend», schrieb sie am ersten «Abend der größeren Trennung in unserer Ehe» an ihren Mann nach Münster.

Paula genoß es, im Garten zu jäten, mit Elsbeth Bratäpfel zu essen, in der Badewanne zu sitzen:

> Ich nahm heute ein warmes Bad. Da war mir so wohlig. Klein Elsbeth half mir. Sie tippte auf meine Brüste und fragte, was das sei. Ja Kind! Das sind Mysterien. (...)

Dann lief ich draußen durch lauen Herbstwind mit halbem Mondscheinschimmer. Das Bad hatte mein Blut so schnell und tatendurstig gemacht, und in meiner Kehle saß ein Ton, der gesungen sein wollte. Denn manchmal klingt meine Stimme. Das ist, wenn Seele und Sinne mir voll sind.
Heute las ich, daß in den ersten Stadien des Menschenembryos sein Herz im Kopf sitze und erst allmählich in die Brust rutsche. Mir ist es ein süßer Gedanke, daß sie so nebeneinander geboren sind, Herz und Verstand. Das bestätigt mein Gefühl. Ich kann sie bei mir meist nicht voneinander trennen.
Herbst 1902

Zu Paula Modersohns wichtigster Lektüre in diesen Herbstmonaten des Jahres 1902 gehörte ein Buch über den oberitalienischen Meister der Tafelmalerei, Andrea Mantegna. Die Auseinandersetzung mit seinem Werk löste in ihr Gedanken über die Größe und Geschlossenheit der Form aus, die auch sie anstrebte:

Ich fühle, wie er mir guttut. Diese ungeheure Plastik, die er besitzt, die gibt eine solche Stärke des Wesens. Das gerade fehlt meinen Sachen. Wenn bei der Größe der Form, die ich anstrebe, noch dieses Wesenhafte dazukäme, so ließe sich etwas machen. Im Augenblick stehen mir einfache, wenig gegliederte Sachen vor Augen. Meine zweite Hauptklippe ist mein Mangel an Intimität.
Die Art, wie Mackensen die Leute hier auffaßt, ist mir nicht groß genug, zu genrehaft. Wer es könnte, müßte sie mit Runenschrift schreiben.
Mir schwebt etwas vor wie im Louvre das Grabmal mit den acht tragenden Figuren.
Kalckreuth hat in seinen alten Frauen manchmal dies merkwürdige Runenhafte. Die Frauen mit den Gänsen und die Alte mit dem Kinderwagen.
Merkwürdig, mir ist es, als ob meine Stimme ganz neue Töne hätte und als ob mein Wesen neue Register hätte. Ich fühle es größer werden in mir und weiter. Wolle Gott, es würde etwas mit mir.
1. Dezember 1902

In einer Art «bräutlichem Glücksgefühl» schreibt Paula Modersohn während der Abwesenheit ihres Mannes überschwengliche Briefe nach Münster: «Mein geliebter Mann, Mein König Rother, Mein Otto mit dem Barte, Du mit der weichen Stirne und den lieben Händen, Du Maler, Du Trauter, Du Vertrauter», schreibt sie voller Sehnsucht und möchte im selben Augenblick, daß die Trennung noch andauern möge, «denn mein Herz möchte noch mehr, immer mehr Lieblichkeit in sich hineinschreiben lassen».

Du bist mein einzig geliebter Mann. Ich habe eine große Sicherheit in unserer Liebe und zu unserer Liebe. Und als ich heute so ging, durchfuhr mich ein atemloses Glücksgefühl, wenn ich bedachte, daß der Höhepunkt, das letzte unserer Liebe, noch vorbehalten ist. Sieh, Lieber, Du brauchst nicht traurig zu sein oder eifersüchtig auf meine Gedanken, wenn ich meine Einsamkeit liebe. Ich tue es, um still und ungestört und fromm Deiner zu gedenken. Lieber, ich küsse Dich.
Die Heimkehr zu unseren Birken war lieblich, alles unter dem sanften Schleier Deines Fernseins gesehen. Man ist eben doch schon ein Stück von dem anderen und der andere ein Stück von einem. Ich lebe in Dir sehr, das fühle ich. Aber die Trennung ist mir lieb, weil sie dieses Ineinanderleben zu einem seelischen macht. Ich liebe das zeitweilige Zurücktreten des Körpers. – Es wechselt in mir ein sprödes Meiden Deiner Körperlichkeit mit der innigsten Lust der nächsten körperlichen Vereinigung. Lieber, liebe mich, wenn ich auch ungereimt bin. Ich meine es doch gut. –
4. November 1902

«An Sie beide haben wir mit Wünschen herzlich gedacht, am Festabende, und wir tun es auch heute an eines vielfältigen Jahres letztem Ausklang», hatte Rainer Maria Rilke am Silvesterabend 1902 an Otto Modersohn geschrieben. «Wir wünschen, daß Sie und Ihre liebe Frau in diesen Stunden ein gutes Jahr gut beginnen möchten, ein reiches Jahr für Ihre zukunftsvolle Kunst, für jeden von Ihnen beiden und für Ihre Gemeinsamkeit.»

Wenn ich an diesem vergehenden letzten Tage das Vergangene überschaue, drängt es mich, Ihnen, lieber Otto Modersohn, zu sagen, daß zu den besten Erinnerungen und Errungenschaften, die es gebracht und gewährt hat, die nahe Beziehung gehört, die ich zu Ihrer Kunst gefunden habe.

Ich habe so viel Gutes und Großes von Ihnen empfangen, daß meine Dankbarkeit nicht vergehen wird; der Weg durch Ihr Werk führte mich an vielen Stellen näher zu mir selbst; vieles wurde mir daran klar, vieles hängt mir damit für immer zusammen, und ich kann wohl sagen, da ich es erkannte in jenen Frühlingstagen, wuchs ich ein Stück daran entlang. Allen Segen meines treuen Vertrauens über Ihr Weitergehen. (...)

Lieber Otto Modersohn, halten Sie fest an Ihrem Lande! Paris (wir sagen es uns täglich) ist eine schwere, schwere, bange Stadt. Zu alledem ist Rodin ein großer, ruhiger, mächtiger Widerspruch. Die Zeit fließt von ihm ab, und wie er so arbeitet alle, alle Tage seines langen Lebens, scheint er unantastbar, sakrosankt und beinahe namenlos. Er und sein Werk sind von derselben Art und Wesenheit wie die alten Kathedralen, wie die Dinge im Louvre und: wie die Tage bei Ihnen, Otto Modersohn, in Ihrem großen, einfachen, erhabenen Land, das Sie sich verdient haben mit lebendiger Liebe. Mir ist immer wenn ich an Sie denke, daß Sie dort alles haben und daß, wenn Sie wieder einmal nach Paris kommen, es nur für kurze Zeit sein wird.

31. Dezember 1902

Am 6. Februar 1903 brachen Paula und Otto Modersohn zu einer gemeinsamen Reise nach Münster auf, um dort den siebzigsten Geburtstag der Mutter Modersohns zu feiern. Den Frühling in Paris erleben! hatte sich Paula von ihrem Mann gewünscht und um seine Zustimmung gebeten. Während er zurück nach Worpswede fuhr, bestieg sie am 10. Februar zum zweitenmal den Nordexpreß und reiste in die französische Hauptstadt.

Meine liebe kleine Elsbeth, nun sitzt Mutter in der Eisenbahn und fährt ganz furchtbar lange bis heute abend, wenn Du in Dein kleines weißes Bettchen gehst. Dann ist Mutter in der großen Stadt Paris. Und denke einmal. Da sagt man gar nicht mehr «Mine lüttje Deern», sondern man sagt da «ma petite fille». Das klingt doch komisch, nicht wahr: Ist der alte Husten endlich wieder zum Fenster hinausgeflogen in den Wind? Ich möchte das so gerne für Dich, daß Du wieder draußen spielen kannst. Ich gebe Dir einen süßen Kuß und auch unserem lieben Vater, der nun wohl wieder bei Dir ist. Grüße Bertha. Wer ist denn Deine Mutter jetzt, die grüße auch zurück.

10. Februar 1903

«Voilà, Madame, le Grand Hotel de la Haute Loire.» Knarrend ist die Kutsche vor dem Eingang zum Hotel stehengeblieben. Paula zahlt, nimmt ihren kleinen braunen Koffer in die eine, die Staffelei in die andere Hand und schwingt sich aus dem Wagen.

Ihr Zimmer ist wieder das mit der Nummer 53. Genau wie vor drei Jahren. Damals wohnte Clara Westhoff im Nachbarzimmer. Dieses Mal haben sich zwei fremde deutsche Malerinnen dort einquartiert, deren Stimmen Paula durch die dünne Tapetenwand hören kann. Sie schaut sich um. Das geblümte Muster der Tapeten, die verblichenen Vorhänge. Nichts scheint sich verändert zu haben in der Zwischenzeit. Auch die Menschen, denen sie begegnet, sind dieselben wie vor drei Jahren, und selbst in der kleinen Crémerie gegenüber der Akademie sieht sie Gesichter wieder, die sie schon kennt. Auch die junge deutsche Malerin wird von den Gästen wiedererkannt, als sie sich zum Abendessen an einen der kleinen Tische des Restaurants setzt: «Aha, elle est rentrée.»

Ja, sie ist wieder da! Und es geht ihr gut! Sie fühlt sich zwar noch ein bißchen befangen und «ein wenig geistig abwesend» und würde sich manchmal am liebsten angesichts der vielen «fremdartigen Gestalten» und Stimmen in einem Mauseloch verkriechen, schreibt sie an Otto Modersohn. Aber Paula weiß, daß sie sich einleben wird.

Wenn ihr Mann sie nur hier sehen könnte! Mein Rotbart, mein Port, mein Hort und König! möchte sie ihm zurufen, und kaum ist sie ein paar Tage in Paris, schreibt sie an ihn, daß sie ihn sicher schon sehr bald bitten müsse zu kommen. «Hier ist Champagner in der Luft!» jubelt sie. «Ganz abgesehen von der Kunst auf Schritt und Tritt.»

Ihre Briefe klingen liebevoll und besorgt. Muß sie nicht ein schlechtes Gewissen haben ihrem Mann und der kleinen Elsbeth gegenüber? Gedanklich noch ganz stark in Worpswede, drückt sie anfänglich sogar die Frage, warum sie ihre Familie überhaupt verlassen hat. Immer wieder meint sie, ihr Fortgehen begründen zu müssen: «Du weißt doch, ich bin auch etwas hier, um mir Worpswede von hier aus durch die kritische Brille zu besehen.» «Bis jetzt kann es noch bestehen», schreibt sie an Otto Modersohn, und vier Wochen später, am 14. März 1903, wird sie ihre Reise mit den Worten rechtfertigen: «Ich fühle aber, daß es sehr gut ist, alles einmal aus der Ferne zu besehen.»

Ungeduldig wartet Paula auf Post aus Worpswede. Der Lärm der Stadt, die Hast der Menschen, das Alleinsein. Manchmal ist ihr nach Weinen zumute. Wäre es nur einen Augenblick still um sie, damit sie ihrem Mann sanft und leise sagen könnte, wie fein und groß er in ihrem Herzen stehe. Wenn sie dieses Mal etwas lernen will, das weiß die junge Ehefrau ganz genau, wird sie es sich «teurer erkaufen» müssen als vor drei Jahren. «Denn damals hatte ich Dich noch nicht und kein Heim.»

In ihrem Hotel am Boulevard Raspail droht Paula die Decke auf den Kopf zu fallen. Kein Grün weit und breit, nur ein großer Boulevard mit einer laut klingelnden Straßenbahn. Paula geht auf Zimmersuche und zieht am 17. Februar in die Rue Cassette Nr. 29 um. Hier, in dem kleinen Hotel mit dem begrünten Innenhof, erlaubt es ihr die Stille, zu träumen und sich zu sammeln, und wenn sie aus dem Fenster schaut, blickt sie auf alte Kastanien und das Gemäuer eines Klostergartens.

Zu den Entdeckungen der jungen Künstlerin bei ihren Streifzügen durch die großen Pariser Museen in diesem Jahr 1903 gehören vor allem die Kompositionen des französischen Stilleben- und Genremalers Jean-Baptiste Chardin. Seine Farben und das Stoffliche seiner von Luft und Licht umhüllten Gegenstände werden wenige Jahre später auch Rilke zu Reflexionen über die Kunst Chardins und Cézannes anregen. Vermutlich hat Paula Modersohn dem Dichter während ihres Parisaufenthalts von der eindrucksvollen Begegnung mit den Bildern des Franzosen erzählt. Jahre später, am 8. Oktober 1907, schreibt Rilke nämlich an seine Frau Clara:

(Es ließe sich denken, daß jemand eine Monographie des Blaus schriebe; von dem dichten wachsigen Blau der pompejanischen Wandbilder bis zu Chardin und weiter bis zu Cézanne: welche Lebensgeschichte!) Denn Cézannes sehr eigenes Blau hat diese Abstammung, kommt aus dem Blau des 18. Jahrhunderts her, das Chardin seiner Prätention entkleidet hat und das nun bei Cézanne keine Nebenbedeutung mehr mitbringt. Chardin ist da überhaupt der Vermittler gewesen; schon seine Früchte denken nicht mehr an die Tafel, liegen auf Küchentischen herum und geben nichts darauf, schön gegessen zu sein. Bei Cézanne hört ihre Eßbarkeit überhaupt auf, so sehr dinghaft wirklich werden sie, so einfach unvertilgbar in ihrer eigensinnigen Vorhandenheit. (...)

Jean Baptiste Chardin, Jacques Louis David, Dominique Ingres, Eugène Delacroix im Louvre. Das Tryptichon des «großen» Charles Cottet im Luxembourg-Museum. Die zeitgenössischen Franzosen in der Rue Lafitte. Je mehr sie sieht, desto aufgeschlossener und vorurteilsfreier reagiert die junge Deutsche auf die französische Kunst. «Die Franzosen haben doch eine entzückende Delikatesse und Feinfühligkeit im Ausdruck», schreibt sie am 18. Februar an ihren Mann und rühmt die liebevolle Sauberkeit, mit der sie ihr Werkzeug handhaben. «Weißt Du, was Du das Künstlerische in der Kunst nennst. Dieses nicht Fertigdrehen, das besitzen die Franzosen in hohem Maße.»
Auch Paula Modersohns Einstellung zu den Impressionisten hat sich geändert. Edouard Manet, dessen Bilder ihr bisher nicht viel bedeutet haben, begreift sie neu in Gemälden wie «Olympia» und «Der Balkon», und auch zu Degas bekommt sie ein anderes Verhältnis. Sie findet ihn in der «Form sehr interessant» und «sehr künstlerisch und kapriziös in der Farbe».

Ihren Erwartungen entsprechend war das Wiedersehen Paula Modersohns mit Rainer Maria und Clara Rilke in deren Pariser Wohnung in der Rue de l'Abbé de l'Epée zwar freundlich, aber eben nicht weiter als «nett» verlaufen. Das Ehepaar hatte einen bedrückten Eindruck auf Paula gemacht. Die finanzielle Situation schien nach wie vor beängstigend, und Paula bedauerte die Freudlosigkeit und Trübsal, die besonders von ihrer einst so lebensfrohen Freundin Clara ausgingen. Sie sei jetzt in der Arbeit, hatte Clara zu Paula gesagt, «nicht in einer großen, die große und kühne Dinge tut, sondern in einer kleinen, mühsamen, täglichen, die langsam, aber Schritt für Schritt geht, die allen täglichen Mut, Gedanken und Kräfte braucht.» Die Bildhauerin hatte Paula von ihrer Begegnung mit Rodin erzählt und von seinem «Il faut toujours travailler» und daß dieses «toujours», dieses «immerzu», das war, was sie gerade lerne.

«Wenn sie doch ein bißchen fröhlicher wären», beklagt sich Paula Modersohn in einem Brief an ihren Mann:

> Da Rodin zu Rilkes gesagt hat: «Travailler, toujours travailler» nehmen sie das wörtlich, wollen sonntags nicht mehr aufs Land gehen, sich scheinbar nicht mehr ihres Lebens überhaupt freuen. Clara Rilke steht aber tief drin in ihrer Arbeit und müht sich sehr, ihrer Kunst von allen Seiten näher zu kommen. Ich besuchte sie neulich in ihrem Atelier, wo sie mit großer Feinfühligkeit einen kleinen Mädchendaumen arbeitete. Nur wird sie für mein Gefühl ein wenig zu überzogen, spricht nur von sich und ihrer Arbeit. Wie sie bei alledem vermeiden will, ein kleiner Rodin zu werden, wird sich zeigen. Sie zeichnet schon ganz in seiner höchst originellen Art, leistet darin aber auch etwas Gutes. –
> Lies diesen Passus nicht der kleinen Frau Vogeler vor. Lies überhaupt ganz meine Briefe niemandem vor, und gib sie nicht aus den Händen. Ich schreibe nur für Dich.
> 17. Februar 1903

Mitte Februar war Paula Modersohn einer Aufforderung des Ehepaars Rilke gefolgt, mit ihnen in das große Pariser Auktionshaus Hotel Drouot zu gehen, wo die Privatsammlung Hayashi versteigert werden sollte, eine Kollektion japanischer Holzschnitte, Malerei und Plastik. Paula war von dieser östlichen, sehr stimmungsvollen und zarten Kunst tief beeindruckt:

> Mich packte die große Merkwürdigkeit dieser Dinge. Mir erscheint unsere Kunst noch viel zu konventionell. Sie drückt sehr

mangelhaft jene Regungen aus, die unser Inneres durchziehen. Das scheint mir in der altjapanischen Kunst mehr gelöst. Der Ausdruck des Nächtlichen, des Grauenhaften, des Lieblichen, Weiblichen, des Koketten, alles dies scheint mir auf eine kindlichere, treffendere Weise gelöst zu sein, als wir es tun würden. Auf das Hauptsächliche das Gewicht legen!
15. Februar 1903

Zunehmend entdeckt Paula ihr Paris von vor drei Jahren wieder. Sie wird von der Blumenfrau begrüßt, bei der sie ihre Levkojen kauft, und auch der kleine Herr in dem Antiquitätenladen in der Rue de Seine, wo sie so gern nach altem Trödel stöbert, kann sich noch gut an die junge Kundin aus Deutschland erinnern. Mit ihren Wirtsleuten zieht sie während der Karnevalstage zum Boulevard St. Michel, um den Umzug der Studenten zu beobachten, und in der zweiundzwanzigjährigen deutschen Malerin Fräulein Malachowski von der Akademie Colarossi hat sie eine Freundin gefunden, mit der sie Ausflüge in die Umgebung macht und auf der Marne rudert.

Paula ist glücklich, voller Lebensfreude und Arbeitslust. Streng teilt sie ihren Tag ein. Aufstehen morgens um acht, Frühstück, Arbeit zu Hause. Nachmittags Aktzeichnen in der Akademie Colarossi. Selten geht sie zum Mittag- oder Abendessen in die Crémerie oder ins Café, meidet überhaupt Orte, wo viele Menschen sich sammeln. Am liebsten ißt sie eine Kleinigkeit im Atelier. Wieviel besser würde ihr allerdings manchmal eine von Berthas Speisen auf der häuslichen Veranda gemeinsam mit Elsbeth und Otto schmecken! Aber daran darf und will sie jetzt nicht denken.

Lange Liebesbriefe in humorvoll gestalteten Umschlägen, die brennend auf Antwort warten, treffen bei Otto Modersohn in Worpswede ein. Sie finde, so schreibt Paula an ihren Mann, daß seine «holde Geliebte, die Kunst», ihn seiner «kleinen Pariser Geliebten» ein wenig abspenstig mache. Jetzt, da sie von ihm getrennt ist, scheint sich Paula besonders innig gebunden zu fühlen: «Du bist mein lieber Schatten, in dem ich mich kühle, und das kühle Wasser, in dem ich meine kleine runde Seele bade, von der ich das Gefühl habe, daß sie so aussieht wie mein Akt», schreibt sie und versichert ihm:

Weißt Du, ich denke hier auch viel mit an Deine Bilder. Sie müssen noch viel, viel merkwürdiger werden. Da muß ein Hauch und ein Ahnen und eine Merkwürdigkeit in ihnen sein wie in der Natur, wie sie uns in Augenblicken erscheint, wenn unser Auge ungetrübt und klar in das seltsame Wesen der Dinge schaut. (...) Merkwürdig, je mehr ich Rembrandt verstehen lerne, desto mehr fühle ich auch, daß sie (die Franzosen) ihn verstanden haben. Ich freue mich, daß Du jetzt Sachen in kleinem Maßstabe vorhast. Und fange an zu glauben, daß man erst wahrhaft malen kann, wenn man auch im Kleinen sich ausdrückt. Ist das Kleine nicht der viel schnellere, leichtere Ausfluß einer glücklichen Stunde. Ich denke an Millet, Rembrandt, Böcklin.
18. Februar 1903

Das Glück der Künstlerin über ihren Aufenthalt in Paris drückt sich auch in herzlich gefaßten Briefen an Martha Vogeler und die Schwiegereltern in Münster aus, denen Paula kleine Veilchensträuße beifügt. Auch an die kleine Elsbeth Modersohn schickt Paula Postkarten und steckt Schneeglöckchenzwiebeln und eine große Apfelsine in einen Umschlag.

Heute ist Vaters Geburtstag, und weil heute auch Sonntag ist, da läuten hier in Paris viele Glocken, denn hier gibt es viele, viele Kirchen. Wenn dann all die großen und die kleinen Glocken zusammenklingen, das klingt dann wunderschön. Hier in Paris gibt es eine ganze Menge Schimmel, weißt Du, wie Mutter immer einen malt. Die kucke ich mir dann immer tüchtig an. Manche sind ganz dick und groß und haben auf dem Hals eine blaue Mütze sitzen mit roten Troddeln dran, das sieht schön aus. Gestern abend habe ich einen Radfahrer gesehen, der hatte eine rote Fackel an sein Rad gebunden, da habe ich gedacht, wenn es erst wieder Sommer ist, dann gehst Du auch wieder mit Deiner Laterne u. singst dazu. Ich küsse Dich innig. Dein Brief war so wunderschön. Ich danke Dir vielmals dafür.
22. Februar 1903

Ist es ein Zufall gewesen, oder hat Rilke Otto Modersohns Geburtstag am 22. Februar bewußt zum Anlaß genommen, um Paula in der Rue Cassette zu besuchen und ihr seine «Monographie einer Landschaft» zu schenken? Rilkes Text über das Moordorf Worpswede und seine fünf Künstler Fritz Mackensen, Otto Modersohn, Hans am Ende, Fritz Overbeck und Heinrich Vogeler war im Februar 1903 im Verlag Velhagen & Klasing erschienen. Lange Gespräche und ein reger Gedankenaustausch mit Modersohn und nicht zuletzt die Modersohnschen «Abendblätter», die Rilke bei seinen ersten Besuchen im Worpsweder Atelier des Malers gesehen und schätzen gelernt hatte, müssen den Dichter zu seiner «Monographie» inspiriert haben. Für Rilke war Otto Modersohn derjenige, der am meisten im Einklang mit dem Moordorf und seiner Landschaft lebte.

Nach einem ersten Überfliegen des Rilkeschen Textes kann Paula Modersohn ihrem Mann auf seine Frage nach ihrem Urteil nur schreiben, daß ihr «viel Gutes und Liebes und viel künstlerisch Schiefes Hand in Hand zu gehen» scheint. Sehr kraß allerdings ist ihre Kritik, nachdem sie die Monographie zum zweitenmal gelesen hat.

> Ich sehe allmählich hinter diesem Schwung der Rede eine große Hohlheit. Ich werde Dir das alles mündlich noch besser auseinandersetzen können. In meiner Wertschätzung sinkt Rilke doch allmählich zu einem ziemlich kleinen Lichtlein herab, das seinen Glanz erhellen will durch Verbindung mit den Strahlen der großen Geister Europas: Tolstoi, Muther, Worpsweder, Rodin, Zuloaga, sein neuester Freund, den er vielleicht besuchen wird, Ellen Key, seine innige Freundin usw.
> Das alles imponiert einem zuerst. Aber je mehr man in das Leben blickt und in Tiefen des menschlichen Gemüts und in das rauschende Wasser der Kunst, desto schaler scheint mir dieses Leben. Auch hierzu noch vieles Erklärende mündlich. Ich stehe sehr nett mit ihnen; aber ich fühle mich nicht sehr wohl bei ihnen.
> *3. März 1903*

Er merke wohl, daß sie auf Rilke nicht gut zu sprechen sei, schreibt Paula Modersohn am 7. März an ihren Mann und berichtet ihm, daß der Dichter schon zum drittenmal in diesem Winter seit einer Woche mit Influenza im Bett liege. Diese Anfälligkeit! Er könne Paris nicht vertragen, glaubt sie, und solle lieber abreisen, «denn das wäre vielleicht seiner Frau viel besser».

Was mag in Paula Modersohn vorgehen? Ist es die alte Wunde, die noch immer schmerzt? Oder muß sie nicht vielmehr die Tatsache grämen, daß Rilke sie, die Malerin aus Worpswede, mit keinem Wort in seiner Monographie über das Künstlerdorf erwähnt hat?

Paula bringt dem Kranken Tulpen an sein Bett, und man ist «sehr liebenswürdig zueinander». Aber sehr behaglich ist ihr dabei nicht zumute. In der für sie typischen, schroffen Art äußert sich die Malerin:

> Aber ich mag ihn auf einmal nicht mehr leiden. Ich schätze ihn nicht mehr hoch ein. Er hält es mit jedem. Über sie kann man gar nicht urteilen. Sie ist in einem Zustande, der nicht anhalten kann, da muß man einfach warten, was daraus wird. Nur setzt sich, glaube ich, ein Posten Selbstanbetung in ihrem Gemüte fest, der wohl drinbleiben wird. Mich läßt das alles völlig kalt, so daß ich mich selbst wundere. Als ich zum erstenmale zu ihnen ging, war ich nicht im geringsten aufgeregt. Jetzt können sie ganz verrückte Ansichten äußern, ich bleibe still und denke mir mein Teil, denke an Dich und Deine liebe Urgesundheit und Unverdorbenheit und Unverschrobenheit und küsse im geheimen geheimnisvoll meinen Ehering, zu dem ich merkwürdigerweise in der Fremde ein Verhältnis bekomme, obgleich ich große Angst habe, daß ich ihn mal verliere, weil er so lose sitzt.

7. März 1903

Drei Tage später schreibt Paula an ihren Mann:

> Ich sehe mir kleine Kinder mit Liebe an und schlage beim Lesen mit großem Verständnis Vokabeln nach wie: Wickelkind, Nähren und so weiter. Überhaupt merke ich und fühle ich, wie diese beiden Jahre an Deiner Seite mich leise zu einer Frau gemacht haben. Als Mädchen war ich innerlich jubelnd erwartungsvoll. Nun als Frau bin ich auch voller Erwartungen, aber sie sind stiller und ernster. Auch haben sie das Unbestimmte der Mädchentage

abgelegt. Ich glaube, es sind jetzt nur zwei ihrer ganz bestimmte: meine Kunst und meine Familie. – Mein lieber Mann. Unter all dem vielen, was in mir arbeitet, geht es mir hier ganz wunderlich. Manchmal scheint es mir gar nicht glaublich, daß ich Dich und Elsbeth und unser kleines Häuschen besitze. Und wenn ich dann darüber nachdenke, so fühle ich, daß es gerade dieser wundervolle, gewisse Besitz ist, der mir die Ruhe gibt, an all die Dinge so gesammelt und glücklich heranzutreten. Weißt Du, erotisch bin ich im Augenblick gar nicht. Das kommt wohl von der vielen geistigen Arbeit, die in mir umgeht. Aber wenn es möglich ist, liebe ich Dich vielleicht täglich rückhaltloser in alle Deine Falten und Fältchen Deines lieben Wesens hinein. Ich habe einen so großen Stolz auf Dich gesetzt, mein Rother.
10. März 1903

Fast täglich geht Paula in den Louvre, um zu zeichnen. Eine Entdeckung sind die großen Säle mit der ägyptischen Plastik. In diesen Räumen hat sie sich zwar auch vor drei Jahren schon aufgehalten, aber dieses Mal schaut sich Paula die antiken Werke mit ganz anderen Augen an. Plötzlich erkennt sie die Verbindung zwischen Antike und moderner Kunst, die sie bisher nicht gesehen hat. Wie wunderbar, diese große Einfachheit der Form! «Jetzt fühle ich tief, wie ich an den Köpfen der Antike lernen kann», notiert sie in ihr Tagebuch. «Wie sind die groß und einfach gesehen! Stirn, Augen, Mund, Nase, Wangen, Kinn, das ist alles. Es klingt so einfach und ist doch sehr, sehr viel. Wie einfach in seinen Flächen solch ein antiker Mund erfaßt ist.»
Aufmerksam gemacht haben sie vielleicht auch die vielen in Paris kursierenden Veröffentlichungen über ägyptische Kunst; vor allem aber wird sie sich in ihrem eigenen Formempfinden stark angesprochen gefühlt haben. Paula Modersohn jedenfalls studiert mit größtem Interesse die farbigen Holztafeln aus dem oberägyptischen Fayum, die sie im Louvre sieht. Diese porträtähnlichen, in großen Formen gemalten Bildnisse entstanden im ersten nachchristlichen Jahrhundert innerhalb des Totenkults. Paula wird sich Reproduktionen dieser Mumienporträts kaufen und mit nach Worpswede in ihr Atelier nehmen.

Das sanfte Vibrieren der Dinge muß ich ausdrücken lernen. Das Krause in sich. (...)
Das merkwürdig Wartende, was über duffen Dingen schwebt (Haut, Ottos Stirn, Stoffen, Blumen), das muß ich in seiner großen, einfachen Schönheit zu erreichen streben. Überhaupt bei intimster Beobachtung die größte Einfachheit anstreben. Das gibt Größe.
20. Februar 1903

Zwar begleitet Rilke Paula Modersohn nicht persönlich in das Pariser Atelier Auguste Rodins, der seine Räume am Samstagnachmittag der Öffentlichkeit zugänglich zu machen pflegt, aber er gibt ihr einen Brief mit auf den Weg, in dem er sie dem Meister als «femme d'un peintre très distingué», als Frau eines sehr bekannten Malers, empfiehlt. Rodin. Diese ungeheure Vielzahl an Marmorplastiken, Gipsabgüssen und Skizzen, die in dem Raum verteilt sind! Paula schaut sich um. Sie ist beeindruckt. Auch die Zeichnungen und Kompositionen, die Rodin vor der Natur macht, imponieren ihr sehr. «In diesen Blättern herrscht eine Leidenschaft und ein Genie und ein Sich-nicht-Kümmern um die Konvention», notiert sie im Anschluß an ihren Besuch bei dem Bildhauer. «Du müßtest sie sehen», appelliert sie am 2. März an Otto Modersohn, und einen Tag später legt sie ihm nahe: «Weißt Du, ich will Dich in keiner Weise bestimmen: Aber diese farbigen Zeichnungen Rodins wären, glaube ich, auch für Dich ein großes Erlebnis. Zu sehen, wie weit man gehen kann, ohne sich um das Publikum zu kümmern.»

Paula fährt auch hinaus nach Meudon in die «Villa des Brillants» vor den Toren von Paris, wo Rodin sie persönlich durch seine Ateliers führt. An Otto Modersohn schreibt sie:

Schönes gibt es ja hier die Überfülle. Auch möchte ich sehr, sehr gerne, daß Du die Kunst Rodins erlebtest. Er ist doch wohl der größte Lebende jetzt. In einer französischen Zeitschrift sind Kunstgespräche herausgekommen, die er mit ein paar jungen Mädchen führte. D. h. es sind mehr Kunstmonologe. Aber sie sind so einfach und lassen sich auf alle hohe Kunst anwenden; mir

war es ein sehr großer Genuß, sie zu lesen, und ich freue mich darauf, sie mit Dir durchzusprechen. Lieber, ich freue mich überhaupt so s e h r , daß Du mich hierhergelassen hast, und ich bin Dir von so ganzem Herzen dankbar, und ich glaube, ich werde es mir in meinem späteren Leben nach gewissen Zeiträumen immer wieder wünschen. (...)
Weißt Du, daß ich Dich im Hintergrunde weiß, das macht mir meinen Aufenthalt so voller Ruhe.
26. Februar 1903

Paulas wiederholte Bitte an ihren Mann, er möge nach Paris kommen. Sie hatte Sehnsucht nach ihm, wollte die beeindruckenden Erlebnisse und Erfahrungen lieber mit ihm teilen. Auch war sie sich zunehmend sicher, daß Modersohn ein Aufenthalt in Paris guttun würde. «Ich glaube, vieles, was in Dir schlummert und was Du instinktiv ausübst, wird Dir hier bewußt werden. Ich meine hauptsächlich in der Form. Zum Beispiel möchte ich so gern, daß Du einen anderen Standpunkt zur Antike bekommst. Ich finde, die frühen Werke der Antike sind unserem Empfinden sehr nahe.» Komm! bittet sie Otto Modersohn, und an ihre Schwiegereltern schreibt sie: «Ich habe im stillen noch die Hoffnung, daß er kommt.»

Aber Otto Modersohn kam nicht nach Paris. Paula war zwar dort, und es zog ihn zu ihr. Aber der eher menschenscheue, introvertierte Maler, dem nichts über sein «stilles, ernstes Land» ging, wie er kürzlich an Rilke geschrieben hatte, betrachtete es auch künstlerisch nicht als notwendig, sich in Paris Anregungen zu holen. Er hatte seine Natur um sich, die er verehrte und die ihm vertraut war. In ihrer Stille fand er Ruhe und Konzentration. In ihr fühlte er sich frei. Modersohn hatte seine festen künstlerischen Überzeugungen und kannte seine künstlerischen Ziele. Zudem war er gut in der Arbeit und hätte sie zu diesem Zeitpunkt ungern unterbrechen wollen. Warum also sollte er nach Paris reisen, wenn nicht um Paulas willen? Und seiner Frau, das wußte Otto Modersohn genau, ging es in Paris auch ohne ihn sehr gut.

Mathilde Becker, die während Paulas Abwesenheit nach Worpswede gekommen war, um das Modersohnsche Haus zu hüten und sich vor allem um Elsbeth zu kümmern, schrieb:

Ich lebe seit ein paar Wochen mit einem der feinsten, liebenswertesten Exemplare der Spezies Mensch, mit meinem Otto Modersohn zusammen.
Er hat Paula für ein paar Monate nach Paris geschickt, da sie den Wunsch hatte, noch einmal zu schauen und zu lernen und zu arbeiten. Er selber mag nirgends anders arbeiten als in seinem Worpswede, er findet hier jede Anregung, jedes Glück, er wurzelt wie ein Baum in dem Boden, in den er sich selber hineinpflanzte. Dabei schaut er mit größter Objektivität und liebreichstem Interesse Paulas anderer Art zu. Abends haben Otto und ich lange Gespräche und Lesestunden. Er ist ein Mensch, den viel äußeres Geräusch stumm macht, der aber wie eine reiche Quelle quillt und rieselt, wenn er in seinem Element lebt.
20. Februar 1903

Am 20. März 1903 ist Paula Modersohn nach zweieinhalbmonatiger Abwesenheit wieder in Worpswede. Endlich hat sie sie alle wieder um sich, ihren Mann, die kleine Elsbeth, die Mutter, die Alten aus dem Armenhaus, die Bauernkinder. «Ich komme unseren Leuten hier wieder nahe, empfinde ihre große biblische Einfachheit», notiert sie in ihr Tagebuch. Obwohl noch einmal Schnee gefallen ist und ein kalter Wind um die Hausecken pfeift, streift sie erwartungsvoll durch ihren Garten und schaut, ob sich schon Tulpen und Narzissen regen und kein Nachtfrost den Blütenansätzen der Obstbäume geschadet hat. Beglückt stellt sie fest, daß ganz nahe der Veranda ein Rotkehlchenpaar nistet.

Das «Gesunde» an ihrer Pariser Reise sei, notiert die Künstlerin in ihrem Brünjes-Atelier, daß sie einen «großen Drang nach Natur von Rodin, Cottet und Paris» mitgebracht habe. «Es brennt in mir ein Verlangen, in Einfachheit groß zu werden.»

Bei mir gleitet das Leben Tag und Tag dahin und gibt mir das Gefühl, als ob es mich zu etwas führe. Und dieses hoffende, steigende Gefühl ist wohl die stille Seligkeit meiner Tage. Es ist merkwürdig, daß das, was man für gewöhnlich Erlebnisse nennt, in meinem Leben so wenig Rolle spielt. Ich habe, glaube ich, auch

welche. Aber sie scheinen mir gar nicht das Hauptsächlichste im Leben, sondern das, was zwischen ihnen liegt, der tägliche Kreislauf der Tage, das ist für mich das Beglückende. (...)
Ich lebe, glaube ich, sehr intensiv in der Gegenwart.
20. April 1903

Ein sommerlicher Familienurlaub auf der Nordseeinsel Amrum von Anfang Juli bis Anfang August unterbrach die künstlerische Arbeit. Da Elsbeth während der Ferienzeit an Masern erkrankt war und von der Großmutter in Bremen gepflegt wurde, verbrachte auch Paula nach ihrer Rückkehr aus Amrum noch ein paar Tage im elterlichen Haus in der Wachtstraße. Aber wie schnell ihre Ungeduld wuchs. Sie wollte nach Worpswede, heraus aus der Stadt, heraus aus dieser «Verbannung», wie sie die Zeit in Bremen empfand: «Hunderttausend Gespräche und doch kein einziges ordentliches, befriedigendes bis auf den Grund.» Wie sehr sie die Reise in ihr Worpsweder «Paradies» herbeisehnte!

Kaum hat sie sich eingelebt, nimmt Paula Modersohn ihren strengen Tageslauf wieder auf und verbittet sich jede Störung. Auffallend an ihrer Arbeit in dieser Zeit nach Paris ist, daß sie sich immer weniger für die Landschaft interessiert. Neben den Kinderbildnissen malt sie jetzt Stilleben. Das «Stilleben mit Äpfeln» und «Stilleben mit venezianischem Spiegel», zwei farbig zarte, eher leicht wirkende Bilder, lassen den französischen Einfluß deutlich erkennen.

Paulas Schaffen ist unermüdlich. Doch je mehr die Künstlerin in ihrer Arbeit aufgeht, desto geringer wird die Zeit, die sie mit ihrem Mann verbringt. «Der geistigen Interessen meiner Paula freue ich mich sehr – nie könnte sie versimpeln», notiert der Maler in sein Tagebuch, «nur etwas mehr zusammen und miteinander möchte ich unser Leben haben, dann wäre es ideal zu nennen.» Es stimmt Modersohn auch traurig, daß ihn seine Frau immer seltener auf seinen Spaziergängen ins Moor begleitet. Wenn sie sich doch etwas weniger zurückziehen und ein bißchen mehr Familiengefühl zeigen würde! Kommt es ihr gar nicht in den Sinn, daß auch er sie braucht?

Leider muß Otto Modersohn außerdem feststellen, daß Paula in letzter Zeit häufig sehr schnell aufbraust. Sei es, weil sich das neue

Hausmädchen, zu dem sie noch kein rechtes Vertrauen hat, in ihren Augen zu dumm anstellt, oder sei es, weil Elsbeth zu viel redet und zu viel Lärm beim Spielen macht. Kürzlich ist Paula sogar ganz böse geworden. Beim Briefeschreiben im Wohnzimmer hatte sie sich durch Elsbeths ewige Wünsche gestört gefühlt. Solcherart Dinge könne sie nur bei Brünjes tun, hatte sie gerufen und fluchtartig das Wohnzimmer verlassen.

Wenn das Ehepaar gemeinsam Paulas Bilder betrachtet, reagiert die Malerin oft sehr gereizt und ungeduldig auf das Verhalten ihres Mannes. Paula merkt, daß er irritiert ist und nach Worten sucht. Seit einiger Zeit scheint es ihm schwerzufallen, sich zu ihrer Arbeitsweise zu äußern. Seinem Tagebuch vertraut Otto Modersohn an:

> Bei Meyers Arbeiten von Reyländer und Paula. Reyländer sehr unangenehm, oberflächlich, konventionell, äußerliche Geschichte hingeschlenkert, eine gefährliche Art, bei der es keine Entwicklung gibt. X Leute auf der Akademie sind so. –
> Paula das Gegenteil. Sie haßt das Konventionelle und fällt nun in den Fehler, alles lieber eckig, häßlich, bizarr, hölzern zu machen. Die Farbe ist famos, aber die Form, der Ausdruck. Hände wie Löffel, Nasen wie Kolben, Münder wie Wunden, Ausdruck wie Kretins. Sie ladet sich zuviel auf. Zwei Köpfe, vier Hände auf kleinster Fläche, unter dem tut sie es nicht, und dazu Kinder. Rat kann man ihr schwer erteilen, wie meistens.
> *26. September 1903*

Fünf Tage später notiert Otto Modersohn:

> Alle besticht Äußerliches, das ist die wahre Größe, vor der ich mich allein beugen würde, wo das nicht der Fall ist. So war Rembrandt und so Beethoven, Titel und Rang, Geld und Pracht (...) – das blendet die Menschen – statt daß der innere Wert und Gehalt allein ausschlaggebend sein müßte. (...) Paula ist selten darin – sie schätzt das Wahre, sie würde nie durch Äußerlichkeiten geblendet.
> *1. Oktober 1903*

In der Adventszeit des Jahres 1903 waren Otto und Paula Modersohn für ein paar Tage zu den Eltern Modersohns nach Münster gefahren. Sehr wohl fühlte sich das Ehepaar dort offenbar nicht: «Die alten Leute hatten in jeglichem Ding solch eine zähe, stille oder laute Opposition», schrieb Paula Modersohn Ende November an ihre Schwester Milly. «Otto wird dann in ein paar Tagen wie ausgewischt.» Sie nenne ihn dann nur noch ihr «Pastörken», weil er so etwas «Blasses, Ernstes» habe. Tatsächlich war es Otto Modersohn während der Herbstmonate nicht sehr gutgegangen. «Ein paar nervöse, beängstigende Herzklopfen» hatten ihn beunruhigt. Aber nun flatterte er wieder in seinem braunen Mantel durch die Winde, ließ Paula die Schwester wissen, stehe in seinem Atelier und male:

> Er hat sich an seinen kleinen gezeichneten Kompositionen wieder das rechte Gleichgewicht geträumt. Diese kleinen Blättchen bilden für mich das Schönste, Einfältigste, das Zarteste und Gewaltigste von Ottos Kunst. Sie sind der direkteste Ausdruck seines Gefühls. Die hat er sich angesehen, wieder und wieder angesehen, hat sie in drei verschiedene Größen eingeteilt, und nun kleben wir sie mit Liebe und Sorgsamkeit auf. Wohl siebenhundert an der Zahl. Diese kleinen Dinger haben für mich so etwas Rührendes. Sie sind sein Schönstes, die meisten haben sie noch gar nicht gesehen, und die sie gesehen haben, von denen haben es die meisten noch gar nicht gemerkt.
> *30. November 1903*

Otto Modersohn hatte, im Hinblick auf eine Reihe von Ausstellungen, in den Herbst- und Wintermonaten 1903 eine Fülle von Bildern gemalt, Frühlings- und Herbstbilder, «viel Schönes», wie Paula bewundernd notierte. Auch war er oft zum Zeichnen gekommen und hatte in den Abendstunden viele Gedanken zu seinen neuen künstlerischen «Idealen» in das kleine Heft mit dem grünen Umschlag getragen. Paula hingegen erschien der Winter viel zu lang und trüb, und sie war unzufrieden mit dem Resultat ihrer Arbeit. Wie sehr sie diese dunklen, regenreichen Tage in ihrer schöpferischen Kraft hemmten! Otto Modersohn hingegen fühlte sich bei jedem Wetter wohl. Er liebte den Herbst, die Stürme, den Regen. Aber sie?

Kaum Schnee, kein Eis – wenn sie sich wenigstens auf den Schlittschuhen hätte austoben können! Aber statt dessen diese Grippe, die so hartnäckig war und alle Lebensgeister lähmte. Wie sehr sie sich nach einem Sonnenstrahl sehnte! Sie sei «in dieser Zeit nicht so recht im Malen drin», schrieb Paula am 18. Januar 1904 an Milly Becker, «dafür lese ich tüchtig, hauptsächlich französisch. Ich möchte der Sprache noch ein wenig näher kommen.»

Otto Modersohns Reise nach Münster im April gab Paula Gelegenheit, ihre Zeit «nach Gutdünken» so zu verbringen, wie es ihr gerade gefiel, und Dinge zu tun, die sonst unterblieben. Anemonen ausgraben und in den kleinen Wald pflanzen, Elsbeths Puppenkleider aus der Kiste holen und waschen. Bei Bertha bestellte sie süßen Reis mit kalten Schnittäpfeln und Rosinen zum Mittagessen, und abends gab es Bierkaltschale, Speisen, die sie wie ein Kind genoß.

Wie ich Dir adieu sagte, da hatte ich ungefähr so ein Gefühl wie Elsbeth, wenn sie uns glücklich in den Wagen gesetzt hat und nach Bremen abfahren sieht, und denkt, daß sie nun einen ganzen Tag oder zwei vor sich hat, an denen ihr niemand etwas verbietet. Ich fühlte mich so göttlich frei. Und wie ich über den Berg ging und den Lerchen zuhörte, da hatte ich in mir so ein stilles Lächeln, und ein wenig kam über mich das Gefühl: «Was kostet die Welt», wie man es als Mädchen oft hat. Weißt Du, gerade daß Du im Hintergrund meiner Freiheit stehst, das macht sie so schön. Wenn ich frei wäre und hätte Dich nicht, so gälte es mir nichts.
15. April 1904

Die viertägige Trennung von ihrem Mann nutzte die junge Malerin, auch die Nächte in ihrem Brünjes-Atelier zu verbringen. «Und ich bin nach Brünjes gezogen und spiele Paula Becker», schreibt sie an die Schwester Milly. «Mir ist so lieblich wundersam zumute, halb bin ich Paula Becker noch, halb spiele ich sie.» Es sei so merkwürdig, läßt sie Milly Becker vertrauensvoll wissen, daß sie sich jedesmal fast freue, wenn sie und Otto Modersohn getrennt seien. «Man hat den seltenen Genuß, sich von der Ferne geistig anzuschauen, und dann kann man sich schon aufs Wiedersehn freuen, und dann können wir uns auch einmal Briefe schreiben.»

11. KAPITEL

«Mir wird das Stillesitzen hier manchmal sehr schwer»

Juli 1904 – Dezember 1905

Ein gemeinsamer Ausflug mit Martha und Heinrich Vogeler und Paulas Geschwistern Milly und Kurt in das nicht weit von Worpswede entfernte, am Flüßchen Wümme gelegene Dorf Fischerhude vom 2. bis zum 5. Juli 1904 brachte eine willkommene Unterbrechung in den Worpsweder Sommer. Im Anschluß an diese Tage fuhren Otto und Paula Modersohn am 7. Juli nach Berlin und Dresden. Das Ehepaar unternahm Touren in die Sächsische Schweiz und besuchte dort auch Paulas Großmutter Bianca von Becker, eine geborene von Douaillier.

Die Rückreise ging über Kassel und Braunschweig. Schon seit langem hatte Otto Modersohn seiner Frau in den Galerien dieser beiden Städte die Bilder Rembrandts zeigen wollen. Ende Juli fuhren die Modersohns zusammen mit Herma Becker, Heinrich Vogeler, dem Schweizer Maler Louis Moilliet, einem Freund August Mackes, noch einmal für zwei Tage nach Fischerhude. «Große Baderei», notierte Otto Modersohn anschließend in sein Reisetagebuch. «Hinterher Frühstück im Akt.» Und Heinrich Vogeler erinnerte sich:

> Gegen Abend hatten wir uns noch ein Boot genommen. Geräuschlos glitt der schwarzgeteerte flache Kahn auf dem dunklen Moorfluß dahin. Still horchten die Insassen auf das gurgelnde Wasser unter den Wurzeln der alten Erlenbäume am niederen Ufer. Dumpf stöhnte eine Kuh, die sich wie ein mächtiges Gebäude vom Abendhimmel abhob.
> Das Boot stieß ans Ufer. (...)
> Wir lagerten uns am trockenen Heidehang. –
> Aber wo waren die Frauen geblieben? Die gelbe Mondscheibe begann heller zu leuchten im blaßblauen Himmel. Da wies einer der Freunde nach der runden Uferweide am Fluß und flüsterte: «Seht die Frauen!» In diesem Augenblick sahen alle, wie sich der

Weidenbusch teilte und die zwei Frauen, Paula und Herma, heraustraten. Ihre Kleider hatten sie bis auf einen schmalen Schleierschal abgelegt. Nun überflutete das Mondlicht ihre schönen Körper. Wiegend kamen sie sich entgegen, ihre Hände fingen sich, schwangen hoch und trennten sich, gingen auf und nieder, einten sich und gaben den Schwung zur Trennung und zum wirbelnden Tanz. Einer weihevollen Stunde künstlerischen Ausdruck zu geben, das war das Wesen Paulas.
Undatiert

Paula Modersohns wenigen Aufzeichnungen aus dem Jahr 1904 ist zu entnehmen, daß sie schon Anfang November wieder mit dem Gedanken spielt, dem Worpsweder Winter zu entfliehen. Sie sehnt sich fort aus dieser «Zeitlosigkeit», wie sie die trüben, einander so gleichenden Wintermonate nennt. Klirrende Kälte wünscht sich Paula, Schnee und Sonnenschein und weite Eisflächen, auf denen sie ihre Lust an körperlicher Bewegung ausleben kann. Schlittschuhlaufen möchte sie oder wenigstens den Weyerberg herunterrodeln.
Sie habe im Winter eine schlechte Arbeitszeit gehabt, schrieb Paula am Weihnachtssonntag an Herma Becker nach Paris. Die Schwester arbeitete dort seit Oktober als Au-pair-Mädchen und gab Deutschunterricht, um sich Geld für ihr Französischstudium zu verdienen. Es sei deshalb ein recht geeigneter Zeitpunkt für eine Anregung von außen, ließ Paula die Schwester wissen. «Und darauf lebe ich jetzt.»
Wieder war Paris das Ziel.

Sein definitives Ja hat Otto mir zwar nicht gegeben; aber er merkt doch, daß ich so große Sehnsüchte nach meiner Stadt habe, daß man ihnen keinen Wall entgegensetzen kann. Und dann ist meine Ehe ja auch so, in vielen kleinen Dingen gebe ich nach, wird es mir auch nicht schwer, nachzugeben, in einigen großen Dingen könnte ich fast nicht nachgeben, wenn ich es auch gern wollte. In diesem Falle will ich es natürlich nicht gern.
24. Dezember 1904

Auch an den Freund Carl Hauptmann schrieb Paula einen Brief. Mit ihrem Dank für seine Weihnachtsgeschenke, die «große Wunderkiste» mit «wundervollen alten Tellern und merkwürdigen komischen Bildern», erwiderte sie den Wunsch nach einem Wiedersehen in Schreiberhau. Der schlesische Winter mußte doch prachtvoll sein! Schreiberhau und Paris miteinander zu vereinen – das allerdings hielt Paula für unmöglich. Immer nur eins zur Zeit, und dieses in sich fortwirken lassen. Das war sowohl ihre Auffassung als auch die Otto Modersohns.

Und so heißt es in dem Brief an Carl Hauptmann:

(...) ich habe diesen Winter einen Durst nach der Stadt Paris. Ich möchte für ein paar Monate ordentlich im Leben drin sein, viel sehen und hören. Ich bin noch zu jung, als daß ich immer hier sitzen darf. Es wird sehr schön für mich werden, denn Paris ist für mich d i e Stadt. Schön und sprudelnd und gährend, und man selbst taucht ganz darin unter.
3. Januar 1905

Während Otto Modersohn über die bevorstehende Trennung von seiner Frau nicht sehr glücklich ist, kann Paula den Tag ihrer Abreise kaum noch erwarten. Gewiß wird sich ihr Mann ganz schnell an sein vorübergehendes Alleinsein gewöhnen, beruhigt die Malerin ihr schlechtes Gewissen und ist sich ganz sicher, daß ihr anschließendes Wiedersehen wundervoll sein wird.

«Ganz schnell komme ich zu Dir, um Dich zu fragen, wie die Dinge jetzt stehen», wendet sie sich am 2. Januar 1905 verschwörerisch an die Schwester Herma, und am 9. Januar schreibt sie: «Ich zähle die Tage.» In dem kleinen Hotel in der Pariser Rue Cassette wird ein Zimmer bestellt. Das Datum der Abreise soll der 14. Februar 1905 sein. Paula schreibt an Herma Becker:

Die nächstliegende Hauptsache im Weltenbestande ist ja, daß eine gewisse Paula Modersohn sich am nächsten Dienstag, dem 14., von ihren Penaten entfernt und in der Nacht von Dienstag auf Mittwoch sich nach Paris begibt, wo sie am Mittwoch beim Billettknipser in Deine braunen Arme zu fliegen gedenkt. Solltest

Du mich nicht erkennen, so will ich Dir vorher schon melden, daß ich eine graue Jacke trage und einen Reithut auf dem Kopf, den die meisten Leute nicht leiden mögen; ich hoffe aber sehr auf Deinen guten Geschmack.
9. Februar 1905

Noch am Tag ihrer Ankunft in Paris, am 15. Februar, wirft Paula zwei Postkarten an Otto Modersohn in den Briefkasten. «Je suis la tienne, Ta petite Parisienne», reimt sie gutgelaunt in einem deutsch-französischen Kauderwelsch. Trotz des Telegramms aus Worpswede ist Herma nicht an den Bahnhof gekommen, um Paula abzuholen. Und ihr hübsches Zimmer mit der Aussicht auf den alten Garten und die Kastanie in der Rue Cassette ist besetzt. Das betrübt sie. Dafür habe man ihr eine kleine ungemütliche Kammer gegeben, berichtet sie ihrem Mann: «Du weißt, ich bin zuerst immer unglücklich, so bin ich es auch jetzt.»

Meine Stimmung ist noch immer etwas moll, und ich kann noch nicht heran zu den Dingen und fühle mich durch manches bedrückt, hauptsächlich, daß ich kein anständiges Heim habe. Ich blicke zu Dir wie durch Nebel, wie in ein anderes Leben.
17. Februar 1905

Nur wenige Tage nach ihrer Ankunft findet Paula einen kleinen Raum in der Rue Madame Nummer 65 im Siebten Arrondissement ganz in der Nähe des Jardin du Luxembourg. Das Zimmer liegt im fünften Stock eines schmalen Hauses und kostet fünfundvierzig Francs im Monat, hat ein «prachtvoll gemütliches Himmelbett, Schrank, Tisch, Stühle, Kamin». Groß ist das Glück über den kleinen Balkon, auf dem sie so manchen schönen Abend mit Herma verbringen wird.

Dieses Mal belegt Paula ihre Malkurse nicht an der Akademie Colarossi, sondern bei Julian. «Meine frühere Akademie Colarossi ist sehr auf den Hund gekommen, bald nachdem ich wegging oder vielleicht darum», begründet sie ihre Entscheidung. Außerdem hat die Akademie Julian in ihren Augen «den Vorzug, daß nicht so entsetzlich viel Engländerinnen da sind, die ich mißbillige mit ihrer alles beherrschenden lauten Sprache». Hat sie schlechte Erinnerungen an England? Bei Julian malt Paula von acht bis elf Uhr morgens Akt. Eine gute Zeit, wie die junge Künstlerin zufrieden feststellt. So kann sie die restlichen Vormittagsstunden noch für ihre Museumsbesuche nutzen. Eines fällt Paula seit dem ersten Tag auf: Wenn sie morgens in ihrer grauen Jacke in die Akademie geht, den kleinen grau-weißen Herrenhut auf dem Kopf, ihren «petit chapeau gris», merkt sie, daß sie von den Menschen, die an ihr vorübereilen, angestarrt wird. Man dreht sich nach ihr um, und wenn sie sich zur Mittagsstunde ihren kleinen Imbiß in der Crémerie holt, flüstern selbst die Verkäuferinnen hinter vorgehaltener Hand und verfolgen Paula mit ihrem Gekicher. Als sich die Malschülerin eines Tages eine Ausstellung in der Galerie Durand-Ruel anschaut, hört sie, wie der Portier einem Kollegen zuraunt: «C'est une anarchiste.»

Sie soll aussehen wie eine Anarchistin? Wie kann es sein, daß ihr geliebter kleiner grauer Hut für so viel Aufregung sorgt? Nein, noch einmal will sie weder ausgelacht noch als Anarchistin dargestellt werden! Kurz entschlossen nimmt Paula den Omnibus, der die Rue de Rennes in St. Germain hinunter bis zum «Bon Marché» fährt, und findet die Hutabteilung gleich im Parterre des Kaufhauses. Natürlich gefällt sie sich mit dem neuen Hut lange nicht so wie mit ihrem kleinen Grauen, den sie in der Handtasche verschwinden läßt. Gemein! denkt sie und muß sich wirklich wundern, wie «kolossal mokant» die Franzosen sein können.

> Im Atelier ist es komisch, lauter Französinnen, die sehr amüsant sind. Ich habe nur noch große Angst vor ihnen, weil sie so leicht lachen. Sie malen aber wie vor hundert Jahren, als ob sie die Malerei von Courbet an nicht miterlebt hätten. Die meisten kennen auch nichts davon (...)
> Meine Malerei sehen sie sehr mißtrauisch an, und in der Pause, wenn ich den Platz vor meiner Staffelei verlassen habe, dann stehen sie mit sechsen davor und debattieren darüber. Eine Russin fragte mich, ob ich denn das auch wirklich so sähe, wie ich das mache, und wer mir das beigebracht hätte. Da log ich und sagte stolz: «Mon mari.»

Darauf ging ihr ein Talglicht auf, und sie sagte erleuchtet: «Ach so, Sie malen, wie Ihr Mann malt.» Daß man so malt wie man selber, das vermuten sie nicht.
23. Februar 1905

«Mein Rother-Rex», «Mein lieber, lieber Mann», «Mein lieber König». Viele Briefe gehen an Otto Modersohn. Innige, liebende Briefe. «Deine kleine Pariserin», schreibt sie, «Dein liebes Weib», «Deine petite femme aimante». Zu seinem Geburtstag am 22. Februar versichert Paula ihrem Mann mit all ihren Wünschen «für Kunst und Leben und Leben und Kunst», daß sie ihm lieber «größere und schönere» Sachen als nur ein paar «drollige Daumiers und ein kleines japanisches Bilderbuch» schicken würde, «aber damit warte ich noch einige Jahre, bis Du oder ich oder wir beide die nötigen Füchse zusammengebracht haben.»

Trotz Paris wurde das Zuhause in Worpswede nicht vergessen. «Laß doch von Marnken kleine zierliche Nistkästen machen, in der Größe, wie sie bei Postbote Welbrock hängen», forderte Paula ihren Mann auf, und weil sie die Neugier der Haushälterin kannte, gab sie Otto Modersohn die Anweisung: «Haltet nur weiter die Zügel stramm, laßt nie die Schlüssel liegen, und nagele doch das Fenster zur Küche zu.» Schließlich mußte Lina ja nicht jedes Gespräch zwischen ihm und ihrer Mutter mithören können. Paula war sehr beruhigt darüber, ihre Mutter bei Otto Modersohn und Elsbeth zu wissen: «Heizt Lina ihr auch, damit sie es schön warm hat?»

Oft wandern ihre Gedanken nach Worpswede. Paula träumt von ihrem Garten im Sommer und wünscht sich von ihrem Mann: «Gehe doch nach Gärtner Hatjen und laß nach der Straße hin eine Reihe nicht zu großer Tannen pflanzen, die unsere luftbadenden Leiblein vor den Blicken der vorbeiziehenden Menge decken können.»

Au revoir, mon chéri, mon coucou, sagen hier die kleinen verliebten Mädchen. Ich küsse Dich innig. Mache nur wieder fleißig Luftbad, daß Du dann wieder in Fischerhude glänzen kannst. Ich bade jetzt auch abends und morgens schön Luft und freue mich in meinem lebensgroßen Spiegel meiner Kurven und Rundungen.
15. März 1905

In ihren Briefen an Otto Modersohn schwärmte Paula von herrlichen Fahrten durch Paris auf dem Oberdeck des Omnibusses und erlebnisreichen Ausflügen mit ihrer Schwester Herma. Überall grünte es. «Das Seinetal ist von zauberischem Reize», begeisterte sie sich. «Diese leichte, verliebte, buhlende Landschaft und dies liebelnde, küssende Völklein.»

Paula wünschte sich ihren Mann an ihre Seite. Es war Frühling. Und diesen Frühling wollte sie mit ihm zusammen erleben, als sei es ihr erster. «(...) mein Herz ist voll von Liebe zu Dir und zählt die Tage und mag nicht länger warten.»

Wie glücklich sie die «tausend Mark Vorfrühling» machten, die ihr Otto Modersohn auf einer Postkarte angekündigt hatte, nachdem er kürzlich ein paar seiner Bilder verkaufen konnte.

Victor Hugos «Hernani» in der Comédie française, Konzerte, ein Besuch des Varietés «Folies Bergères», Tanz bei Bullier im Quartier Latin. In Paris ist Karneval. Konfettiwerfen auf den großen Boulevards, Gitarrenmusik. Ein erstes Rendezvous mit zwei Bulgaren auf der Café-Terrasse, ein zweites im Luxembourg-Garten. Für Herma interessiert sich ein Rechtsstudent, für Paula ein Bildhauer. «Meiner, der sonst im ganzen, was Wissen und Schönheit anbelangt, den Vorzug hat, der spuckt», vertraut sie ganz offen Otto Modersohn an und fügt hinzu, daß Herma und sie alles großmütig geschehen ließen und nur gelegentlich einen kleinen Wink zu geben versuchen. «Wenn sie mit uns zusammenkommen vorher keine Gerichte mit Knoblauch essen und so weiter, was sie sich alles ganz gehorsamst sagen lassen.»

Allein, «ohne Bulgaren», fuhren Paula und Herma nach St. Germain-en Laye, um Maurice Denis in seinem Atelier zu besuchen, denn dort habe man «doch den Haupteindruck». Über diesen Besuch schreibt Herma Becker Ende März an ihre Mutter nach Bremen:

Dann machten wir einen Besuch bei einem Maler Maurice Denis, der da sein Häuschen, seinen Weinberg und sein Atelier mit einem schönen Blick auf die Hügel hat. Das war ein reizender Mensch mit Träumeraugen wie Heinrich Vogeler. Er scheint Katholik von

Herzen zu sein und malt viel Bilder aus der heiligen Geschichte mit großer Einfachheit und Innerlichkeit. Dann gingen wir in eine kleine Kirche in Le Vésinet, in der er die Kapelle ausgemalt hat, wunderschön.

31. März 1905

Zu Vuillard will Paula ebenfalls gehen, und es zieht sie auch wieder zu Rodin nach Meudon. «Merkwürdig, diesmal wirken auf mich die alten Meister nicht so stark, sondern hauptsächlich die aller-allermodernsten.» Die aller-allermodernsten. Das sind die Nabis, das ist Maillol mit seinen kleinen Figuren, die Paula sehr gefallen, das ist Gauguin. Der Name Picasso fällt nicht in ihren Aufzeichnungen, aber es ist zu vermuten, daß Paula sowohl bei Vollard als auch in der Galerie Serrurier Bilder des Spaniers gesehen hat, die dort vom 25. Februar bis zum 6. März 1905 ausgestellt waren. Picasso war 1904 endgültig nach Paris übergesiedelt.

Auf das, was in dem eben eröffneten «Salon des Indépendants» gezeigt wird, reagiert Paula Modersohn kritisch: «Viel Schmus, die Wände mit Sackleinwand bekleidet und eine jurylose Anzahl Bilder, die alphabetisch geordnet bunt die Sinne verwirren (...), dümmste Konvention neben exzentrischen Pointillierversuchen.» Und dann noch: «Retrospektivausstellungen von van Gogh und Seurat, die einen auch nicht klüger machen als zuvor.» Dieses Paris mit seinen Launen!

Sehr pariserisch geht es auch auf einer Ausstellungseröffnung bei Georges Petit zu, für die Paula eine Einladung bekommen hat. Viel Eleganz und Handküsse. Aber auch diese «Kerls mit den Schlapphüten und ihren Weibchen» können Paula wenig beeindrucken. Und zwischen all diesen Menschen die ausstellenden Künstler. Paula wird von Cottet begrüßt. Er hat sie kürzlich in ihrem Atelier besucht, und sie ist auch bei ihm gewesen. Während der Ausstellungseröffnung macht man sie auch auf den Spanier Ignacio Zuloaga aufmerksam. Seine Erscheinung scheint Paula nicht besonders zu imponieren.

Durch Rilke hatte Paula Modersohn das norwegische Schriftstellerehepaar Johann und Ellen Bojer kennengelernt, das in Paris lebte. Selten genug, daß Paula Menschen begegnete, die ihr auf Anhieb gefielen. Diese mochte sie. «Er machte einen derbgesunden, stachelhaarigen Eindruck, frug gleich, ob ich auch Vegetarierin wäre, weil ihm das Fleischlose in Rilke wohl etwas auf die Nerven gefallen war.» Besonders zu Ellen Bojer entwickelte Paula sofort eine herzliche Beziehung. Sie bewunderte die Anmut und Schönheit und deren «Wesen ohne Falsch». Diese Frau erwartete ihr drittes Kind und blickte dem Ereignis mit Sorge entgegen. Ihre Furcht, es könne ihr und ihrem Mann zuviel werden, nahm Paula mit Wehmut zur Kenntnis: «So geht es, bei einigen geht es zu schnell, bei anderen zu langsam», schrieb sie an Otto Modersohn.

Während Paula in Paris eifrig ihren Malstudien nachgeht, das allabendliche Treiben auf den Boulevards genießt, tanzt und flirtet, treffen bei Otto Modersohn in Worpswede traurige Nachrichten aus Münster ein. Der schon seit langem schlechte Gesundheitszustand seiner Mutter ist inzwischen besorgniserregend. Der Konflikt des Malers ist groß: Hier Paulas Post aus Paris mit dem dringenden Wunsch an ihn, zu ihr zu kommen, dort die kranke Mutter und ein verzweifelter Vater. Sein Gefühl sagt ihm, daß er nach Münster fahren muß. Er sitzt an ihrem Bett, als Luise Modersohn am 8. März stirbt.

«Nun ist auf einmal plötzlich Trauer in Dein Leben eingetreten, und ich bin nicht bei Dir, Dir die Hand zu drücken», schreibt Paula am 10. März voller Mitgefühl an ihren Mann. «Wie merkwürdig spät ist die Beerdigung», wundert sie sich und überläßt ihm die Entscheidung, ob sie zu diesem Tag nach Münster kommen soll oder nicht.

> Es sind schwere Tage, die Du durchlebst. Du mußt mir bitte ganz ehrlich schreiben, ob Du die Empfindung hast, daß ich auch nach Hause kommen soll. Wenn Du denkst, Du fühlst Dich einsam ohne mich, so schreibe es mir doch bitte. Ich habe hier gerade viel Schönes und Inhaltvolles gesehen und fühle, daß noch vieles ist, was mich äußerst interessiert, und ich möchte Dich bitten, die Reise hierher vielleicht doch nicht aufzugeben.
> *10. März 1905*

Du mußt nicht kommen! entscheidet Otto Modersohn für seine Frau in Paris. Zu genau weiß er, wie schwer ihr eine Unterbrechung fallen würde. Kurz bevor sich in Münster der Trauerzug in Bewegung setzt, um Louise Modersohn zu begraben, nimmt Paula den Omnibus und fährt hinauf zum Montmartre.

> Heute, zur Stunde, als Ihr Deine liebe Mutter der Erde übergabt, war ich auf dem Montmartre bei der immer noch unfertigen Sacré Cœur, unter mir Paris. (...)
> Wie merkwürdig diese Stimme, die in uns wohnt und uns regiert und führt. Wie seltsam dieser Hunger, den unsere Seele spürt und der nie zu stillen ist. (...)
> Schreibe mir bitte umgehend, wie Du Dich fühlst. Wie Du empfindest. Ob Du es richtig findest, wenn ich hierbleibe, mich nicht zu sehr vermißt. Wie es um Dein Kommen steht. Lieber.
> *11. März 1905*

> Leben und Tod geben sich die Hand. Mir legte ein lächelnder, blonder Franzose am Mardi gras einen Veilchenstrauß in die Hand. Ich schickte ihn nach Münster zu Ottos kranker Mutter. Man gab ihn ihr in die toten Hände.
> *Tagebuch, 14. März 1905*

Bring meinen braunen Hut von Milly mit! bittet Paula ihren Mann am 24. März und schickt ihm den Schlüssel für ihre Kommode. Ihre Vorfreude ist ungeheuer. Wäre sie frei, so würde sie mindestens noch für ein weiteres halbes Jahr auf die Akademie gehen. Otto! schreibt sie, «Dir wäre es auch gut, Du wirst es wohl aber nicht finden».

Eigentlich fühlt sich Otto Modersohn so kurz nach dem Verlust seiner Mutter ganz und gar nicht in der Stimmung, nach Paris zu fahren. Wieviel lieber wäre es ihm, er könnte zu Hause bleiben und Paula bald wieder in Worpswede in die Arme schließen. Aber wie stark ihr Drängen ist! Den Briefen seiner Frau entnimmt der Maler eine Leichtigkeit, einen Frohsinn und eine Lebenslust, die ansteckend wirken. Wird er diese Stimmung in einer so schwer auf ihm lastenden Zeit mit Paula teilen können? Obwohl er befürchten muß, daß sich die Tage in Paris nicht so gestalten werden, wie es sich Paula erhofft, entschließt sich Otto Modersohn zu der Reise.

Am 29. März, abends um halb sieben, rollt der Nordexpreß Bremen–Paris in den Gare du Nord ein. Aus Worpswede sind gekommen: Otto Modersohn mit Paulas Schwester Milly, das Ehepaar Vogeler und Maria Vogeler. Paula empfängt die kleine Truppe aus der Heimat am Bahnhof. In ihrem Hotel in der Rue Madame hat sie Zimmer für die Gäste belegen lassen. Es ärgert sie, daß der Himmel tief hängt und der Regen so heftig ist, daß die kleine Gesellschaft nicht auf dem Oberdeck des Omnibusses sitzen kann, wie Paula es so liebt. Wie gern hätte sie ihren Freunden dieses Vergnügen gleich zu Beginn ihres Aufenthalts in der karnevalistisch gestimmten Stadt gegönnt.

Die Freude des Wiedersehens ist groß. Paula organisiert Ausflüge nach Meudon und Versailles. Zum Abendessen trifft man sich in der Brasserie Universelle, die für ihr gutes Hors d'œuvre bekannt ist, oder in kleinen Kellerkneipen im Quartier Latin. Wahrscheinlich sind Paula und Otto Modersohn dabei, als Heinrich Vogeler den russischen Bildhauer Archipenko aufsucht, zu dem der Vogeler-Freund Karl Emil Uphoff den Kontakt hergestellt hatte.

Paula beobachtet, daß Otto Modersohn gedanklich abwesend ist, daß er sich durch das Treiben und den Trubel in den Straßen eher gestört als animiert fühlt und mit Zurückhaltung auf das gemeinsam Erlebte reagiert. «Eifersucht!» wird sie sich ihrer Schwester Herma gegenüber erregen, «Eifersucht auf Paris, französische Kunst, französische Leichtigkeit, Boulevard Miche, Bulgaren etc.» Wie anders könnten diese Tage aussehen! Wieder einmal kann er nicht «mitschwingen». Was hat sie sich in ihren Phantasien und Träumen nicht alles vorgestellt! Statt dessen verdirbt er ihr die Zeit mit seiner Übellaunigkeit und Schweigsamkeit und unterstellt ihr obendrein auch noch, daß sie sowieso am liebsten in Paris bleibe und von Worpswede gar nichts mehr halte.

Über diese Pariser Tage, die nach seinen eigenen Worten «nichts weiter als eine Kette von Mißverständnissen» waren, wird Otto Modersohn später schreiben:

Wie freute ich mich auf Paris und die Tage mit Dir (...), da trat der Tod meiner Mutter ein, ich lebte in großer Bedrückung 14 Tage an der Seite meines bekümmerten Vaters. Ich mochte nicht auf Paris verzichten, und doch hätte ich es lieber tun sollen, dann wäre vielleicht manches anders geworden. Ich hatte mir mehr zugetraut: Ich traf Dich strahlend, jubelnd, ich konnte den Takt nicht finden (...) mir war oft so weh zumute, wenn ich mich zu Vogelers hielt, während ich doch an Deine Seite gehörte, gerade da. Wie Dein Vater starb, da war Deine Trauer auch meine Trauer. Und wenn Dir meine Mutter auch fern gestanden, ich hatte doch Trauer, da war es doch gewiß nicht unnatürlich, wenn Du meiner Stimmung etwas Rechnung getragen hättest. Daraus entwickelte sich nun eine Gegenstimmung.
27. Februar 1906

Zu den wichtigen Ausstellungen, die Paula und Otto Modersohn in diesen gemeinsamen Pariser Tagen besuchten, gehörten im Rahmen des «Salon des Indépendants» die große Seurat-Retrospektive mit 44 Werken des Pointillisten, die Ausstellung von 45 Bildern van Goghs, die Paula zuvor schon einmal allein gesehen hatte, und die Bilderschau von Malern wie Pierre Bonnard und Maurice Denis, Maurice de Vlaminck und Raoul Dufy, Théodore Rousseau, Paul Signac, Edouard Vuillard, Edvard Munch und Käthe Kollwitz. Auch von Henri Matisse wurden während des «Salon des Indépendants» acht wichtige Bilder gezeigt. Im Herbst des Jahres sollte dieser Künstler noch großes Aufsehen auf dem Pariser «Salon d'Automne» erregen. Der Gruppenname «Les Fauves» – die Wilden – wurde anläßlich dieser Ausstellung geboren.

Otto Modersohns Tagebuchnotizen ist zu entnehmen, daß er zusammen mit Paula die Kollektion von Bildern Gauguins aus der Sammlung Fayet gesehen hat. Der Sammler hatte neben einer Reihe von Holz- und Keramikplastiken zwanzig Bilder Gauguins, einige Aquarelle und Zeichnungen erworben. Die Frage, wo das Ehepaar Modersohn die Fayet-Sammlung gesehen hat, muß unbeantwortet bleiben. Erst im Herbst nämlich wurde sie der Öffentlichkeit im Zusammenhang mit der großen Gauguin-Retrospektive im «Salon d'Automne» vorgestellt.

«Gestern, zur Feier Deines Geburtstags, habe ich hier auf meinem Zimmer auch ein Stilleben gemalt: Apfelsinen und Zitronen, die sehr lockten», hatte Paula am 22. Februar 1905 an ihren Mann geschrieben.

Das Stilleben wird in diesem Jahr zum wichtigsten Thema der Künstlerin. Bei Cézanne hatte sie das spannungsreiche Spiel zwischen Volumen, Perspektive und Fläche studiert, bei Gauguin reizten sie die starke Farbigkeit und die geschlossene Form. Paula Modersohn wählt einfache Gegenstände aus ihrer unmittelbaren Umgebung. Früchte, Blumen, Teller, Becher, Vasen, eine Flasche, einen antiken Tonkrug. Sie arrangiert diese Dinge auf einem Tisch oder zwischen den schweren Falten eines Tuches und komponiert ihr Bild, baut es auf. Immer mehr löst sie sich von der eher hellen Farbigkeit, wie sie in den wenigen Stilleben von 1903 noch überwiegt, und wählt jetzt vor allem dunkle und schwere Töne, um das monumentale Volumen der Gegenstände zu betonen. Energisch trägt sie eine Farbschicht nach der anderen auf, strichelt und kritzelt gelegentlich mit dem Pinselstiel in die noch feuchte Farbe, um jene Stofflichkeit der Oberfläche, jenes «Duffe» und «Krause» zu erwirken, das charakteristisch ist für ihre Bilder. Gemälde wie «Stilleben mit Früchten», «Stilleben mit Kürbis» und «Stilleben mit Milchsatte» entstehen.

In ihrem Tagebuch wird sie in dieser Pariser Zeit notieren:

> Die Stärke, mit der ein Gegenstand erfaßt wird (Stilleben, Porträts oder Phantasiegebilde), das ist die Schönheit in der Kunst.
> *Undatiert*

Am 8. April 1905 waren Paula und Otto Modersohn wieder in Worpswede. Nichts mehr von Verstimmung, und selbst in der Erinnerung Otto Modersohns an die Tage in Paris schien das Schöne zu überwiegen, das er gemeinsam mit seiner Frau erlebt hatte.

Heftiges Schneetreiben, Hagelstürme und ein schneidender Ostwind erschwerten Paula das Einleben, aber wenn sie an die Birken dachte, die bald grünen würden, und die Veilchen und an das «weiche lichte Gewölk» freute sie sich. Wie sehr liebte sie dieses zurückhaltende Herannahen des Frühlings: «Es ist merkwürdig, wie der Reiz des hiesigen Frühlings gerade in seiner Spärlichkeit beruht.» Ihrer Mutter war sie dankbar dafür, daß sie sich während ihrer zweimonatigen Abwesenheit so liebevoll um Otto Modersohn und die kleine Elsbeth gekümmert hatte:

> Das Nachhausekommen war wunderschön. Für unser weißgestrichenes Verandadach mit den grünen Christelbändern und für die üppigen neuen Stuhlkissen danke ich Dir vielmals. Der kleine helle Raum machte mir vielen, vielen Spaß. Ich danke Dir überhaupt, daß Du in der Zeit, da ich in der Welt herumflog, meine Stelle so lieb vertreten hast. Du hast mir dadurch ermöglicht, den Inhalt meines Lebens zu erweitern. Ich sehe diese Pariser Reisen an als Ergänzung meines hiesigen, etwas einseitigen Lebens, und ich fühle, wie dieses Untertauchen in eine fremde Stadt mit ihren tausend Schwingungen nach zehn ruhigen Worpsweder Monaten mir ungefähr Lebensbedürfnis wird.
> *11. April 1905*

Nicht nur das Verandadach des Modersohnschen Hauses strahlte in frischem Glanz, auch Paulas Atelier war während ihrer Abwesenheit gestrichen worden, und vor ihrem Fenster hatte Hermann Brünjes einen kleinen Garten angelegt, in dem nun Tisch und Bank standen.

«Von uns ist das Gewöhnliche zu melden, es geht uns sehr gut», schrieb Paula an Marie Hill. Humorvoll schilderte sie der Tante Szenen und Ereignisse aus dem Modersohnschen Familienalltag. Sie erzählte von Elsbeth, die ihr kleines weißes Kaninchen an seinen langen Ohren durch den Garten schleppte und Löwenzahnblätter suchte, berichtete von sich, daß sie, wenn sie nicht malte, schlief oder aß, zwei aus dem Nest gefallene Elstern mit Regenwürmern fütterte und beschrieb Otto Modersohns Jagd auf dicke Brummer im Garten, die er als Nahrung für seine Laubfrösche, Molche und Fische brauchte. «Hier ist indes alles beim alten mit einigen kleinen Nuancen», ließ sie Herma Becker in Paris wissen und zählte der Schwester auf: Overbecks werden Worpswede verlassen und nach Vegesack ziehen. Lina hat sechzig Mark Schulden gemacht und muß gekündigt werden. Vogelers erwarten ein drittes Kind, und Clara Rilke ist nach siebenwöchiger Kur auf dem «Weißen Hirsch» in Dresden nach Worpswede zurückgekehrt, «äußerlich sehr erholt aussehend».

Und was machst Du? fragt Paula die Schwester in Paris und bittet umgehend um Antwort. Ungeduld klingt durch. «Ich finde, wir wollen später noch einmal zusammen nach Paris gehen», wünscht sie sich und möchte, daß Herma ihr so schnell wie möglich einen Katalog und biographisches Material über Gauguin schickt.

Gleich in den ersten Tagen nach ihrer Rückkehr aus Paris geht Paula in das Armenhaus und in die Katen am Moordamm, um ihre Modellkinder zu begrüßen. An warmen Nachmittagen sitzt sie mit ihnen in der Wiese, pflückt Sumpfdotterblumen und bindet Frühlingskränze.

Heute habe ich alle meine Modellkinder aufgesucht, und merkwürdigerweise war in allen den vier Häusern, in die ich hineinguckte, ein neuer Hinerk oder eine Metta angekommen. Ich blickte ordentlich neidisch auf all dies zappelnde Leben.
11. April 1905

Das Hauptthema dieses Worpsweder Sommers in Paulas Bildern: die menschliche Figur in der Natur. Kinder, stillende Mütter, Akte, Halbfiguren und Köpfe, frontal und ganz nahe gesehen, im Freien vor einem weiten Himmel, in einem Wald, auf einer Wiese oder zwischen Birkenstämmen. Nur selten bildet ein Interieur den Hintergrund des Bildes wie bei dem bekannten «Worpsweder Bauernkind auf einem Stuhl».

Die Absicht der Malerin, den Einklang von Mensch und Natur zu verdeutlichen, sein harmonisches Eingebundensein in die Landschaft, wird auf zwei ihrer schönsten, sich sowohl inhaltlich als auch formal ähnelnden Gemälden deutlich. Im «Blasenden Mädchen im Birkenwald» stellt Paula Modersohn ein Kind im Profil dar, das, auf einem hölzernen Rohr blasend, mit großen Schritten vor einem sumpfigen Herbstwäldchen entlangschreitet. Das in warmen Braun-, Ocker- und Rottönen gehaltene Gemälde gibt ebenso wie das «Mädchen mit Katze im Birkenwald» die ganz eigene Lebenswelt der Worpsweder Kinder wieder, vertraut und geborgen zum einen, aber auch geheimnisvoll und von zeitloser Allgemeingültigkeit.

Am 15. September war Rilke auf Einladung Rodins zu dem Bildhauer nach Meudon in dessen «Villa des Brillants» gereist, wo er bis zum Mai 1906 als Sekretär arbeiten sollte. Anfang Oktober 1905 folgte ihm Clara, die von Rodin ebenfalls eingeladen worden war. Von Worpswede aus hatte die junge Bildhauerin dem Meister eine Reihe ihrer neuesten Arbeiten nach Paris geschickt, woraufhin Rodin sie beglückwünschte und telegraphierte: «Es gibt nicht viele Bildhauer, die das können –.» Der positive Zuspruch des Meisters motivierte die Künstlerin. Überschwenglich schrieb sie an Paula Modersohn nach Worpswede:

> Paris im Herbst! Es ist etwas, das Sie noch erleben müssen. Tun Sie es mir nach mit unerwarteten Entschlüssen. Mir scheint alles wie ein großer Tanz von Schönheit – so wie nie.
> *6. Oktober 1905*

Als Clara Rilke Anfang November wieder nach Worpswede zurückkehrt und Paula am 7. November besucht, ist die Stimmung im Modersohnschen Haus ungewöhnlich bedrückt. Besonders Paula macht einen traurigen Eindruck auf die Freundin. Sie muß sogar weinen, als Clara ihr von Paris und Rodin erzählt. «Und ich werde manchmal etwas sehnsüchtig, wenn ich höre, wie es draußen in der Welt aussieht, und ist es mir auf die Dauer ein wenig zu still und ohne Erlebnisse», schreibt sie einen Tag nach der Begegnung an die Schwester Herma nach Paris.

Die schon während des Sommers gelegentlich auftauchenden kleinen Streitigkeiten zwischen Paula und Otto Modersohn führen Anfang November zu einer grundsätzlichen Auseinandersetzung. Wieder einmal geht es um die trübselige Stimmung in Worpswede, die Paula immer weniger aushält. Aber offenbar macht dem Paar noch ein anderes Problem zu schaffen, das Otto Modersohn seinem Tagebuch anvertraut:

Mit Paula eine gründliche, fundamentale Aussprache gehabt. Zunächst ist der Mangel an wahrem Liebesgenuß ein großer Defekt unserer Ehe. Komisch, wie ich da ängstlich war. Ich fürchtete mich fast davor, was anderen der Zweck der ganzen Sache, das höchste Glück ist. Das lag natürlich in meinen Nerven. Die sind jetzt aber besser wie seit langem – und nun wird der Punkt auch gut und gelöst. Ich hoffe auf sicheren Erfolg unserer Liebe. Das würde natürlich unser Verhältnis riesig vorteilhaft beeinflußen. – Aber außerdem: unser Leben ist zu eintönig, philisterhaft geworden. Da leidet Paula sehr darunter. Sie fühlt sich so beengt dadurch. Ich ging erst sehr dagegen an – mit Unrecht. Paula hat Recht.
5. November 1905

Ein sehr offenes Bekenntnis. Es bestätigt zudem Äußerungen, die Paula in diesen Monaten auch ihrer Freundin Clara gegenüber machte.

Eine auf Otto Modersohns Vorschlag Anfang November angetretene Reise mit Heinrich Vogeler nach Westfalen brachte eine willkommene Abwechslung in die winterlich trüben Tage. Die drei Worpsweder besuchten Soest und Münster, und in Hagen zeigte ihnen Karl Ernst Osthaus, der Gründer des Folkwang-Museums Hagen, seine Privatsammlung. Paulas Freude war groß. Hier sah die junge Malerin sie alle wieder, die sie aus Paris kannte und liebte: Paul Gauguin und van Gogh, Auguste Rodin, Aristide Maillol und Auguste Renoir. Auch die Begegnung mit dem Ehepaar Osthaus und seinen vier Kindern hinterließ einen starken Eindruck. «Das sind Menschen, wie ich sie wohl öfter sehen möchte», schrieb Paula an die Schwester Herma nach Paris, und weiter:

Ich grüße Dich zärtlich und wünsche Dir, daß Du was wirst, und mir, daß ich auch was werde. Du merkst dem Briefe wohl an, daß ich etwas kleinlauter Stimmung bin. Ich habe meinen Winterschlaf angetreten.
8. November 1905

An diesem 8. November, einem Sonntag, schrieb Otto Modersohn nach einem Spaziergang mit Paula in sein Tagebuch:

(...) die wunderbarsten Sachen gesehen. Tiefe, köstliche, schlichte Farbenstimmungen – graulila Birke auf Tiefgrün – warm-schwarzgelbliche auf braunem Moor, warm rötlich gelbliche Blätter drum herum auf Tiefgrün, vor allem aber die duff, taub graugrünen Föhrenstämme, auch Birken auf stahlblauem Wasser glänzend dunkler Spiegelung, gelben Blättern – Abend mit 2 Kindern vor wunderbarem Feld, leuchtender Sand. – Es ist wirklich wahr: Das Märchen sitzt im Chausseegraben vor aller Augen, man muß es nur gewahren. Solche schlichten Farbenstimmungen, das Schönste, was es gibt.
8. November 1905

Ende November. Clara Rilke sitzt in Paulas Atelier bei Brünjes Modell. Zaghaft zunächst, aber mit dem wachsenden Bedürfnis, zu dem alten Freundschaftsgefühl zurückzufinden, haben sich die beiden Frauen wieder einander genähert.

Clara trägt ein weißes Kleid. Ihr Kopf mit dem schwarzen, aus der Stirn gekämmten Haar ist leicht nach hinten geneigt. Der Blick ist auffallend stark zur Seite gerichtet. In der kräftigen dunklen Hand hält sie eine rote Rose.

«Ihr Porträt-Anfang von mir scheint mir immer wieder etwas ganz Grandioses», wird Clara Rilke am 9. Mai 1906 an Paula Modersohn schreiben. «Und wirklich Großes muß aus diesem Beginn wachsen – es ist schon ein wirklicher Weg – ein Weg, der steigt.»

Paula berichtet ihrer Mutter:

Des Morgens male ich jetzt Clara Rilke im weißen Kleid, Kopf und ein Stück Hand und eine rote Rose. Sie sieht sehr schön so aus, und ich hoffe, daß ich ein wenig von ihr hineinbekomme. Neben uns spielt dann ihr kleines Mädchen, Ruth, ein kleines, molliges Menschenkind. Ich freue mich, auf diese Weise mit Clara Rilke öfter zusammenzukommen. Sie ist mir trotz allem von allen noch die liebste. (...)
Otto malt, malt, malt. Wir haben auch so viel verdient, daß wir

vielleicht nach Weihnachten mit einem kleinen Haken nach Schreiberhau zu Euch reisen können. Das wäre sehr hübsch. Im ganzen habe ich wieder meinen Winterschlaf angetreten mit allerhand Sehnsuchtsgefühlen, vielleicht auch deshalb meine Schreibunlust. Im stillen plane ich wieder einen kleinen Ausflug nach Paris, wofür ich mir schon fünfzig Mark gespart habe. Dagegen fühlt Otto sich urgemütlich. Er braucht das Leben nur als ein Ausruhen von seiner Kunst und kommt immer auf seine Rechnung. Ich habe von Zeit zu Zeit den starken Wunsch, noch etwas zu erleben. Daß man, wenn man heiratet, so furchtbar festsitzt, ist etwas schwer...
26. November 1905

In einem Brief an Herma Becker antwortet die Malerin auf eine Reihe von Fragen, die ihr die um sie besorgte Schwester aus Paris gestellt hat:

Du machst Dir meinethalben «Sorgen»? Warum, womit, wodurch? Manchmal ist das Leben schwerer als manchmal; aber damit muß man schon fertig werden. Man muß sogar feiner dadurch werden. Man wird vielleicht auch dadurch etwas älter, wovor ich bange, weil es so langweilig ist, denn trotz meinem kommenden dreißigsten Jahre habe ich Angst vor dem «Erwachsensein», was ich identifiziere mit «resigniert sein». Mir wird das Stillsitzen hier manchmal sehr schwer. Trotzdem sage ich mir, daß das, was schwer geht, nicht immer das ist, was man meiden soll.
– Otto kann sich in mich auch hineindenken und ist von einer rührenden Güte zu mir. Wenn der Sommer kommt, ist alles wieder gut, es ist meine Winterkrankheit.
1. Dezember 1905

Otto Modersohn beobachtet und fühlt, daß sich seine Frau zunehmend in sich zurückzieht. Auf vielen Seiten vertraut er dem Tagebuch seine Gedanken über Liebe und Kunst und sein Leben mit Paula an. «Man stumpft ab, man versauert zu leicht hier», wirft er wiederholt Worpswede vor und notiert einsichtsvoll: «Paula kann einfach nicht so schlicht leben. Solch anregendes Leben ist ihr wie der Blume die Sonne notwendig – sie verkümmert, verbittert sonst.» Wenn er nur an die ersten Jahre ihrer Ehe denkt! Die Abende auf dem «Barkenhoff», das gemeinsame Malen, ihre mitternächtlichen Spaziergänge! Welche Anregungen im täglichen Leben und in der Kunst! Wie groß seine Liebe zu ihr ist! «Meine einzige Paula, die so sehr künstlerisch ist und so sehr Lebenskünstlerin, ist ja allen so sehr überlegen.»

Paula hat mich besonders günstig beeinflußt. (...) Der Sommer hat mir mit dem vielen Bildermalen riesig genützt und dazu die Studien – und an der Seite Paula mit ihren meisterlichen Stilleben und Skizzen, das Kühnste und Beste an Farbe, was hier in Worpswede je gemalt. (...)
Malerei muß ganz Geist geworden sein, in jedem Strich und Druck und Punkt. – Ausfluß, Ausdruck des geistigen, inneren Schauens – das ist Malen.
20. Dezember 1905

12. KAPITEL

«Dieses unentwegte Brausen dem Ziele zu, das ist das Schönste im Leben»
Dezember 1905 – April 1906

Ihrer Freundin Clara hatte Paula Modersohn schon vor Weihnachten anvertraut, daß sie entschieden sei, ihren Mann und Worpswede zu verlassen und sobald wie möglich wieder nach Paris zu gehen. Auch Rainer Maria Rilke, der am 17. Dezember 1905 nach Worpswede gekommen war, um die Weihnachtstage mit seiner Frau und der kleinen Tochter Ruth zu verbringen, wurde von der jungen Malerin in ihr Geheimnis eingeweiht. Ihm erzählte sie von ihrem dringenden Bedürfnis, sich aus den auf sie so eng wirkenden familiären und örtlichen Verhältnissen zu befreien.

Der Dichter, zu dem Paula nach der spannungsreichen Zeit ihre freundschaftliche Beziehung wiedergefunden hatte, muß den Paris-Plan der «blonden Malerin» ohne Zögern unterstützt und ihr seine Hilfe zugesagt haben. Er besuchte sie in der Weihnachtszeit in ihrem Lilienatelier. Lange hatte er nichts mehr von ihr gesehen. Überhaupt kannte er kaum etwas von ihr. Die gemeinsamen Stunden hatten Paula und er mit Gesprächen verbracht und nicht mit dem Anschauen ihrer Bilder. Tief beeindruckt von dem, was er nun sah, muß sich Rilke bei seinem Besuch der Dimension von Paulas Arbeiten bewußt geworden sein. Auch er hatte angesichts der großen Kunst, der er in Paris begegnet war, gelernt, seinen Blick zu schärfen. Als Zeichen seiner Anerkennung und wohl auch, um seine Maler-Freundin finanziell zu unterstützen, kaufte er das Bild «Säugling mit der Hand der Mutter», das Paula 1903 gemalt hatte.

Zurück in Meudon, schrieb Rilke im Januar des neuen Jahres an seinen Mäzen Baron von der Heydt über seine Begegnung mit Paulas Kunst:

> Das merkwürdigste war, Modersohns Frau an einer ganz eigenen Entwicklung ihrer Malerei zu finden, rücksichtslos und geradeaus malend, Dinge, die sehr worpswedisch sind und die doch nie einer

sehen und malen konnte. Und auf diesem ganz eigenen Wege sich mit van Gogh und seiner Richtung seltsam berührend.
16. Januar 1906

Wann kommen Sie? hatte Carl Hauptmann seine Worpsweder Freunde Mitte Dezember 1905 in herzlicher Vorfreude auf das geplante Wiedersehen gefragt und dem Ehepaar Modersohn vorgeschlagen, vielleicht schon einige Tage vor dem Weihnachtsfest bei ihm in Schreiberhau einzutreffen, damit man genügend Zeit für ein ausgiebiges und anregendes Miteinander habe. Paula und Otto Modersohn machen sich jedoch erst am 28. Dezember auf den Weg ins Riesengebirge.

Noch ahnt der Maler nichts von den Aufbruchsplänen seiner jungen Frau. Seit einiger Zeit allerdings fallen ihm wieder verstärkt ihre Ungeduld und Gereiztheit auf. Er kennt das ja an Paula, aber jetzt ist sie manchmal dermaßen abweisend und scharf, fast hochmütig ihm gegenüber, daß er gar nicht weiß, wie er sich verhalten soll. Soll er etwa das, was sie da malt, diese lebensgroßen Akte und diese lebensgroßen Köpfe, einfach kritiklos hinnehmen? Er muß doch seine Befürchtung äußern dürfen, daß die Art und Weise, in der Paula Farbe und Form zu vereinigen bestrebt ist, so nicht richtig sein kann! Daß sie damit ihre Kräfte vergeudet! Statt an ihren herrlichen Studien weiterzuarbeiten, zu zeichnen, Technik zu lernen! Sie sei so «hochkoloristisch», rühmt Otto Modersohn seine Frau immer wieder. Trotzdem wirken besonders die ausgeführten Figuren auf ihn unmalerisch hart, und das muß er ihr doch sagen können, ohne daß sie gleich so ungehalten reagiert und aufbraust, ihn einen Philister schimpft, sich immer wieder über die Enge Worpswedes beklagt und ihm vorwirft, ihr Leben sei zu passiv geworden.

Aber nichts mehr von Verstimmung, Streitigkeiten gar, während der Tage im Hauptmannschen Haus in Schreiberhau. Im Gegenteil. Das Zusammensein der Freunde scheint durch nichts getrübt. Der Himmel ist tiefblau, die Landschaft verschneit. Endlich ein richtiger Winter! Herrlicher, gewaltiger, prachtvoller als im Sommer! sind sich Paula und Otto Modersohn angesichts der weißen Bergwelt einig, die so einen erholsamen Gegensatz bietet zu den verregneten

Niederungen Worpswedes. Gemeinsam genießen sie schnelle Schlittenfahrten durch die Schluchten und ausgiebige Spaziergänge. Der Freundeskreis, der sich allabendlich in dem behaglichen Zuhause der Hauptmanns versammelt, ist interessant und anregend. «Eine feine Gesellschaft!» bemerkt Otto Modersohn, der sich zwischen all diesen geistreichen und lebhaften Menschen ausgesprochen wohl fühlt und wieder ganz besonders angetan ist von der großen, gütigen Natur seines Freundes Carl Hauptmann. «Bei Tisch und Nachtisch immer interessante Debatten unter den Männern», freut sich Paula. Diese studierten Leute sind doch etwas ganz anderes als die Maler, mit denen sie und ihr Mann gewöhnlich umgehen! Einer der Gäste gefällt der jungen Malerin besonders gut. Es ist der Soziologe und Nationalökonom Werner Sombart aus Berlin, ein Mann mit Charisma. Wie verzaubert lauscht Paula den engagierten Wortgefechten, die er sich mit Carl Hauptmann liefert. Dieser Mann interessiert sie. Sein ebenmäßig geschnittenes Gesicht mit dem Bart und dem intellektuellen, lebhaften Blick übt eine Faszination auf die Künstlerin aus, der sie sich nicht entziehen kann. Sie möchte es malen, dieses Gesicht.

Paula Modersohn hat Werner Sombart gemalt. Ob sein Porträt, das in der Reduzierung auf ganz einfache, feste Konturen so weit getrieben ist, wie kein anderes ihrer Bildnisse, in diesen gemeinsamen Schreiberhauer Wintertagen entstanden ist oder kurz darauf, als Paula allein in Paris war – wir wissen es nicht. Eine Begegnung mit einem anderen Mann, das wird aus den Briefen Carl Hauptmanns an Paula deutlich, muß es in Paris gegeben haben, und wahrscheinlich ist, daß dieser Mann der dreiundvierzigjährige Werner Sombart war.

Auch nach dem Abschied von den Hauptmanns, der sehr herzlich ist, und während der anschließenden Tage in Dresden und Berlin, wo Paula und Otto Modersohn neben vielem anderen die «Jahrhundertausstellung deutscher Kunst von 1775–1875» in der königlichen Nationalgalerie sehen, keine Spur von Mißstimmung oder ehelichem Ärger. «Eine in jeder Hinsicht anregende Reise gemacht!» notiert Otto Modersohn zwei Tage nach der Rückkehr nach Worpswede in sein Tagebuch: «Wohl die feinste, die ich je gemacht!» Und Paula schreibt am 17. Januar an ihre Schwester Milly: «Wir haben eine wunderschöne Reise hinter uns.»

Aber der Friede trügt. Kaum ist sie zurück in Worpswede, scheint Paula wie ausgewechselt. Eben noch heiter, lebhaft und liebenswürdig, reagiert sie jetzt wieder gereizt auf jede Kleinigkeit, ist, wie sie diesen Wesenszug selbst bezeichnet, sehr kratzbürstig. Modersohn ist irritiert und sucht nach Motiven für Paulas Verhalten. Es wird der Winter sein, dieser unerträgliche Worpsweder Winter! beruhigt er sich. Auch ihm will das Wiedereingewöhnen in den häuslichen Alltag nach den köstlichen Tagen im Schnee nicht so recht gelingen. Doch die nervenaufreibenden Auseinandersetzungen zwischen der jungen Malerin und ihrem Mann häufen sich. Paula offenbart Otto Modersohn schließlich ihren Paris-Plan und spricht sogar von Scheidung. Unmißverständlich macht sie ihm klar, daß jegliches Ringen um sie vergeblich ist und ihr Entschluß feststeht: Sie wird nach Paris gehen. Und sie wird so lange bleiben, wie sie es möchte und aushalten kann.

Es muß Otto Modersohn auffallen, daß plötzlich Gegenstände aus dem gemeinsamen Zuhause verschwinden, die zu Paulas persönlichsten und liebsten gehören. Die Malerin nimmt diese Dinge, Bücher, einen Krug, verschiedene Fotos, mit in ihr Brünjes-Atelier, packt sie in kleine Kisten und Kartons und läßt sie in einem Schrank verschwinden. Sie ordnet ihre Bilder, sortiert Zeichnungen und Studien in Mappen, denn sie will ihr Atelier so hinterlassen, daß sie es gegebenenfalls vermieten kann. Vielleicht wird sie sogar den Bauern Brünjes bitten, ihr die Kammer links von der Tür als vorübergehenden Lagerraum zur Verfügung zu stellen.

Wäre sie nur schon fort! Endlich in Paris! Aber noch sind ihre Mutter und der Bruder Kurt nicht zu der geplanten Reise nach Rom aufgebrochen, und wenn sie jetzt führe, überlegt sich Paula, würde sie nur für große Unruhe sorgen und Mathilde Becker womöglich veranlassen, ihre Reise abzusagen und sich in die schwierige Situation einzuschalten.

Paula hatte sich künstlerisch und menschlich von Worpswede fortentwickelt, und das machte sie ungehalten. Zu ihrer inneren Unruhe mochte außerdem der Umstand beitragen, daß sie am 8. Februar ihren dreißigsten Geburtstag feiern würde. Oft genug hatte sie verkündet, daß sie sich diesen Geburtstag zum Ziel für ihre Malerei gesetzt habe. Auch die Nachricht vom Tod Christiane Rassows aus Bremen wirkte sich auf Paulas Stimmung aus. Der Tod dieser engen Freundin der Familie Becker, einer von Paula seit Mädchentagen wegen ihres außergewöhnlichen Engagements hochgeschätzten, geistig regen Frau, ging ihr sehr nahe. Alles in Paula schien sich gegen diesen Verlust aufzubäumen, als sie ihrer Mutter schrieb:

> Frau Rassow ist gestorben. Es hat mich sehr ergriffen, das Ende dieser großangelegten Frau. Langsam, langsam und allmählich der Lebensenergie entzogen zu werden, die sie in so hohem Maße besaß. Sie war noch ein Baum, bereitet, Früchte zu tragen. Und dieser Sturz! Wuchernde, kalbsköpfige, plattfüßige Existenzen bleiben bestehen. Wie kann man das Leben verstehen, wenn man es nicht auffaßte als das Arbeiten jedes einzelnen am Geiste, man kann wohl sagen, am heiligen Geiste. Der eine tut es mit mehr, der andere mit weniger Inbrunst. Aber ein jeder, auch der Kleinste, gibt sein Scherflein dazu. (...)

> Auch wünschte ich, Frau Rassow hätte noch erlebt, daß ich etwas würde. Auf diese Weise hätte ich mich ihr am schlichtesten dargelegt. Denn ich werde noch etwas. Wie groß oder wie klein, das kann ich selbst nicht sagen, aber es wird etwas in sich Geschlossenes. Dieses unentwegte Brausen dem Ziele zu, das ist das Schönste im Leben. Dem kommt nichts anderes gleich.
> Daß ich für mich brause, immer, immerzu, nur manchmal ausruhend, um wieder dem Ziele nachzubrausen, das bitte ich Dich zu bedenken, wenn ich manchmal liebearm erscheine. Es ist ein Konzentrieren meiner Kräfte auf das Eine. Ich weiß nicht, ob man das noch Egoismus nennen darf. Jedenfalls ist es der adeligste. Ich lege meinen Kopf in Deinen Schoß, aus welchem ich hervorgegangen bin, und danke Dir für mein Leben. Dein Kind
> *19. Januar 1906*

«Was Du wohl machst? Meinem Gefühl nach geht es Dir nicht so gut», wendet sich Paula am 5. Februar an Herma in Paris. «Mir scheint es ähnlich wie Dir zu gehen. Doch hat man ja noch ein langes Leben vor sich.» Kein Wort von ihren Aufbruchsplänen der Schwester gegenüber. Auch der Mutter erzählt Paula nichts von den stillen Vorbereitungen ihres Abschieds. Verbunden mit dem Dank für eine Fotografie des Vaters, die Mathilde Becker an ihre Tochter geschickt hatte, schreibt sie:

> Vaters Bild! Auch ich finde die Ähnlichkeit sehr groß, wie wir sie auch wohl im Charakter haben. Nur daß Vater nicht so rücksichtslos war wie ich. Ich bin, glaube ich, zäher. Diese Ähnlichkeit war wohl auch der Grund, daß unser so bescheidener Vater mit mir in meinem ganzen Leben nicht zufrieden war.
> *11. Februar 1906*

«Mir brennt der Boden ein wenig unter den Füßen», läßt die Malerin am 17. Februar Rainer Maria Rilke in Paris wissen. Ihr Glück über seine Freude, die er an dem kürzlich erworbenen «Säugling mit der Hand der Mutter» zu haben scheint, ist groß. «Mit diesem ‹Gerne-leiden-Mögen› haben Sie mir das erste Stück Paris gebracht, und das ist sehr viel. Beinahe hätte ich nicht gedacht, daß es mir noch einmal wieder so gutgehen würde, wie es mir geht. Ich habe das Gefühl, ich bekäme ein neues Leben geschenkt. Das soll schön und reich werden, und wenn etwas in mir sitzt, dann soll es erlöst werden», schreibt Paula an Rilke und bittet ihn, sich doch schon einmal nach gebrauchtem Mobiliar umzuhören, mit dem sie sich in Kürze in Paris einrichten möchte.

> Ich freue mich auf ein Wiedersehen mit Ihnen, während oder nach Ihrer Tournee. Ich freue mich auf Rodin und auf hunderttausend Dinge. Und nun weiß ich gar nicht, wie ich mich unterschreiben soll. Ich bin nicht Modersohn, und ich bin auch nicht mehr Paula Becker. Ich bin
> Ich,
> und hoffe, es immer mehr zu werden.
> Das ist wohl das Endziel von allem unserem Ringen.
> *17. Februar 1906*

«Der gute Kerl wird froh sein, seine Frau diesmal bei sich zu haben und daß sie nicht wie letztes Jahr in Paris rumhuppt, was ihm doch blutige Stiche ins Herz gegeben», schreibt Herma Becker nichtsahnend noch am 22. Februar, dem Geburtstag ihres Schwagers Otto Modersohn, an die Mutter nach Bremen. «Paula scheint es für jetzt aufgegeben zu haben. Ihr dreißigstes Jahr wird ihr zu denken geben, sie hatte es sich als Ziel gesetzt für ihre Malerei.»

Aber kaum ist der Geburtstag ihres Mannes gefeiert, verabschiedet sich die junge Ehefrau entgegen aller Erwartungen von ihrer Familie und besteigt am 23. Februar zum viertenmal den Nachtexpreß von Bremen nach Paris. In dem kleinen Hotel in der Rue Cassette, das Paula schon kennt und in dem sie auch jetzt wieder absteigt, wartet ein Brief Clara Rilkes auf sie. Clara lebt seit Dezember 1905 wieder in Worpswede und denkt mit viel Sehnsucht an die «wirkliche Welt», an Paris. Die Zeilen der Freundin sind nicht an «Paula Modersohn», sondern an «Paula Becker» gerichtet:

Alles Gute zum neuen Anfang! – Ich schreibe es auf den Knien in meinen neuen Räumen, die mich froh machen. Möge alles Neue Sie hell machen und herrlich begrüßen und auch Schweres Ihnen gut und wichtig und nichts als fruchtbar sein. Viele gute Wege in Paris wünscht Ihnen Ihre Clara Rilke.
23. Februar 1906

Erschöpft nach der langen Reise und innerlich noch ganz erregt von den Auseinandersetzungen mit ihrem Mann in den letzten Tagen, versucht Paula sich in ihrem Hotelzimmer einzurichten. Nein, sie fühlt sich nicht gut. Das Bewußtsein, Otto Modersohn, der sie so liebt und der so vorbehaltlos zu ihr steht, derart verletzen zu müssen, lastet schwer auf ihr. Paula weiß, daß es noch dauern wird, bis es wieder mit der Arbeit aufwärtsgeht und sie sich in Paris eingelebt hat. Aber die Entscheidung ist gefallen. Mögen die anderen denken, was sie wollen. Ihr Härte vorwerfen, Egoismus. Sie muß so unerbittlich sein, so eisern gegen sich selbst und gegen die anderen, wenn sie in ihrer Kunst etwas erreichen will. Am Abend des 24. Februar 1906 schreibt sie in ihr Tagebuch:

Nun habe ich Otto Modersohn verlassen und stehe zwischen meinem alten Leben und meinem neuen Leben. Wie das neue wohl wird. Und wie ich wohl werde in dem neuen Leben? Nun muß ja alles kommen.

24. Februar 1906

In ihrem Hotel in der Rue Cassette in Saint Germain hält Paula es nur wenige Tage aus. Das konventionelle, unpersönliche Ambiente bedrückt sie. Am 3. März zieht sie in eines der Ateliers in der Avenue du Maine 14, nicht weit vom Gare Montparnasse. Ihr Raum ist karg und die Einrichtung, die sich Paula von ihrem bulgarischen Bildhauer-Freund zusammenzimmern läßt, einfach: eine Garderobe aus hellem Tannenholz, Borde, ein Tisch, eine Liege zum Schlafen. Das notwendigste Küchenzubehör, Decken und ein paar persönliche Dinge hat sie sich von zu Hause mitgebracht.

Paula wirke sehr zufrieden, jetzt in ihren eigenen vier Wänden, schreibt Herma Becker aus Paris an ihre Mutter nach Bremen, nachdem sie die Schwester im neuen Atelier in der Avenue du Maine besucht hat. Herma und Paula freuen sich immer, wenn sie zusammensein können, aber dieses Mal hat die Begegnung der beiden Schwestern nicht die Leichtigkeit gehabt, die gewöhnlich zwischen ihnen herrscht. Was mit Herma eigentlich los sei, könne sie sich gar nicht erklären, schreibt Paula gleich nach ihrer Ankunft an ihren Mann nach Worpswede und schiebt die bedrückt wirkende Stimmung der Schwester auf ihr schwieriges Alter, in dem man oft nicht wisse, was aus einem werde. Hat Paula wirklich nicht gewußt, warum Herma dieses Mal so anders war als sonst? Die Schwester wird der Älteren doch sicher ihr Erstaunen über diesen für sie unverständlichen Schritt und vor allem ihr Mitgefühl für den ihr so nahestehenden, sympathischen Schwager zu verstehen gegeben haben. Voller Verzweiflung antwortet Otto Modersohn auf die ersten Zeilen seiner Frau:

Soeben erhalte ich Deinen Brief. Zu jeder Post rannte ich vergebens, schließlich tat ich es nicht mehr, weil ich meine Aufregung vor Kellner nicht verbergen konnte. O Deine ersten Worte! Laß bald mehr folgen – tausend Dank. Keine Nacht finde ich Schlaf –

keinen Strich kann ich malen – kein Wort kann ich lesen – Du magst Dir ausmalen, wie ich lebe. Ich kann nur schreiben, schreiben an Dich. (...) Paula, alle Kisten und Kasten, alle Schubladen sind leer – o diese Entdeckung! (...) Daß ich so blind war!
2. März 1906

Unmittelbar nach ihrer Ankunft in Paris hatte Paula Zeichenkurse an der Akademie Julian belegt. Auch an Anatomie- und Aktkursen an der *Ecole des Beaux Arts* war sie interessiert. Für die Zulassung dort brauchte sie allerdings Zeichnungen zum Vorzeigen. «Bist Du so gut und suchst sechs von den besten Pariser Aktzeichnungen aus und vielleicht drei Zeichnungen bei Mackensen», bat sie ihren Mann in Worpswede. «Sie liegen in der großen roten Mappe, die am Fenster hängt.»

Ich danke Dir vielmals für Deinen lieben, langen Brief. Antworten kann ich darauf jetzt nicht und will es nicht, denn es würde dieselbe Antwort sein, die ich Dir in Worpswede gegeben habe. Du schreibst mir ja auch Dinge, die Du mir schon alle mündlich gesagt hast. Laß uns diese Sache im Augenblick bitte gar nicht mündlich berühren und eine Zeit ruhig vergehen lassen. Die Antwort, die sich dann finden wird, wird die richtige sein. Ich danke Dir für alle Deine Liebe. Daß ich nicht nachgebe, ist nicht Grausamkeit und Härte. Es ist für mich selber hart. Ich tue es nur mit dem festen Gedanken, daß ich nach einem halben Jahre Dich wieder quälen würde, wenn ich mich jetzt nicht genug prüfen würde. Versuche Dich an die Möglichkeit des Gedankens zu gewöhnen, daß unsere Leben auseinandergehen können.
Nun wollen wir längere Zeit nicht wieder darüber sprechen. Es hat keinen Zweck.
2. März 1906

März 1906. Noch wechselten zwar Euphorie und Niedergeschlagenheit einander ab, aber Paula lebte sich zunehmend in Paris ein. Regelmäßig besuchte sie die Anatomiekurse an der *Ecole des Beaux Arts* und hörte Kunstgeschichtsvorlesungen. Rilke nahm die Freundin zu Ausflügen in die Gegend um Paris mit, auch nach Chantilly, wo Paula die Frauenrechtlerin Ellen Key kennenlernte. Ein anderes Mal konnte sie Rilke zur Feier der Aufstellung des Rodinschen «Denkers» vor dem Pariser Panthéon begleiten. Dort traf sie den Bildhauer Maillol und die Frau des Schriftstellers Bernard Shaw.

Sie zeichne sehr viel, berichtet sie Otto Modersohn, müsse aber noch gründlicher und genauer werden. Straßenszenen, Pariser Brücken, Menschen auf dem Oberdeck eines Omnibusses. Und ihre Bilder?

«Meine Malereien sehen hier dunkel und soßig aus», bemängelt die junge Künstlerin. Sie müsse in eine viel reinere Farbe kommen. Müsse modellieren lernen. Müsse überhaupt noch allerhand lernen, und dann werde sie vielleicht etwas.

«Und das weißt Du», schreibt sie an ihren Mann, und man muß sich jetzt ihren Blick vorstellen, der eindringlich ist und entschieden, daß sie nur das eine Ziel im Auge habe, etwas zu werden. Das «Endziel», wie Paula es nennt, ihr Innerstes, ihre Kunst. All ihre Wünsche und all ihr Streben, so macht sie ihrem Mann mitleidlos klar, gelten nur diesem einen Ziel.

Viele lange Briefe von Dir liegen vor mir und machen mich traurig. Es ist immer wieder derselbe Schrei in denselben, und ich kann Dir doch nicht die Antwort geben, die Du haben möchtest. Lieber Otto, laß eine Zeit ruhig verstreichen und laß uns beide abwarten, wie meine Gefühle dann sind. Nur, Lieber, versuche den Gedanken ins Auge zu fassen, daß sich unsere Wege scheiden werden. Ich möchte so gerne, daß Du und meine Familie unter meinem Schritt nicht so littest. Aber wie soll ich es anfangen? Das einzige Mittel ist die Zeit, die alle Wunden langsam und allmählich heilt.
9. *März 1906*

Während es in Paris bereits überall zu grünen begann und die Magnolien Knospen ansetzten, fegten schwere Stürme über die überschwemmte Wiesenlandschaft von Worpswede. Möwen und Wildgänse sammelten sich in Schwärmen dort, wo im Sommer Schafe, Kühe und Pferde friedlich grasten. Otto Modersohn, überwältigt vom Schmerz und wie gelähmt angesichts des plötzlichen

Verschwindens seiner Frau, war unfähig, auch nur einen Strich zu tun. Er quälte sich mit Selbstzweifeln, warf sich vor, das Leben und die Liebe über seine Kunst, über seine Arbeit vergessen zu haben. Leben und Liebe! «Die doch einzig richtige Grundlage für die Kunst!» wie er in seinem Tagebuch reuevoll beteuerte. Seine Tage waren doch viel zu theoretisch, schematisch, grüblerisch gewesen!

In schlaflosen Nächten suchte Modersohn immer wieder nach Gründen für Paulas unerwarteten Entschluß, ihn zu verlassen. Er konnte sein Leid nicht fassen und fragte sich, ob nicht letztlich er selbst Schuld an dem Unglück trug, das ihm widerfahren war. Gab es nicht eine Erklärung für Paulas Fortgehen? Seinem Freund Carl Hauptmann vertraute Otto Modersohn an:

Schon seit Monaten bereitete es sich vor, der schlimme Winter steigerte ihre Depression. Alles entspringt zum Schluß daraus, daß meine Frau bisher kinderlos geblieben ist, das hat sie gereizt und krankhaft gemacht. Zu spät sah ich diese Zusammenhänge ein. Ich war versunken in Arbeit, etwas nervös und übersah da manches. Aber die Hoffnung auf Kindersegen ist durchaus nicht ausgeschlossen. In ihrer Gemütsdepression und krankhaften Gereiztheit sah sie nun alles hart, scharf und schief: mich und ihr ganzes Leben, das ihr sonst so viel Freude und Genuß bereitet hatte. Zum Unglück bestärkte sie Frau Rilke in ihren Ideen (Vogeler war abwesend), die durch ihren Mann alles Unnatürliche, Komplizierte und Sentimentale liebt. Wir passen in hundert Stücken so vorzüglich zusammen, sie war meine ganze Freude, mein wahres Lebensglück. Sie war der Inhalt, die Seele meines Lebens. Alles könnte ich für sie tun.
11. April 1906

Wie sollte er auf ihren Schritt reagieren, den selbst die Familie als egoistisch empfand? Niemand konnte Paula begreifen; ihre Schwester Herma nicht, die ihr doch so nahestand, und auch die Freunde nicht.

«Sei mutig und stark und arbeite!» schreibt Paula ihrem Mann in seine Einsamkeit nach Worpswede. «Du mußt denken, daß auf irgendeine Weise jede schwere Zeit ein Ende hat!» Und, so rät sie dem Verlassenen, «schließe Dich an Elsbeth an und an Deine

Kunst!» Große Sachen in seiner Kunst zu leisten – dessen war sie sich ganz sicher –, würde ihm größere Genugtuung geben, «als alles Leben erwerben» könne.

«Sie wird zur Besinnung kommen!» tröstet Mathilde Becker ihren Schwiegersohn bestürzt, als sie Ende April aus Rom zurückkehrt und von der Herzlosigkeit ihrer Tochter hört. Carl Hauptmann appelliert aus Schreiberhau an den Malerfreund in Worpswede, er müsse streng und unnachgiebig sein:

Denken Sie, daß ich hart rede. Aber man muß hart sein, wenn bei anderen der Egoismus in hellen Flammen aufbrennt! Man kommt sonst um in solchem Außenfeuer. Brennen Sie einmal aus sich aus und zeigen damit, daß da ein ganz anderes heiliges Feuer auflodert, als so ein kleiner, gefährlicher Brand des unsteten Egoismus. Tat und Werk ist Ihr Leben. Das ist mehr als Egoismus. Dem gehören Sie. Und wer nicht mit Ihnen ist, ist wider Sie. Streng und klar!
15. April 1906

Aber die Aufforderung des Freundes, mit mannhafter Strenge und Härte auf den Ausbruch seiner Frau zu reagieren, kann Otto Modersohn nicht weiterhelfen. Es entspricht einfach nicht der Art dieses grundgütigen Mannes, mit autoritärem Nachdruck zu antworten, noch läßt es die ungebrochene Liebe zu seiner jungen Frau zu. Im Gegenteil. «Zähle auf mich, rechne auf mich», schreibt er am 11. April 1906 an Paula. «Verurteilung, nein, nur das tiefste Gefühl, dessen mein Wesen fähig ist, wohnt in mir.» Wenn sie nur wüßte, daß das Schlimmste für ihn Paulas Verkennung seiner großen und wahren Liebe ist! Seine seelische Vereinsamung. Spürt sie nicht, daß es gerade ihre großen und starken, freien und frohen Lebensgefühle sind, die er von Anfang an so besonders an ihr schätzte, weil sie sich dadurch von allen unterschied! Lebe Dein Leben! schreibt Otto Modersohn an Paula nach Paris, «lebe Dein Leben, das auch mein Leben sein wird, im freien Aufschauen und Streben zu hohen Zielen... Nach ihnen richten wir unser Leben ein.»

Solle er noch weiterhin für sie sorgen wollen, wendet sich Paula daraufhin selbstgewiß und fordernd an ihren Mann, so möge er ihr

doch zu jedem Fünfzehnten des Monats einhundertzwanzig Mark für die Miete ihres Ateliers und den Lebensunterhalt nach Paris schicken, und das bitte möglichst so pünktlich, daß sie ihn nicht jeden Monat neu darum bitten müsse. Postwendend trifft das Geld aus Worpswede in Paris ein.
Otto Modersohn schreibt:

Du scheinst ja nun tüchtig in die Arbeit zu kommen (...) Ich wollte Dir übrigens noch sagen: lebe auch gut, spare nicht zu sehr, Du hast es nötig. Deine Wünsche will ich nach Kräften erfüllen. (...)
Du suchst Erlebnisse – gut, ziehe aus und suche sie, und wenn Dich eine Liebschaft lockt, folge ihr, ich bleibe Dir getreu, und ich erwarte Dich, denn Du bist mir immer eine Welt.
Du suchst Freiheit. Nimm alle Freiheiten, reife, reise, lebe von mir getrennt mal, tue alles, was Deiner Natur nötig ist. (...) Das Leben ist flüchtig, und die Jahre rinnen schnell dahin. (...)
Und es war das alles mitverschuldet durch die eintönigen, einschläfernden Worpsweder Verhältnisse. Denn wenn das Leben sinkt, sinkt auch die Kunst, beides hängt eng zusammen, muß sich gegenseitig durchdringen und befruchten. Ich fühle mich frisch und aufgelegt zu einem anderen Leben voller Freiheit.
22. März 1906

Du warst mir das Maß in allem und für alles. Mit Dir verglichen, was bestand? (...) Dein Gefühl, Deine Kunst, Dein ganzes Menschtum (...) nur das tiefste Gefühl, dessen mein Wesen fähig ist, wohnt in mir (...) – ich stehe zu Dir, und wenn ich die Hölle überwinden müßte, ich habe Dich in Deinen Tiefen erkannt und weiß, wer Du bist.
6. April 1906

Dem Umschlag mit dem Geld hatte Otto Modersohn ein Sträußchen gelben Huflattichs beigefügt. Paulas Lieblingsblume blühte hinter der Ziegelei. Er hatte ihr auch die rote Mappe mit den anatomischen Zeichnungen geschickt und eine Reihe von behördlichen Papieren, die sie in Paris brauchte. Ob sie nicht gemeinsam Ferien auf Amrum machen wollten? schlug Otto Modersohn seiner Frau vor. Er wollte den Ernst der Lage nicht wahrhaben und hoffte immer noch, sich dort wieder mit ihr zu vereinen.

Aber Paula blieb hart. Glaubte er wirklich, sie umstimmen zu können? Wie schwer es ihr fiel, dem ständigen Drängen ihres Mannes zu entgegnen:

> Eben las ich Deinen Brief. Er rührt mich tief. Es rührten mich auch die Worte aus meinen Briefen, die Du mir schreibst. Wie habe ich Dich geliebt. Lieber Rother, wenn Du es kannst, so halte Deine Hände noch eine Zeit über mir, ohne mich zu verurteilen. Ich kann jetzt nicht zu Dir kommen, ich kann es nicht. Ich möchte Dich auch an keinem anderen Orte treffen. Ich möchte jetzt auch gar kein Kind von Dir haben. –
> Es ist vieles von Dir, was alles in mir wohnte und was mir entschwunden ist. Ich muß warten, ob es je wiederkommt oder ob etwas anderes dafür wiederkommt. Ich habe mir her und hin überlegt, was wohl das Beste ist, was ich tue. Ich fühle mich selbst unsicher, da ich alles, was in mir und um mich sicher war, verlassen habe. Ich muß nun einige Zeit in der Welt bleiben, werde geprüft und kann mich selber prüfen. (...)
> Es ist eben eine Sturm- und Drangzeit, durch die ich hindurch muß, und ich kann nicht umhin, meinen nächsten Menschen damit Schmerzen zu machen. Es ist mir schwer, daß ich dies Leid in Dein Leben bringe. Glaube mir, daß es mir selbst nicht leicht ist, doch muß man sich zu dem einen oder andern Ausgang durchkämpfen.
>
> *9. April 1906*

In seinem unerschütterlichen Glauben an eine gemeinsame Zukunft mit seiner Frau notierte Otto Modersohn in sein Tagebuch: «Von Paula der erste Hoffnungsstrahl», und voller Zuversicht nahm er sich vor:

> Paula werde ich ganz anders behandeln. Die dumme Nörgelei, das äußerlich Rauhe, Abweisende – ganz vorbei, von meinem Vater geerbt, das hat sie gereizt, entfremdet, sie wurde irre. Mit Güte

und Liebe kann man bei ihr alles erreichen. Ihr nachgeben, wie am Anfang, und dann vor allem Liebe befriedigen, das war von mir eine unglaubliche Torheit, daß ich da immer aus dem Wege ging. In Zukunft ganz anders.
Ich finde ja nie ihresgleichen – alle ja Puppen gegen sie – sie hat 1000 Anregungen für mich.
Ihre Schärfe und Härte hängt auch mit ihrer Kinderlosigkeit zusammen (wie bei alten Jungfern), wenn sie Mutter ist, – alles anders. Das das Ziel.
12. April 1906

Als Paula Modersohn Mitte April einen Brief des Freundes Carl Hauptmann erhält, den Otto Modersohn gebeten hatte, ein paar aufmunternde Worte nach Paris zu schreiben, fühlt sich die junge Künstlerin gekränkt. Gibt es denn niemanden, dessen Freundschaft sie trotz ihres Schrittes weiterhin sicher sein kann? Der zu ihr hält? Wollen sie denn alle nicht begreifen, daß für sie Otto Modersohn und Worpswede schon sehr weit weg sind, daß sie wirklich nicht zurück will? «Ich schreibe aus Hast und Sorge», wendet sich Carl Hauptmann an Paula in Paris. «Es ist ein arges Zerwürfnis, von dem ich eben durch Modersohn höre.»

Erlauben Sie mir, Ihnen zu sagen, daß Sie augenblicklich nicht erkennen, welche Bitternisse Sie heraufrufen, nicht nur über Ihre mir teure Umgebung, auch und vor allem über sich selbst. Ich kenne die Menschen einigermaßen. Es war nicht schwer, in Ihnen jenes unbestimmte und unstete Sehnen ohne Ziel zu erkennen, das die Menschen zu Abenteuern um jeden Preis bereit macht. Wenn es eine Möglichkeit gibt, dieser irrlichterlierenden Dränge Herr zu werden, ich bitte Sie im Gefühl der herzlichen Freundschaft, die ich für das Modersohnsche Haus immer empfinde, es schnell und aufrichtig und einmal streng gegen sich und mutig und gütig für andre zu tun und, ehe es zu spät ist auch für Sie, in den Frühling Ihrer Moore heimzukehren. Es wird viel Freude sein, und Sie werden sich und andern viel Leid ersparen.
15. April 1906

13. KAPITEL

«Die Kunst ist schwer, endlos schwer. Und manchmal mag man gar nicht davon sprechen»

April 1906 – September 1906

Im Pariser «Salon des Indépendants» waren vom 20. März bis zum 30. April 1906 Bilder von Georges Braque und Pierre Bonnard, Maurice Denis, Henri Matisse, Edvard Munch und Henri Rousseau ausgestellt. Unter den Werken befand sich auch eine Arbeit des Bremer Malers und Bildhauers Bernhard Hoetger, von dem Paula schon in Bremen etwas gesehen hatte. Sie war beeindruckt gewesen. Der gleichaltrige Bildhauer lebte seit einiger Zeit ebenfalls in Paris. Zunächst hatte er in der Rue Lépic auf dem Montmartre gewohnt und war dann in ein geräumiges Atelier in die Rue du Vaugirard im Montparnasse-Viertel gezogen. Sein neues Atelier lag in einem Hof, in dem die Zweige einiger Akazien den Bildhauern Schatten spendeten, die dort an ihren Marmor- und Steinplastiken arbeiteten.

Irgendwann zwischen dem 9. und 13. April 1906 muß sich Paula auf den Weg in das Atelier des Bildhauers gemacht haben, denn sie wollte den von ihr so hochgeschätzten Landsmann endlich kennenlernen. Vorsichtig klopfte sie an die hölzerne Tür des Ateliers.

«Qui est là?» fragte eine leise Frauenstimme. Sie mußte sich im hinteren Teil des Raumes befinden.

«Une dame allemande», antwortete Paula und horchte, ob sich Schritte näherten.

«Tut mir leid!» rief die Stimme, und es war ganz still.

«Wie schade», flüsterte Paula enttäuscht, und während sie in ihrem bordeauxroten Kleid den langen Flur entlang zurück zum Haupteingang ging, hörte sie, wie sich die Hoetgersche Tür leise öffnete und die Frauenstimme ihr zurief: «Können Sie in zwei Stunden wiederkommen?»

Natürlich kam Paula wieder. Die Begegnung mit Bernhard Hoetger und seiner Frau Lee war herzlich. Helene Haken, genannt Lee, war Deutschrussin, eine Frau, die auf die Ausübung ihres Berufs als

Konzertpianistin verzichtet hatte und ganz darin aufging, ihren Mann vor allem zu schützen, was ihn in seiner künstlerischen Arbeit hätte stören können.

Paula zeigt sich beeindruckt von dem liegenden Akt, an dem der Bildhauer gerade arbeitet. Erst beim Abschied, als das Ehepaar Hoetger die junge Deutsche auffordert, sie doch wieder zu besuchen, stellt sich Paula als die Frau des Worpsweder Malers Otto Modersohn vor. Über sich und ihre Arbeit verliert sie kein Wort.

Erst bei ihrem zweiten Besuch in der Rue de Vaugirard fünf Wochen später rutscht der Künstlerin während eines Gesprächs über Malerei eine Formulierung über die Lippen, die den Bildhauer aufhorchen läßt.

«Was, Sie malen?»

«Ja», antwortet Paula mit einem bescheidenen Lächeln.

Bernhard Hoetger ist fasziniert von dieser jungen Frau. Die Art, wie sie über ihre Bilder redet, sich über Kunst äußert, gefällt ihm und weckt seine Neugier. Nun möchte er seinerseits etwas von ihr sehen. Sein Erstaunen und seine Bewunderung sind groß, als er Paula Anfang Mai in ihrem Atelier in der Avenue du Maine besucht. Großartig! stellt der Bildhauer angesichts der Studien und Bilder anerkennend fest und ermutigt die Malerin, sich treu zu bleiben und den Besuch der Schule aufzugeben: «Es sind alles große Werke.»

Was für ein Lob! Paula ist beglückt. Einen Tag nach dem Besuch des Bildhauers schreibt sie an ihn:

Daß Sie an mich glauben, das ist der schönste Glaube von der ganzen Welt, weil ich an Sie glaube. Was nützt mir der Glaube der anderen, wenn ich doch nicht an sie glaube. Sie haben mir Wunderbarstes gegeben. Sie haben mich selber mir gegeben. Ich habe Mut bekommen. Mein Mut stand immer hinter verrammelten Toren und wußte nicht aus noch ein, Sie haben die Tore geöffnet. Sie sind mir ein großer Geber. Ich fange jetzt auch an zu glauben, daß etwas aus mir wird. Und wenn ich das bedenke, dann kommen mir die Tränen der Seligkeit.
Ich danke Ihnen für Ihre gute Existenz. Sie haben mir so wohl getan. Ich war ein bißchen einsam.
5. Mai 1906

Mit der gleichen Post meldet sich Paula auch bei Herma Becker. Otto habe fünf Bilder verkauft, berichtet sie ihrer Schwester in freudig erregter Eile und bittet sie, sie möge ihm gleich von der Geldnot schreiben, unter der sie beide in Paris leiden. Sie habe die ganze Nacht nicht schlafen können, immer still gesungen, erzählt sie Herma und beschwört die Schwester, gleich am nächsten Nachmittag in die Avenue du Maine zu kommen, damit sie eine Studie nach ihr machen könne: «Ich bin so riesig im Malen!» Herma Becker schreibt postwendend an Otto Modersohn:

Paula ist gerade sehr gehobener Stimmung durch ihre Arbeit. Höxter [Hoetger] hat ihre Sachen angeschaut und war ganz davon durchdrungen. «Großartig, sehr fein» etc. kam es immer ganz leise heraus. Und dann machte er ihr Mut, gab ihr den berühmten, manchmal gerade notwendigen Anstoß für die Malerei, und nun ist das Seelchen befreit. Ich schneite zufällig grade herein, sah und hörte mit und freute mich an Paulas großen Augen, die gierig und demütig zugleich all die Offenbarung einschlürften. Ja, nun ist sie felsenfest und glaubt und arbeitet, und es saust ihr nur so von der Hand. Heut nachmittag muß ich gleich ein paar Stunden stillsitzen, da sie im Augenblick nicht mal imstande ist, Sonntag zu machen; nur malen, malen, malen; es wird was!
6. *Mai 1906*

Zu Paula Modersohns Modellen in Paris gehörten neben der Schwester Herma vorwiegend italienische Frauen und Kinder. Der Einfluß einiger französischer Moderner auf ihre Malerei wird in diesen Monaten des Jahres 1906 besonders deutlich. Bilder wie «Sitzender Mädchenakt mit Blumen» und «Kinderakt mit Storch» entstehen. Hier hat offensichtlich Paul Gauguin anregend gewirkt. Unverkennbar sind die kühne, sich ganz von der Wirklichkeit lösende Farbe und die Form der Figur, die sich statuarisch und breitflächig vor einem stilisierten Hintergrund erhebt. Auf einem runden, leuchtendblauen Untergrund, einer Insel gleich, hockt ein dunkelhäutiges nacktes Kind vor einer abstrahierten Wasserlandschaft mit einem Storch. Die Hände sind vor dem Bauch gefaltet und halten einen

Zweig. Eine Perlenschnur schmückt sein Haar und seine beiden Handgelenke. Zu beiden Seiten des Kindes liegen jeweils eine Zitrone und eine Orange. Diese Früchte, einem alten Mythos zufolge Symbole der Trauer und der Fruchtbarkeit, gehören zu den immer wieder auftauchenden Attributen in Paula Modersohns Bildnissen.

Paula, ganz allein mit sich selbst, arbeitet jetzt wie im Rausch. Auch nachts findet sie kaum Ruhe, steht häufig auf, läuft im Nachthemd durch ihr mondhelles Atelier, betrachtet ihre Bilder und wünscht sich, der nächste Tag möge schnell wieder beginnen, damit sie das richtige Licht zum Schauen, Korrigieren, Weitermalen habe. «Dieses Schlafen zwischen den Bildern ist entzückend», schreibt sie an Otto Modersohn. Selbst zum Essen scheint die Zeit kaum zu reichen. Früchte und Brot sind das einzige, was sie in diesen Wochen zu sich nimmt. Meistens verläßt Paula erst gegen Abend das Atelier. An ihre Schwester Milly schreibt sie:

(...) ich werde etwas – ich verlebe die intensiv glücklichste Zeit meines Lebens. Bete für mich. Schicke mir die 60 Frcs. für Modellgelder. Danke. Werde nie irre an mir.
Mai 1906

Paula ist von einer inneren Unruhe getrieben, die Pausen nicht zuläßt und sie bis an den Rand der physischen Erschöpfung treibt. In diesen Frühlingsmonaten des Jahres 1906 wagt die Künstlerin sich an ein Thema, das sich zwar in Ansätzen schon lange angedeutet hatte, aber jetzt erst ganz in den Mittelpunkt ihrer Arbeit rückt: die Darstellung von Mutter und Kind.

Paula malt Akte. Mütter und Kinder, fast lebensgroß, nackte Frauen in reifer Körperlichkeit, die dem säugenden Kind Geborgenheit und Nähe geben, eindringlich schlicht in Farbe und Form.

Zu den Hauptwerken aus dieser Zeit gehört der Doppelakt «Liegende Mutter mit Kind», ein großes, in seiner Intimität, Direktheit und Monumentalität unerhört kühnes Bild, dem eine Reihe von Kompositionszeichnungen vorausgegangen waren.

Einander zugewandt liegen die Mutter und ihr Kind nackt, mit leicht angezogenen Beinen, auf einer hellen Unterlage. Der Kopf des Kindes ruht auf dem rechten Oberarm der Mutter. Diese hält ihren linken Arm schützend über den Kinderkopf. Großflächig gemalt und auf wenige warme Farben konzentriert, heben sich die beiden Körper als einheitliches Ganzes gegen den schlichten Hintergrund ab.

Die Auffassung von der Frau als Spenderin und Beschützerin des Lebens und Paulas Glaube an die «Mutterbotschaft» als Mysterium, «das für mich so tief und undurchdringlich und zart und allumfassend ist», kommen auf diesem Gemälde besonders stark zum Ausdruck.

Mathilde Becker, die seit dem Tod ihres Mannes bei Paula und Otto Modersohn in Worpswede ein zweites Zuhause gefunden hatte und sich nach ihrer Rückkehr aus Rom besonders auf das Wiedersehen mit der kleinen Familie freute, auf den blühenden Garten der Modersohns und ihr warmherziges, lebensvolles Haus, konnte sich nur schwer mit der Tatsache abfinden, daß ihre Tochter so plötzlich und unerwartet nach Paris gefahren war. Was für unglückliche Stunden voller Enttäuschungen und Verletzungen mußten diesem Schritt vorausgegangen sein! Und sie, die Mutter, hatte nichts von alledem geahnt! Hatte nicht helfen können. Niemals wäre sie sonst nach Rom gereist! Aber Mathilde Becker kannte ihre Tochter. Wie oft hatte sie sie beobachtet, hatte mit ihr reden wollen, sich dann aber doch zurückgehalten und Paula in ihrem Schweigen gewähren lassen. Sie konnte sich so sehr in Otto Modersohn hineinfühlen. Seine Liebe zu Paula rührte sie. Was versprach er ihr nicht alles! Mathilde Becker schrieb an ihre Tochter nach Paris:

Ottos Brief, den ich Dir beilege, rechtfertigt Dein Fortgehen in so zarter Weise, daß ich kein Wort darüber zu sagen hatte und dachte: Wenn die zwei innerlich drüber einig sind, dann muß es wohl recht sein. Daß an Eurem Verhältnis ernsthaft etwas erschüttert sein könnte, kam mir nicht in den Sinn. (...)
Wie schwer wir nun alle an dem Leid tragen, das über Euch gekommen, mag ich nicht sagen. (...)
Ach Paula, warum kamst Du nicht zu einem von uns, zu mir, zu Kurt, zu Milly – ließest Dich eine Weile lieben und pflegen, bis Dir's besser wurde. (...)

Dein Mann trägt diese schwere Prüfungszeit in einziger Art, ich habe mir so etwas nicht vorstellen können. (...)
Vor meinem Häuschen mitten im Lärm der elektrischen Bahn schlägt eine Nachtigall, wie ich ihresgleichen nie hörte. (...) Otto sagte: Das ist das Männchen, das singt dem brütenden Weibchen vor, damit es die Geduld nicht verliert. Wir konnten nicht reden vor dem schmetternden Nachtgesang. Wir lauschten, und manchmal sagte Otto oder Kurt oder Milly oder ich: Wenn Paula doch bei uns wäre. Wenn Paula doch bei uns wäre. Der Vollmond scheint, und alle Bäume blühen. Wenn unsere Paula doch bei uns wäre!
8. Mai 1906

Endlich ein Zeichen von der Mutter. Paula ist erleichtert. Dankbar. Ihre Antwort ist liebevoll und anhänglich. Dennoch macht die Tochter der Mutter unmißverständlich klar, daß sie die richtige Entscheidung getroffen hat, und bittet sie um Geduld:

Daß Du nicht böse auf mich bist! Ich hatte solche Angst, Du würdest böse sein. Das hätte mich traurig und hart gemacht. Und nun bist Du so gut zu mir. Ja, Mutter, ich konnte es nicht mehr aushalten und werde es auch wohl nie wieder aushalten können. Es war mir alles zu eng und nicht das und immer weniger das, was ich brauchte.
Ich fange jetzt ein neues Leben an. Stört mich nicht, laßt mich gewähren. Es ist so wunderschön. Die letzte Woche habe ich gelebt wie im Rausche. Ich glaube, ich habe etwas vollbracht, was gut ist. Seid nicht traurig über mich. Wenn mein Leben mich nicht wieder nach Worpswede führen sollte, so waren die acht Jahre, die ich da war, sehr schön.
Ich finde Otto auch rührend. Das und der Gedanke an Euch macht mir den Schritt besonders schwer.
Laßt uns ruhig abwarten. Die Zeit wird das Rechte und das Gute bringen. Was ich auch tue, bleibt fest in dem Glauben, daß ich es mit dem Wunsche, das Richtige zu tun, tue. Kurt drücke ich die Hand. Er ist so gut zu mir gewesen. Er ist für mich ein Stück Vater.

Du, liebe Mutter, bleibe mir immer nah und gebe meinem Tun den Segen. Ich bin Dein Kind.
10. Mai 1906

Es kann Paula Modersohn nicht leichtgefallen sein, sich dem liebenden Verständnis und dem Wunsch der Familie, sie möge heimkehren, so entschieden zu widersetzen, zumal auch die Freunde in Worpswede Paula zu verstehen gaben, daß sie ihnen fehle und alle den Tag ihrer Rückkehr herbeiwünschten. Die inneren Kämpfe der jungen Malerin in diesen Monaten des Jahres 1906 müssen schwer gewesen sein. Briefe gingen hin und her, nach allen Seiten mußte sie sich erklären, rechtfertigen, verteidigen. Begriff denn niemand, daß sie einfach nur ungestört und konzentriert arbeiten wollte? Warum konnte es selbst ein so naher Freund wie Carl Hauptmann, dem sich Paula offenbart hatte, nicht lassen, an ihre Vernunft zu appellieren, statt ihren Wunsch nach Zurückgezogenheit zu respektieren? Hauptmann schrieb an Paula:

Ich träumte diese Nacht mit größter Bestimmtheit von guter, friedsamer Heimkehr nach Worpswede. Möchte es Erfüllung sein! Möchte Ihnen wieder der Quell guter, klarer Gefühle für ein einsames, aus sich tätiges Eigenleben fließen, das Sie nur aus Unkenntnis oder Schwäche Philistertum nennen.
Sie sprechen von Liebe! Es sind tausend Masken. Die Sie Liebe nennen, wer weiß, ob nicht nur eine Strohpuppe dahinter sich verbirgt? Das Leben wird es Sie lehren, wenn es nicht zu rechter Zeit ein gesundes Gefühl lehrte. Sie kennen doch manche Tragödie. Zum Schluß weiß auch Lear, wo Liebe war, und sucht sie dort vergebens. Hüten auch Sie sich!
Ich will noch immer hoffen!
5. Mai 1906

Bedrängnis, aber auch ein großes Gefühl von Freiheit, das unerschöpfliche Kräfte freisetzt. «Lieber Otto», meldet sich Paula, «ich habe Dir furchtbar lange nicht geschrieben. Das kommt, weil ich so tüchtig in der Arbeit bin.» Sehr gutgegangen sei es ihr während der vergangenen zwei Wochen, berichtet sie ihrem Mann, Tag und

Nacht habe sie intensiv an ihre Malerei gedacht. «Jetzt flaue ich etwas ab, arbeite nicht mehr so viel und bin auch nicht mehr so zufrieden. Doch im ganzen habe ich immer noch eine höhere und heiterere Anschauung von meiner Kunst als in Worpswede. Nur verlangt es große, große Anstrengungen.»

Und Hoetgers Besuch in ihrem Atelier? «Mir ist, als wenn ich ihn schon lange gekannt hätte», erzählt sie in ihrem Brief nach Worpswede. Er sage, sie habe großes Talent. Aber, fügt sie beschwichtigend hinzu: «Grund zur Eifersucht ist nicht vorhanden, denn vergangenes Jahr hat er eine Frau geheiratet, die er über alles liebt.» In diesen Tagen erhält Paula einen Brief von Otto Modersohn. Was mag sie empfinden, als sie seine Zeilen liest? Er offenbart ihr darin, daß er in den ersten Ehejahren eine Schwangerschaft geradezu gefürchtet habe:

> Nach unruhiger Nacht habe ich mich in aller Frühe hinausgemacht. Hier, bei den kleinen Birken hinter der Ziegelei, tritt Dein Geist so lebhaft und eindringlich mir entgegen. (...)
> – Der Wahrheit gemäß will ich nicht unerwähnt lassen, daß ich in den ersten Jahren Dich aus übergroßer Liebe nicht gern Mutter werden sah, ich konnte den Gedanken nicht ertragen, daß Dein Leben in Gefahr käme; ich wollte Dich, Dich selbst, Deinen Geist. (Ich mußte daran denken, daß Rembrandt seine Saskia im Wochenbett verloren.)
> Und im vorigen Jahr war es nicht nur dies, das fehlte. (...) Ich lebte einseitig meiner Kunst hingegeben. (...) Du hast ein hohes und schönes Ideal und Maß in Dir – da wurdest Du irre an mir, und das Leben befriedigte Dich nicht, Du hattest es anders gemeint und gewollt, als Du dich verbandest. (...) Ich war in dem alten romantischen Obstgarten – darin ein Häuschen – ganz neu beginnen in allem – innen und außen. – Ich kann warten.
> Über Dein hoffnungsvolles künstlerisches Streben und Hoetgers aufmunterndes Urteil habe ich mich so sehr gefreut. Ich wünsche Dir zu Deiner Arbeit alles Gute, alles Glück. – Das Geld und die Farben wirst Du erhalten haben, der Krug mit dem Malmittel war mir leider zerbrochen, als ich ihn verpacken wollte. –
> *15. Mai 1906*

«Ich habe die letzten Wochen gearbeitet wie in meinem ganzen Leben noch nicht», schreibt Paula Modersohn am 15. Mai an Heinrich Vogeler. «Ich glaube, es wird. Und das geht schön.» Wenn die Freunde in Worpswede nur wüßten, wie oft sie an sie denken muß. Könnten sie nur verstehen, daß sie diese Freiheit für ihre Arbeit braucht und daß diese Freiheit sie froh stimmt.

«Bewahren Sie mir ein freundliches Gefühl», fordert Paula Modersohn das Ehepaar Vogeler auf, «wie auch mein Leben sich wenden möge.» «Ich hoffe ja, daß es immer besser wird und daß ich immer besser werde.»

Als Antwort auf einen Brief Martha Vogelers vom 21. Mai 1906, in dem sie Paula angekündigt hatte, daß sie und ihr Mann gern drei ihrer Studien kaufen würden, schrieb Paula:

Ihr kleiner Brief hat mir viel Freude gemacht. Ich sehe daraus, daß Sie mich gerne leiden mögen, und das tut immer gut. Wir bleiben ja trotzdem «Familie», wenn ich auch nicht bei Ihnen bin. –
Krank bin ich gar nicht, wie Otto Modersohn es meint. Ich bin fix und wohl und habe eine Riesenlust an meiner Arbeit. Ich empfinde auch, daß ich das Richtige tue, trotzdem ich natürlich an Otto Modersohn und Elsbeth und an meine Familie mit traurigen Gefühlen denke. Sie machen jetzt die Schmerzen durch, die ich vorher durchgemacht habe, nur gewinnen sie nichts dabei, während ich schon bis jetzt manche schöne Stunde erlebt habe. Ihr sollt sehen, jetzt, in der Freiheit, wird etwas aus mir. Fast glaube ich, noch dieses Jahr. Und wenn ich das bedenke, dann werde ich ganz fromm. (...)
Ich male lebensgroße Akte und Stilleben mit Gottvertrauen und Selbstvertrauen.
21. Mai 1906

Der Reihe von großen, aussagekräftigen Mutter-Kind-Bildern folgten in diesem krisenreichen Jahr 1906 zahlreiche Selbstbildnisse. Die Ich-Darstellungen der Malerin durchziehen ihr gesamtes Werk, aber in ihrem vorletzten Schaffensjahr erreichte die Künstlerin in ihren Bildnissen eine malerische Reife, die zu diesem Zeitpunkt unübertroffen war. Die mit wenigen künstlerischen Mitteln auf das

Wesentliche reduzierte, große, geschlossene, häufig sogar fast maskenhaft wirkende Form lehnt an die antiken Mumienporträts an, die Paula bei ihren Streifzügen durch den Louvre entdeckt und als ganz gewaltig auf sie wirkendes Kunstereignis empfunden hatte.

Diese Mumienporträts spielten innerhalb des Totenkults in den ägyptischen Hochkulturen und in der griechischen Vorklassik eine bedeutende Rolle. Die als schmale Holztafeln in die Mumie eingelassenen Bildnisse der Verstorbenen verbinden spannungsvoll die naturnahe Wiedergabe der porträtierten Person mit einer maskenhaften Entrücktheit in den Bereich des Überpersönlichen.

Paula Modersohns sowohl formale als auch farbliche Orientierung am antiken Vorbild und die Einbeziehung von Früchten, Kränzen, Ketten oder Zweigen als Bildelemente sind ebenfalls auf vielen Mumienporträts zu sehen. Am deutlichsten läßt sich das aus den beiden Gemälden «Selbstbildnis mit Kamelienzweig» von 1907 und «Selbstbildnis mit Zitrone» aus demselben Jahr erkennen.

Paris, 25. Mai 1906. Es ist früh am Morgen. Eine warme Frühlingsluft strömt durch das halb geöffnete Atelierfenster. Der noch dunstige Tag verspricht, schön zu werden. Paula steht nackt vor dem Spiegel und betrachtet ihr Gesicht, den Hals, die Schultern, die Brüste. Sie legt ihre Hände auf den leicht gewölbten Bauch, blickt an ihrem Körper mit den breiten Hüften und den kräftigen Oberschenkeln herunter. Sie kämmt sich das braune Haar und legt es wie einen Kranz um ihren Kopf. Heute ist ihr sechster Hochzeitstag. Und sie ist in Paris, allein in ihrem Atelier, in der Stille, verborgen vor den Augen der Öffentlichkeit, umgeben von ihren Bildern, frei zu tun, was sie möchte. Lächelnd betrachtet sie ihr Ebenbild im Spiegel, das sich vor der gleichmäßig blaugrün getupften Tapete abhebt. Ihr Blick ist forschend und fragend zugleich, aber auch selbstbewußt und triumphierend.

Paula greift in die Schale mit den Ketten, die auf dem Boden neben dem Waschtisch steht. Sie legt sich die Bernsteinkette um den Hals, die so lang ist, daß sie bis zu den Brüsten reicht. Um ihre Hüften legt sie ein dünnes, silbrig graues Tuch.

Heute wird sie sich malen, im Halbakt und lebensgroß.

«Dies malte ich mit 30 Jahren an meinem 6. Hochzeitstage», schreibt Paula mit Bleistift auf ihr Bildnis und unterzeichnet es mit den Initialen ihres Mädchennamens, «P. B.».

Ein kühnes und für Paulas Zeit unglaublich provokatives Bild. Eine Frau stellt sich in ihrer eigenen nackten Körperlichkeit dar und deutet eine Schwangerschaft an, ohne schwanger zu sein. Der Wunsch nach einem Kind? Der Glaube an ihre Liebesfähigkeit und Fruchtbarkeit? Die Bereitschaft, trotz der Trennung von ihrem Mann Mutter zu werden?

Bei ihrer mutigen, nicht etwa von einem geheimnisvollen Mythos umwobenen, sondern ganz unbefangenen und direkten Ich-Darstellung geht es Paula Modersohn auch darum, sich im schöpferischen Prozeß selbst zu erkunden und zu erfahren. Sie will sich in ihrer menschlichen Ganzheit und Bedeutung als weibliches Wesen erfassen – als Wesen, das den Kreislauf Geburt – Leben – Tod in sich trägt.

Einen Tag nachdem Paula Modersohn ihr Hochzeitstagsbild gemalt hat, notiert sie in ihr Tagebuch:

Wenn Ottos Briefe zu mir kommen, so sind sie wie eine Stimme von der Erde, und ich selbst bin wie eine, die gestorben ist und in seeligen Gefilden weilt und diesen Erdenschrei hört.
26. Mai 1906

An Kühnheit noch übertroffen wurden die Halbakte durch das «Selbstbildnis im ganzen Akt». Dieser Bildtypus war neu und so noch nie gewagt. Dem ganzfigurigen, in dunklen Farben und einfachen Formen gemalten Bildnis, auf dem sich der nackte Frauenkörper wie eine Statue vor einem schlichten, dunklen Hintergrund abhebt, liegen «Vorstudien» in Form von Fotografien von der Schwester Herma zugrunde, die nach genauen Anweisungen der Malerin gemacht wurden.

Pfingsten 1906, 3. Juni. In Paula Modersohns Atelier in der Avenue du Maine steht das Porträt Rainer Maria Rilkes auf der Staffelei. Das Bild ist auffallend klein. Es zeigt ein flächig gemaltes Gesicht mit einer hohen, eckigen Stirn und rot umrandeten Augen, die glanzlos, leer und starr blicken. Der ebenfalls rote Mund, den ein dunkler Bart umschließt, ist halb geöffnet. Das Gesicht wirkt erschütternd maskenhaft.

Paula betrachtet das Porträt des Dichterfreundes. Obwohl es das in ihren Augen Charakteristische bereits enthält, hätte sie gern noch weitergemalt. Warum, so fragt sie sich, mag Rilke die Sitzung so plötzlich abgebrochen haben? Soll sie ihm die Begründung glauben, er habe nicht mehr Zeit, weil er sich dringend um eine neue Unterkunft kümmern müsse, da ihm Rodin seinen Arbeitsplatz gekündigt hatte? Ein Klopfen an der Ateliertür unterbricht Paula in ihren Überlegungen. Sie zieht den Vorhang zur Seite und öffnet die Tür. Vor ihr steht ihr Mann.

Otto Modersohn hatte das Pfingstfest 1906 zum Anlaß genommen, zu seiner Frau nach Paris zu reisen. Er hoffte, daß ein ruhiges Miteinander und gemeinsame Gespräche helfen würden, einen Weg aus der ehelichen Krise zu finden. Bei allem Verständnis für ihr wachsendes Künstlertum, bei aller Bereitschaft, ihr Opfer zu bringen – konnte Paula denn nicht begreifen, daß auch er an seine Kunst denken mußte, die es mit Konzentration und Hingabe weiterzuentwickeln galt? Wie sollte er in Ruhe arbeiten, solange seine Frau ihn derart im ungewissen ließ?

Aber Paula Modersohn, in diesen Frühlingsmonaten noch so tief und so selig in ihrer künstlerischen Arbeit und so zufrieden mit ihrem Alleinsein, fühlte sich durch das plötzliche Auftauchen ihres Mannes in Paris gestört und konnte auf seine wiederholte Bitte nicht eingehen, mit ihm nach Worpswede zurückzukehren. Paula vertröstete ihren Mann auf den September. Der Herbst sollte die Entscheidung bringen.

Über die acht «aufreibenden» Pariser Tage schrieb Herma Becker an die Mutter nach Bremen:

> Otto wird Dir von allem sprechen, ich kann es nicht. Diese Woche war sehr aufreibend für uns alle drei, und mir ist, als hätte ich eine schwere Arbeit getan. Es ist gut, daß Otto jetzt geht und versteht, daß im Augenblick nichts zu machen ist. Man sprach von allem und jedem, um doch immer wieder auf den Hauptpunkt zurück-

zukommen, den man unter jedem gleichgültigen Gespräch fühlte; Otto war rührend gut, versuchte, versprach alles; Paula weiß das natürlich so gut wie wir, und dennoch! Was Kurt sagt, fühle ich sehr; wie ungerecht es ist, daß so viele Menschen von einem leiden müssen, daß einem eine solche Macht gegeben ist. Je länger sich alles hinzieht, (...) um so schwerer wird es, denn es wird fast ein Ehrenpunkt, seine Sache durchzuführen. Und unter all die Menschen zurückzukehren, die einen plötzlich hart und verurteilend ansehn, deren Reden man gehört hat, ist ja gewiß sehr schwer. Ob es richtig von Otto war, ihr das alles so offen herauszusagen, daß sie plötzlich ihr Zuhause wie eine freudlose Leere sieht, weiß ich nicht. Ich kenne Paula doch wohl in vielem besser als er, der immer zu subjektiv urteilt.

8. *Juni 1906*

Bei den Freunden in Worpswede stieß Paulas Verhalten auf immer größeres Unverständnis. «Um Otto Modersohn steht es traurig, ich weiß», las Heinrich Vogeler in einem Brief, den ihm Paula am 30. Juli geschickt hatte. «Ich habe ihm geschrieben, wenn er seine Bilder zur Gurlitt-Ausstellung fertig hat, soll er hierherkommen und vielleicht auf dem Lande irgendwo malen. Dann müssen wir sehen, was wir uns noch gegenseitig zu geben haben.»

Warum war sie nicht mitgekommen? Auch Otto Modersohn wollte nicht begreifen, daß es ihm während der Tage in Paris nicht gelungen war, mit seiner Frau zu einer Verständigung zu kommen. Er schrieb an sie nach Paris:

Du sagtest mir, aus dunklem Gefühl heraus hättest Du gehandelt. (...) Du hast mir selbst in diesem Jahr oft gesagt: Wie die fünf Jahre für Dich im allgemeinen glücklich gewesen seien. (...) Deine letzten Worte im Frühjahr 1905 lauten: «Ich bin Dein, Du bist mein, des sollst Du gewiß sein – Deine Paula.» Und dieses Gefühl der Liebe soll so vergehen und verwehen – wenn Du mich wirklich erkannt, dann ist es ausgeschlossen. Vor Weihnachten, in Deiner schweren Stimmung, sagtest Du mir: «Laß nur, das wird besser, wenn ich älter bin, mir tut es leid um Dich.» (...) Denen Du Dich anvertraust, sind nicht Deine wahren Freunde. (...)

Wo ist Gefühl, wo ist wahre Menschlichkeit? (...) Kein anderer Mensch darf es wagen, in unseren Konflikt sich einzumischen. (...) Denke um Gottes willen nicht an die Fesseln, die Du Dir durch Deine Aussprache mit den Worpsweder Freunden geschaffen – sie müssen Dir nichts sein. Wir können anderswo leben, wir können Gras wachsen lassen und wenn wir wollen zurückkehren. Und dann denke überhaupt, daß wir, daß Du Deine Kunst fern von Worpswede und seinem Einfluß treiben kannst.
5. Juli 1906

Natürlich fühlte sich Paula in den ersten Tagen nach der Abreise Otto Modersohns wie gelähmt. Nur quälend langsam wollte es ihr gelingen, sich wieder auf ihre Arbeit zu konzentrieren.

Angesichts der ermüdenden Hitze, die im Juli 1906 in Paris herrschte, faßte sie den Plan, irgendwo aufs Land auszuweichen oder in die Bretagne zu fahren, um dort zu arbeiten. Nach einer Begegnung mit Lee und Bernhard Hoetger, die Paula in diesen Sommerwochen häufig schon morgens zum Frühstück traf, war die Entscheidung gefallen. Sie folgte einer Einladung des Ehepaars nach Burs bei Paris.

Schöne, unbeschwerte Sonnentage im Haus der Freunde folgten. «Sie sind beide weiter so fürsorglich und reizend zu mir», schrieb Paula Modersohn an ihren Mann. «Auch die Frau, die zuerst sehr still ist, öffnet sich im Verkehr und erschließt sich als ein Mensch mit sehr feinen Instinkten.» Lee Hoetger saß Paula Modell. «Ich male im Augenblick Frau Hoetgers Porträt, die prachtvoll großartig aussehen kann und schwer mit einer riesigen Haarkrone, blond, kolossal formvoll.»

Mit großem Einfühlungsvermögen zieht Paula in diesem Bildnis alle Konsequenzen aus dem, was sie von den antiken Vorbildern gelernt hat: sie reduziert Stirn, Augen, Nase, Wangen und Kinn auf ihre einfachen Grundformen. Sie entfernt sich damit von der wirklichkeitsgetreuen Wiedergabe der Person und erreicht, ganz im Sinne des Kubismus, eine bildnerische Sprache, die höchst vereinfacht ist, monumental und ausdrucksvoll.

An Otto Modersohn schrieb Paula:

Heute habe ich das Porträt von Frau Hoetger angefangen. Die Frau interessiert mich und wird mir immer lieber. Sie hat etwas Großartiges in sich. Und zum Malen ist sie ganz prachtvoll. Wenn ich nur etwas von dem, was ich bei ihr empfinde, in meinem Bilde herausbekomme. (...)
Die Malerei ist schön, nur sehr, sehr schwer.
Man muß nur an sich glauben, damit bringt man schon einiges zustande.
3. August 1906

Der Korrespondenz zwischen Otto Modersohn und Fritz Overbeck ist zu entnehmen, daß sich Modersohn schon vor dem Sommer 1906 vergeblich um Ausstellungsbeteiligungen für Paula bemüht hatte. Im Herbst 1906 sollte eine Ausstellung der Worpsweder in der Bremer Kunsthalle stattfinden, an deren Vorbereitung Otto Modersohn maßgeblich beteiligt war. Ende des Jahres wollte sie der Kunsthändler Gurlitt in seinen Räumen in Berlin präsentieren. Otto Modersohn schlug seiner Frau vor, vier ihrer Bilder zu dieser Ausstellung zu geben, womit Paula einverstanden war:

Ich bin eifrig mit der Gurlitt-Ausstellung beschäftigt – (...) Ich wollte, ich könnte Dir einmal die Sachen zeigen. Du mußt auch bei dieser Ausstellung ausstellen. Ich habe für das Stilleben auf blaugrünem Grund mit Bambino und für die Äpfel auf roter Decke Rahmen bestellt. Außer diesen möchte ich das schlafende Kind (Bremer Bild) und den Kinderkopf mit Hut (wofür Vogeler Rahmen bestellt hat) ausstellen, auch vielleicht das große Stilleben mit der lila Decke und den Äpfeln im Korb. Wenn Du aber dort etwas Neueres hast, was Dir gut scheint, dann schicke es bald hierher, damit ich es rahmen lassen kann. Vorher können die Sachen gut bei Franz Vogeler ausgestellt werden.
10. August 1906

Was mag Bernhard Hoetger bewegt haben, im August, mehr als vier Monate nach seiner ersten Begegnung mit Paula, einen Brief an Otto Modersohn zu schreiben, in dem er sein eben noch anerkennendes

Urteil über ihre Kunst wenn auch nicht zurücknahm, so doch einschränkte? War dem Bildhauer und seiner Frau während der gemeinsamen Monate in Paris, in denen sie sich häufig mit Paula trafen und sie immer besser kennenlernten, klargeworden, daß diese junge Malerin, deren ganzes Streben ausschließlich auf ihre künstlerische Erfüllung ausgerichtet war, in einer Stadt wie Paris allein nicht überleben können würde?

Wenn ich Ihrer Frau ein Lob spendete, so gab ich stets aus natürlichem und wahrem Drange den Nachsatz hinzu; denn wir können immerhin nur das große Talent Ihrer Frau als eine noch ungepflegte Mitgabe betrachten, die erst Blüten tragen kann, wenn ernste seelische Konflikte ihr die gute Pflege erkennen lassen und ruhiges Denken sie zur Anwendung derselben treibt. Sie sehen, lieber Modersohn, wie ich darüber denke, daß mein Lob nur dazu dienen soll, ihr Kraft zur Erwerbung ihrer Ziele zu geben.
10. August 1906

«Bist Du so gut und schickst mir das Brockhaus-Geld und das Juligeld schon am 10., da ich meine Miete bezahlen muß», hatte Paula Modersohn ihren Mann Ende Juni gebeten und ihm mitgeteilt, daß sie sich hundert Mark bei Rilke geborgt habe, die sie dringend zurückzahlen müsse. Louise Brockhaus, die Paula während eines Aufenthalts in Pillnitz kennengelernt hatte, war im Juni 1906 in Worpswede gewesen und hatte eines von Paulas Stilleben mit Äpfeln und Banane gekauft, das bei Otto Modersohn im Atelier stand. Es ist eins der insgesamt vier Bilder gewesen, die die Künstlerin zu Lebzeiten verkaufen konnte.

Auch Vogeler, der für die Studie mit den Äpfeln und dem grünen Glas einhundert Mark zahlen sollte, schuldete Paula Geld. «Bitte ziehen Sie das Geld von den 100 Mark ab», schrieb sie an den Freund nach Worpswede. Wie es in Paris weitergehen und woher das Geld kommen sollte, wenn nicht von Otto Modersohn – darüber machte sich Paula in diesen Sommermonaten des Jahres 1906 durchaus Gedanken. Selbstsicher ließ sie sowohl ihren Mann als auch ihre Mutter in den Briefen vom 3. September wissen, daß sie sich darum kümmern werde, ihre «äußere Existenz» zu sichern. Konkrete Schritte aber unternahm sie nicht. Ihre Zeit gehörte weiterhin allein der Kunst. Paula arbeitete wie besessen und fühlte sich glücklich in ihrer Freiheit. Ihr Selbstbewußtsein wuchs. «Wenn im Grunde am Menschen etwas dran ist, so kann er machen, was er will, es wird sich alles zum Guten wenden», hatte sie am 12. August an Heinrich Vogeler geschrieben. «Das hoffe und glaube ich auch bei mir. Und das gibt mir Ruhe.»

In diesen späten Sommerwochen des Jahres 1906 muß sie sich als Frau und Künstlerin so stark und sicher gefühlt haben, daß sie den Willen und den Mut aufbrachte, sich trotz ihrer finanziellen Not endgültig von ihrem Mann und von ihrem Leben in Worpswede loszusagen. An Otto Modersohn schrieb sie:

Die Zeit rückt näher, daß ich denke, daß Du kommen könntest. Nun möchte ich Dich bitten um Deinet- und meinetwillen: Erspare uns beiden diese Prüfungszeit. Gib mich frei, Otto. Ich mag Dich nicht zum Manne haben. Ich mag es nicht. Ergib Dich drein. Foltere Dich nicht länger. Versuche mit der Vergangenheit abzuschließen. – Ich bitte Dich, alle äußerlichen Dinge nach Deinem Wunsche und Willen zu regeln. Wenn Du noch Freude an meinen Malereien hast, suche Dir aus, was Du behalten willst. Tue bitte keine Schritte mehr, uns zu vereinigen, sie würden nur die Qual verlängern.
Ich muß Dich noch bitten, mir ein letztes Mal Geld zu schicken. Ich bitte Dich um die Summe von fünfhundert Mark. Ich gehe für die nächste Zeit aufs Land. So schicke es bitte an B. Hoetger, 108, Rue Vaugirard. In dieser Zeit will ich Schritte tun, meine äußere Existenz zu sichern.
Ich danke Dir für alles Gute, was ich von Dir gehabt habe. Ich kann nicht anders handeln.
3. September 1906

Am selben Tag äußert sie sich ihrer Mutter gegenüber:

Ich habe Dir in diesem Sommer viele Schmerzen gemacht, ich habe selbst darunter gelitten. Es gab keinen Weg, Euch zu ver-

schonen. Mutter, ich habe Otto geschrieben, er soll gar nicht kommen. Ich werde in dieser Zeit Schritte tun, meine äußere Existenz für die nächste Zeit zu sichern. Verzeiht mir den Jammer, den ich über Euch bringe. Ich kann nicht anders.
Ich gehe für die nächste Zeit aufs Land. Ich werde versuchen, Dir jetzt wieder öfter zu schreiben. Tut keine Schritte, Ihr könnt nichts mehr hindern.
Ich habe Euch alle herzlich lieb, wenn es Euch im Augenblick auch nicht so scheinen mag.
3. September 1906

Nur sechs Tage nach ihrem Abschiedsbrief an Otto Modersohn widerruft Paula ihre Zeilen und schreibt:

Mein herber Brief war aus einer großen Verstimmung heraus geschrieben. (...) Auch war mein Wunsch, kein Kind zu bekommen, doch ganz vorübergehend und stand auf schwachen Füßen. (...) Es tut mir hinterher leid, ihn geschrieben zu haben. Wenn Du mich überhaupt noch nicht aufgegeben hast, so komme bald her, daß wir uns versuchen wieder zu finden. Der Umschlag in meiner Meinung wird Dir merkwürdig vorkommen.
Ich armes Menschlein, ich fühle nicht, welches mein richtiger Weg ist. All diese Verhältnisse sind über mich gekommen, und ich fühle mich doch ohne Schuld.
Ich will Euch ja nicht peinigen.
9. September 1906

Die fast demütige Bitte um Verständnis, das Gefühl von Hilflosigkeit. Was geht in Paula Modersohn vor? Hat wirklich allein Bernhard Hoetger den plötzlichen Sinneswandel der Malerin bewirkt, wie es aus Paulas eigenen Worten hervorgeht? «Hoetgers bleiben den Winter über noch hier, und ich hoffe, Du wirst an ihm einen Freund finden. Er spricht sehr lieb von Dir. Daß ich Dir den letzten Brief schrieb, geschah auf seinen Rat», teilt Paula ihrem Mann am 16. September mit. Und an ihre Schwester Milly schreibt sie am selben Tag:

Otto wird nun doch herkommen. Hoetger hat einen Abend in mich hineingepredigt. Darauf habe ich es ihm geschrieben.
16. September 1906

Keine weitere Notiz, die diesen schlagartigen Stimmungsumschwung erklären würde. Das Gespräch mit Bernhard Hoetger muß eindringlich gewesen sein. Der von ihr hochgeschätzte Bildhauer wird Paula bewußt gemacht haben, daß sie in Paris letztlich sehr allein war und daß nach der monatelangen, äußerst intensiven und auch erschöpfenden Arbeitsphase eine Zeit kommen mußte, da sie auf menschliche Nähe und seelische Unterstützung angewiesen sein würde. In ihren Aufzeichnungen aus dieser Zeit wird außer Hoetger niemand erwähnt, mit dem sie in Paris einen menschlichen oder künstlerischen Austausch gehabt hätte. Es ist von keinem Ateliergespräch die Rede, von keiner Begegnung mit anderen zeitgenössischen Künstlern.

Briefe an Milly Rohland-Becker, an Herma Becker, an die Mutter. Sie werden immer kürzer. Wenn Paula sich überhaupt mitteilt, geschieht dies in knappen Sätzen. Kaum noch eine Äußerung über ihre Kunst. «Es hat Dich betrübt, daß ich Dir nicht über meine Arbeit schreibe», entschuldigt sie sich bei der Schwester Milly und erklärt: «Die Kunst ist schwer, endlos schwer. Und manchmal mag man gar nicht davon sprechen.» «Ich mag nicht mehr schreiben. Es ist ja auch genug, wenn Du weißt, daß ich Dich lieb habe», formuliert sie der Schwester Herma gegenüber, und ihren Mann läßt sie wissen: »Wenn mir sonst das Briefeschreiben schon schwer war, so ist es mir jetzt noch schwerer.» Zwischen den Zeilen klingt immer wieder die Bitte durch, man möge sie moralisch nicht unter Druck setzen: «Ach, liebe Schwester, quäle doch nicht Dich und mich», antwortet Paula auf Millys Einladung, in ihrem Zuhause Ferien zu machen. «Ich komme ja zu Dir, ich weiß nur nicht, wann.»

«Ich komme heute mit praktischen Fragen über Deinen Aufenthalt hier», schreibt Paula am 16. September an Otto Modersohn. Soll sie ihm ein Atelier mieten? Wann wird er ankommen? Ob er ihr per Frachtpaket ihr geliebtes Federbett schicken lassen kann? Die Antwort aus Worpswede trifft umgehend in Paris ein:

Ich werde Ende der kommenden Woche reisen, und es wäre mir sehr lieb, wenn Du mir ein Atelier mietetest. (...) Mein Frachtkoffer ist bereits unterwegs. Willst Du wirklich Dein Oberbett haben, das ist doch schwer zu verpacken. – (...)
Ich war drei Tage mit Herma und dem jungen Friedberg auf Helgoland, was einen riesigen Eindruck auf mich gemacht hat. Beide Male starker Seegang. Herma war seekrank, ich fühlte mich selten so wohl. (...) Diese Sturmtage am Meere sind das gewaltigste, was ich je erlebt. Die Seele wird so weit und vergißt für kurze Zeit die ewigen Sorgen.
20. September 1906

14. KAPITEL

«Wenn man nur gesund bleibt und nicht zu früh stirbt»

Oktober 1906 – November 1907

Ende Oktober ist Otto Modersohn in Paris und bezieht im selben Haus wie Paula am Boulevard du Montparnasse ein Atelier. Auch Heinrich und Martha Vogeler sind für ein paar Tage nach Paris gekommen. «Es wurde eine sehr denkwürdige, hochanregende Zeit. Ich wohnte am Boulevard du Montparnasse bei Madame Galby; verkehrten viel mit Hoetgers, mit Paula wurde alles alsbald gut», wird Modersohn in sein Reisetagebuch schreiben. «Museen..., überhaupt die ganze wunderbare Stadt. Paula malte sehr viel: das italienische Modell mit dem Kinde, abends war ich immer in ihrem großen Atelier.»

Gemeinsam mit dem Ehepaar Vogeler besuchen Paula und Otto Modersohn den «Salon d'Automne» im Grand Palais. Neben einer Ausstellung russischer Kunst sehen sie Bilder von Pierre Bonnard, Paul Cézanne, André Derain, Henri Matisse und anderen. Beeindruckend ist eine Ausstellung des Lebenswerks von Courbet. Äußerst angeregt fühlt sich Paula von der großen Gauguin-Retrospektive, auf der 227 Werke aus verschiedenen Privatkollektionen gezeigt werden.

Ausflüge zu Rodin nach Meudon und nach Versailles, nach Fontainebleau und Barbizon und zu den königlichen Gräbern in die Kathedrale von St. Denis. Besorgungen in der Stadt. Gemeinsam stöbern Paula und Otto Modersohn nach alten Büchern und Kuriositäten, kaufen Kleider, «schöne alte Haarnadeln», Schuhschnallen und Porzellan aus der Bretagne.

«Auf die Dauer ohne Arbeit gefällt mir das Leben nicht», schreibt Paula und ist froh, nach dem Trubel während der Tage mit Vogelers, die inzwischen wieder abgereist sind, ihren Arbeitsrhythmus wiederzufinden. Sie zeichnet viel. Die Wände ihres Ateliers sind mit Skizzen und Gouachen gepflastert. Mit dem Bild «Kniende Mutter mit Kind», das die Künstlerin wohl in diesen Pariser Monaten begonnen hat, schafft sie eins ihrer Meisterwerke. Bilder wie der «Mädchenakt mit Blumenvasen» und «Kind mit Goldfischglas» entstehen im Herbst 1906. Paula malt zwei Selbstbildnisse, die zu ihren schönsten gehören: «Selbstbildnis mit Hut und Schleier» und das «Selbstbildnis mit der Hand am Kinn».

Auch Otto Modersohn gefällt das geistig anregende Leben. Oft besucht er Bernhard Hoetger, der ihn modelliert. «Die beiden verstehen sich mit der Zeit sehr gut. Otto erhofft von diesem Winter vieles für seine Kunst. Es gehen ihm neue Dinge auf. Das ist mir eine große Beruhigung, daß es so ist.»

Mitte Oktober erreicht Paula ein Brief von Clara Rilke:

Meine liebe Paula Becker, wir denken oft an Sie, was machen Sie wohl? Geht Ihr Leben in Paris so weiter wie im Sommer? Für den Fall, daß Sie allein bleiben wollen und es schwer haben, haben wir vielleicht eine Möglichkeit für Sie. Wenn Sie mir irgend etwas über Ihre Wünsche und Pläne schreiben würden, würde ich mich riesig freuen.
19. Oktober 1906

Vier Wochen später antwortet Paula Modersohn der Freundin:

Ich werde in mein früheres Leben zurückkehren mit einigen Änderungen. Auch ich selbst bin anders geworden, etwas selbständiger und nicht mehr voll zu viel Illusionen. Ich habe diesen Sommer gemerkt, daß ich nicht die Frau bin, alleine zu stehen. Außer den ewigen Geldsorgen würde mich gerade meine Freiheit verlocken, von mir abzukommen. Und ich möchte so gerne dahin gelangen, etwas zu schaffen, was ich selbst bin.
Ob ich schneidig handle, darüber kann uns erst die Zukunft aufklären. Die Hauptsache ist: Stille für die Arbeit, und die habe ich auf die Dauer an der Seite Otto Modersohns am meisten.
Ich danke Ihnen für Ihre freundschaftliche Hilfe und wünsche Ihnen zu Ihrem Geburtstage, daß wir zwei feine Frauen werden.
17. November 1906

«Was sagst Du zu dieser Fanfare!» Mathilde Becker jubelt. Wenn sie selbst die Kunst ihrer Tochter auch kritisch sieht und ganz besonders diesen «Kopf nicht ausstehen» kann, der zu den in der Kunsthalle ausgestellten Arbeiten gehört – die Nachricht freut sie ungeheuer: «Niemand anders als unser Museumsdirektor stößt für Dich ins Horn, Dr. Gustav Pauli ist Dein Lohengrin.»

In den «Bremer Nachrichten» vom 11. November 1906 war ein Artikel über die gemeinsam mit Fritz Overbeck, Hans am Ende und Otto Modersohn ausgestellten Bilder Paula Modersohns erschienen, den die Mutter umgehend an die Tochter nach Paris schickte:

Mit ganz besonderer Genugtuung begrüßen wir diesmal einen nur allzu seltenen Gast in der Kunsthalle in Paula Modersohn-Becker. Aufmerksame Leser der Bremer Kunstberichte erinnern sich noch der grausamen Abfertigung, die der höchstbegabten Künstlerin vor einigen Jahren in einem angesehenen bremischen Blatt zuteil wurde. Leider wird, wie ich fürchte, ihr ernstes und starkes Talent auch jetzt unter dem großen Publikum nicht viele Freunde finden. Es fehlt ihr so ziemlich alles, was die Herzen gewinnt und dem flüchtig hinblickenden Auge schmeichelt. Gerade solchen Erscheinungen gegenüber erwächst indessen einer ernsthaften Kunstkritik die Pflicht, auf die Qualität hinzuweisen. (...)
Wer die Stilleben und den Mädchenkopf von Paula Modersohn als häßlich, brutal an den Pranger stellt, wird auf ein beifälliges Kopfnicken vieler Leser mit Sicherheit rechnen dürfen. Wer dagegen sagt, daß in der jungen Künstlerin eine ungewöhnliche Energie lebt, ein höchst kultivierter Farbensinn und ein starkes Empfinden für die dekorative Bestimmung der Malerei, wird sich auf Widerspruch gefaßt machen müssen. Und doch sei es gesagt, daß wir uns glücklich schätzen dürfen, ein so starkes Talent wie Paula Modersohn die unsere nennen zu können. Die Künstlerin weilt seit einiger Zeit in Paris, und der Einfluß der dortigen, unvergleichlichen Kultur, namentlich Cézannes, ist nicht zum Schaden bei ihr sichtbar. (...)
Gustav Pauli.
11. November 1906

Gelassen, fast gleichgültig reagiert Paula auf diese Kritik aus Bremen, die sie eher als eine «Genugtuung» denn als «Freude» empfindet. «Die Freuden, die überwältigend schönen Stunden, kommen in der Kunst, ohne daß es die anderen merken. Mit den traurigen geht es ebenso. Darum lebt man in der Kunst doch meistens ganz allein», schreibt sie an die Schwester Milly und räumt ein, daß die Kritik von Pauli allerdings gut für ihr Auftreten in Bremen sein und ihr Fortgehen von Worpswede in ein anderes Licht stellen könne.

> Im Frühling ziehen Otto und ich wieder heim. Der Mensch ist rührend in seiner Liebe. Wir wollen versuchen, Brünjes zu kaufen, um unser Leben freier und breiter um uns zu gestalten, mit allerhand Getier um uns herum. Ich denke jetzt so: wenn der liebe Gott mir noch einmal erlaubt, etwas Schönes zu schaffen, will ich froh und zufrieden sein, wenn ich einen Ort habe, wo ich in aller Ruhe arbeiten kann, und will dankbar sein für das Teil Liebe, was mir zugefallen ist. Wenn man nur gesund bleibt und nicht zu früh stirbt.
> Liebe, daß es Euch so gutgeht! Ich habe sehr oft an Dich und das Kleinste gedacht. Man muß nur warten können, das Glück kommt schon. Nur laß es Dir ganz einerlei sein, ob es ein Junge oder ein Mädchen ist. Findest Du uns denn nicht auch fein?
> *18. November 1906*

Weihnachten 1906. Paula und Otto Modersohn waren von Paris aus für ein paar Tage nach Bremen gefahren. Glückliches Wiedersehen mit Elsbeth, die während der elterlichen Abwesenheit von der Großmutter gehütet wurde. Die Stimmung im Hause Mathilde Beckers war festlich. Den Weihnachtstagen folgten gemeinsame Ausflüge nach Worpswede und Fischerhude. Zu Beginn des Jahres 1907 waren die Modersohns wieder in Paris.

Paula schreibt an ihre Schwester Milly:

> Du bist mir in diesem Jahr der Mensch gewesen, der mich am uneigennützigsten liebhatte und an mich glaubte. Danken kann man ja für so etwas nicht, aber der Himmel oder das Schicksal lohnen jede gute Regung auf irgendeine Weise. Ich finde, es bedarf

gar keines Himmels und keiner Hölle. Das ordnet sich hier schon höchst einfach auf unserer Erde. Möge uns ein gutes Stück Himmel beschieden sein. Dein kleiner, großer Himmel krabbelt jetzt in Dir, Milly, ich mag nicht des längeren darüber reden. Ich drücke Euch beiden die Hand. Möge das Gute, das in Euch ist, wieder aufs neue erstehen zu Eurer und aller Freude.
29. Januar 1907

Drei Wochen später schreibt sie:

Ihr zählt jetzt wohl schon die Tage einzeln bis Mitte März. Wie man begierig ist auf solch ein kleines Geschöpf, und wie man denkt, was es wohl für eins sein wird und wessen Gesicht es wohl haben wird und wessen Charakter.
21. Februar 1907

Anfang März weiß Paula Modersohn, daß sie schwanger ist. Kurz und knapp teilt sie der Mutter mit:

Vielleicht wirst Du im Oktober schon wieder Großmutter. Ich küsse Dich.
Außer den Brüdern und Frau Rohland sag es niemandem.
9. März 1907

Einen ebenso kurzen Gruß mit der freudigen Nachricht sendet sie an die Schwester Milly:

Wenn alles gutgeht, so folge ich im Oktober Deinem Beispiel. Diese Freude erleichtere Dir etwas Deine schweren Tage.
9. März 1907

Paris, 10. März. Paula hält den Band «Buch der Bilder» in der Hand und liest die Widmung: «An Frau Paula Modersohn-Becker in Freundschaft Rainer Maria Rilke/Capri 1907.» Es wird Zeit, daß sie etwas von sich hören läßt und sich bedankt. Rilkes haben ihr aus Italien geschrieben und ihr neben dem Buch auch noch eine Reihe von Fotografien antiker, wohl aus Pompeji stammender Malereien geschickt. Wie interessant diese Bilder sind! Gerne würde sie einmal in den Süden reisen.

Ich bin ein schlechter Briefeschreiber, bin überhaupt einer, bei dem es langsam geht, der warten läßt und selber wartet. Erwarten Sie nur nichts von mir. Sonst enttäusche ich Sie vielleicht, denn ehe ich etwas bin, das dauert vielleicht noch lange. Und wenn ich es dann bin, dann bin ich vielleicht nicht das, was Sie dachten. Ich möchte ja gerne etwas Schönes, man muß nun abwarten, ob der liebe Gott oder das Schicksal es auch will. Ich glaube, das Beste ist, man geht seinen Weg wie im Traume. (...)
Paris ist immer die gleiche. Trotzdem freue ich mich, es Ostern zu verlassen. Ich werde wieder nach Worpswede gehen. Hoffentlich ist alles gut so.
Grüßen Sie bitte Clara von mir. Es ist schön, daß diese Reise ihr so viel bringt.
Ich denke oft an sie.
Wenn wir nur alle in den Himmel kommen.
Wo Ihnen wohl der nächste Sommer blüht.
Ich glaube, ich bin mit meinem Leben zufrieden.
10. März 1907

Die Antwort Rilkes auf diesen Brief, in dem Paula Modersohn ihre Schwangerschaft nicht erwähnt hatte, traf umgehend in Paris ein. Rilke stellte der Freundin darin die Frage, ob sie die «Vente Viau» gesehen habe. Bei dieser Auktion waren vier Werke von Cézanne verkauft worden. Als sicher gilt, daß Paula und Otto Modersohn kurz vor ihrer Abreise noch Werke Cézannes aus der Sammlung Pellerin gesehen haben, die in Paris ausgestellt war.
Der Dichter schrieb an die Freundin:

Und wenn die äußeren Umstände andere geworden sind, als wir einmal meinten, so ist ja doch nur eines entscheidend: daß Sie sie mutig tragen und die Möglichkeit errungen haben, innerhalb des Bestehenden alle Freiheit zu finden, die das in Ihnen, was nicht untergehen darf, nötig hat, um das Äußere zu werden, was es

werden kann. Denn die Einsamkeit ist wirklich eine innere Angelegenheit, und es ist der beste und hilfreichste Fortschritt, das einzusehen und danach zu leben. Es handelt sich ja doch um Dinge, die nicht ganz in unseren Händen liegen, und das Gelingen, das schließlich so etwas Einfaches ist, setzt sich aus Tausendem zusammen: Wir wissen nie ganz woraus. Im übrigen lassen Sie mich ruhig bei meiner Erwartung, die so groß ist, daß sie nie enttäuscht werden kann. (...) Und die Langsamkeit eines Weges könnte niemanden weniger beirren als mich. (...) Ja: «Hoffentlich ist alles gut so.» Mehr läßt sich nicht wünschen; aber wie sehr tue ich's.
17. März 1907

Ostern 1907. Paula und Otto Modersohn sind nach Worpswede zurückgekehrt. «Ich sitze wieder in meinem kleinen Atelier bei Brünjes mit den grünen Wänden und unten hellblau», schreibt Paula Modersohn an Rilke nach Paris und bittet den Freund, ihren kleinen Haushalt dort aufzulösen:

Ich gehe denselben Weg hierher wie in alten Zeiten, und mir ist wunderlich zumute. Dies ist für mich die liebste Stube aus meinem ganzen Leben. Ich habe Wünsche zu arbeiten, um so mehr, als ich die letzten Monate in Paris auch nichts tat. Nur habe ich in unsern allerletzten Tagen Cézanne gesehen, Wunderschönes aus seiner Jugend.
5. April 1907

Schwächegefühle besonders am Morgen, manchmal Übelkeit. Paula leidet unter diesem Mangel an körperlicher Kraft. Schreibunlust ist die Folge, auch das Bedürfnis, in Ruhe gelassen zu werden. Sie mag nicht antworten auf die vielen Fragen. Wenn sie sich gut fühlt, will sie arbeiten. In ihr Brünjes-Atelier gehen und malen. Sooft wie möglich verschwindet sie dort, geht zu den Frauen und Kindern in das Armenhaus und in die Katen am Moordamm. Noch einmal malt sie die «Dreebeen». Die alte Armenhäuslerin sitzt neben einer großen, umgekehrt auf einen Stock gesteckten Glasflasche zwischen wilden Mohnblumen. Die schweren Hände der breitschultrigen Frau mit dem derben Gesicht liegen übereinander im Schoß und halten den Stengel einer Fingerhutpflanze. Das an Formen und Farben reiche Bild ist ungemein kraftvoll gemalt, die dunklen Stengel und Blüten setzen sich kontrastreich vom hellen Himmel ab – die Alte wirkt wie ein Monument aus einer Fabelwelt. Der «Alten Armenhäuslerin mit der Glasflasche» ist ein Selbstbildnis gefolgt, Paula Modersohns letztes und wohl populärstes: «Selbstbildnis mit Kamelienzweig». Auf diesem Bild, einem in seiner geschlossenen Flächigkeit und Frontalität an die ägyptischen Mumienbildnisse erinnernden, betont schmalen Hochformat, hält Paula mit ihrer linken, nur skizzenhaft angedeuteten Hand einen Kamelienzweig an die Brust. Sie blickt ihr Gegenüber aus großen dunklen Augen an, ernst, gelöst und in sich ruhend. Den Mund umspielt ein leichtes, geheimnisvolles Lächeln. Ein Lächeln, das auch ihre Freude über die Erfüllung ihres Wunsches nach einem Kind widerspiegeln mag.

Mai 1907. Himmelfahrtstag. «Vor einem Jahr hätte ich nie geglaubt, daß ich noch einmal wieder in mein kleines Paradies zurückkehren würde», berichtete Mathilde Becker begeistert ihrer Tochter Herma, nachdem sie ein paar Tage im Modersohnschen Haus in Worpswede verbracht hatte. Wie sehr sie es Herma gegönnt hätte, die Stimmung und die Freude dort mitzuerleben.

> Nein, alles hätte ich Dir gegönnt, vor allem gegönnt die stille Harmonie der Herzen, die von niemandem erwähnt wie Sphärenmusik unser harmloses Geplauder durchdrang.
> Haben wir alle einen schweren Alpdruck gehabt und sind nun erwacht? Ich kanns nicht erklären und atme dankbar auf, ohne zu grübeln. Kurt war verklärt und machte seiner Paulaschwester den Hof aus allen Kräften. Sie war so überaus reizend, Güte und Schalkhaftigkeit atmend. Man hatte nie das Gefühl, hier sei etwas gekittet und geflickt, sondern überall fühltest Du Sicherheit, Durchsichtigkeit. Kurt meinte auch leise zu mir: dergleichen habe er nicht für möglich gehalten, es sei ein Wunder geschehen, und dankbar müsse mans hinnehmen.
> *10. Mai 1907*

Im Juli folgte Paula für ein paar Tage einer Einladung des Ehepaars Hoetger in das westfälische Buren, wo der Bildhauer das Schloß Holthausen gemietet hatte. «Komm nur bald. Mir geht es sehr gut», forderte Paula ihren Mann auf und bat ihn «ein Hemdlein, ein Höslein und eine Untertaille» mitzubringen und das rosa Nachthemd. «Lieber Kerl, ich freue mich, daß ich die Reise gemacht habe. Wer wagt, der gewinnt», schrieb sie. «Komm doch bitte bald. Hier ist es so schön. Ich bin gesund und munter und gar nicht angegriffen.»

Am 12. Juli fuhr auch Otto Modersohn zu Hoetgers nach Buren. Wenige Wochen nach ihrem Aufenthalt im Hoetgerschen Haus schrieb Paula an Bernhard Hoetger:

Ich habe diesen Sommer wenig gearbeitet, und von dem wenigen weiß ich nicht, ob Ihnen etwas gefallen wird. In der Konzeption bleiben sich die Sachen wohl im ganzen gleich. Aber die Art, wie sie in die Erscheinung treten, ist wohl eine andere. Ich möchte das Rauschende, Volle, Erregende der Farbe geben, das Mächtige. Meine Pariser Arbeiten sind zu kühl und zu einsam und leer. Sie sind die Reaktion auf eine unruhige, oberflächliche Zeit und streben nach einfachem, großem Eindruck.
Ich wollte den Impressionismus besiegen, indem ich ihn zu vergessen versuchte. Dadurch wurde ich besiegt. Mit dem verarbeiteten, verdauten Impressionismus müssen wir arbeiten.
Wenn ich nicht irre, war außer anderem bei Ihnen dieses die Ursache des tragischen Schicksals der Saga.
Man kann nur wieder und wieder bitten: Lieber Gott, mach mich fromm, daß ich in den Himmel komm.
Sommer 1907

Warum nach dem ungeheuren Schaffensrausch in Paris, nach so großartigen Bildern wie «Mädchenakt mit Blumenvasen» und «Kniende Mutter mit Kind» jetzt in Worpswede die selbstkritische Bemerkung, ihre Pariser Arbeiten seien die «Reaktion auf eine unruhige, oberflächliche Zeit»?

Diese Selbstkritik ist für die Künstlerin nicht untypisch. Schon immer hat sie sich als Zweifelnde und Lernende begriffen. Will sie sich Mut machen im Hinblick auf ihre Kunst, die sich nun in Worpswede weiterentwickeln muß?

Der Herbst war mild, und Paula genoß die Tage im Garten. Sie male wieder, notierte sie. «Mir geht es gut und geduldig, nur müßt Ihr um mich herum nicht zu sehr lauern», schrieb sie an Milly, die sich in regelmäßigen Abständen nach dem Wohl der werdenden Mutter erkundigte. «Ihr müßt schön Geduld haben, sonst muß er oder sie sich so hetzen.» Auch solle ihr Milly bitte nie wieder eine Postkarte schreiben, auf der das Wort «Windeln» oder «frohe Nachricht» stehe. «Du weißt ja, ich bin eine Seele, die am liebsten die anderen Leute nicht wissen läßt, daß sie sich mit Windeln beschäftigt.»

Sonst lasse Dich innig küssen für Deine liebevolle mütterliche Fürsorge für mich. So hast Du Dich vergangenen Sommer zu mir gestellt und so dieses Jahr. Lohn's Euch Gott, liebe Frau. Du weißt ja, daß ich Dir nie ähnliches leisten kann und werde. Das ist aber nicht Mangel an Wärme. Nur geht meine Wärme ihre eigenen Wege, und wir können nur stehen und hoffen, daß sie wohl daran tue. Es gibt ja genug Leute, die mich deshalb verurteilen. Du wirst es, glaube ich, nie tun.
Oktober 1907

«Ob Sie wohl den Winter in Paris bleiben?» hatte Paula in ihrem Brief vom 10. August Rilke gefragt, der ihr Ende Juli geschrieben und von den Aquarellen Cézannes erzählt hatte, die in der Galerie Bernheim Jeune ausgestellt waren. Cézanne. «Das ist ein Kerl», antwortete sie dem Freund nach Paris und ließ ihr Bedauern durchblicken, daß sie in diesem Herbst leider keine Zeit habe, sich alles anzusehen. «Ich warte immer weiter, daß aus mir etwas wird, brauche wenig Menschen und denke und fühle im Augenblick wenig.»

Im Oktober schrieb Clara Rilke aus Oberneuland an Paula:

Sie fragten nach Cézanne, davon sind nun alle Briefe Rainer Marias voll. Er läßt Ihnen sagen, daß 56 Cézannes, 174 Bilder und Zeichnungen der Berthe Morisot und 16 der Eva Gonzalez im Salon d'Automne seien. Ich glaube, er weiß gar nicht, wie unmöglich es jetzt für Sie ist, zu kommen, daß er so ungerührt die Zahlen nennt. (...) Aber ich will in den nächsten Tagen nach Worpswede kommen und Ihnen einige von RMs Briefen lesen, ich glaube, sie werden Sie auch freuen.
18. Oktober 1907

Am 17. Oktober hatte Paula Modersohn Rilke in einem Brief darum gebeten, ihr einen Katalog vom Salon d'Automne zu schicken. Zudem teilte sie ihm mit, daß sie in der Zeitschrift «Kunst und Künstler» mit großer Freude den Aufsatz von Rilke über «Auguste Rodin» gelesen habe, der im Oktober erschienen war:

Ich glaube, die Arbeit ist gereifter einfacher. Mir scheint der Jüngling mit seiner zarten Überschwenglichkeit zu verschwinden, und es fängt an, sich der Mann zu bilden mit weniger Worten, die mehr sagen. – Ich weiß nicht, ob dies auch Ihre Meinung ist oder ob es meine Meinung bleibt oder ob es überhaupt eine Meinung ist, die Ihnen zusagt. Jedenfalls soll es keine Beleidigung sein, wie manche Dinge, die ich manchmal gesagt habe, die aber auch keine sein sollten.
17. Oktober 1907

Vier Tage später schrieb Paula einen Brief an Clara Rilke:

Ich denke und dachte diese Tage stark an Cézanne und wie das einer von den drei oder vier Malerkräften ist, der auf mich gewirkt hat wie ein Gewitter und ein großes Ereignis. Wissen Sie noch 1900 bei Vollard. (...)
Kommen Sie doch bald mit den Briefen, am liebsten gleich Montag, denn ich hoffe ja, endlich bald anderweitig in Anspruch genommen zu sein. Wenn ich hier jetzt nicht absolut notwendig wäre, müßte ich in Paris sein.
21. Oktober 1907

An die Mutter nach Bremen schrieb sie:

Ich wollte wohl gern auf eine Woche nach Paris reisen. Da sind
56 Cézannes ausgestellt!
22. Oktober 1907

In der Nacht vom ersten auf den zweiten November 1907 setzten bei
Paula Modersohn die Wehen ein. Der Arzt mußte geholt werden, da
die Hebamme plötzlich keine Herztöne mehr hörte und fürchtete,
das Kind sei tot. Die Geburt am Sonnabendmittag um zwei Uhr war
schwer. Paula brachte ein Mädchen zu Welt.

Die Sonne schien in ihr Zimmer, an dessen Wänden Reproduktionen von Bildern Gauguins und eigene Arbeiten hingen. Auf dem Tisch vor dem großen braunen Eckschrank stand ein Strauß leuchtender Dahlien, die letzten aus dem Garten. Paula, von der Niederkunft sehr geschwächt, lag in ihren Kissen und lächelte ihr Kind an, «mit dem glücklichsten und stillsten Lächeln, das ich je an ihr gesehen habe», wie Clara Rilke bei ihrem Besuch der jungen Mutter beobachtete.

«Ja, das war eine Geburtstagsfeier», teilte Mathilde Becker ihrer Tochter Milly am 5. November mit. «Von leidender Wöchnerin keine Spur, ganz Freude und Mutterglück und dankbar für die Erlösung.»

Paula sagte am Sonntag immer: «Du sollst sie mal im Akt sehn!»
und Otto renommierte als stolzer Vater: «N sehr feiner Akt!»
Heute, am Dienstag nun, bin ich wieder da und hab sie «im Akt»
gesehen: es ist wahrhaftig 'ne prachtvolle Deern, groß und entwickelt wie 3 Wochen alt. Sie hat den Kopf voller brauner Haare,
blanke Äuglein und gestikuliert lebhaft mit den Armen umher.
5. November 1907

«Sonntag abend wieder daheim», schrieb Mathilde Becker fünf Tage
nach ihrem Besuch in Worpswede an Milly. «Kurt und ich waren
heute den ganzen Tag draußen und sind eben miteinander heimgekehrt, er auch tief gerührt durch Paulas Anblick und Wesen.» Vor

dem Mittagessen hatte die Mutter mit Kurt Becker und Otto Modersohn einen Spaziergang zu Paulas Atelier bei Brünjes gemacht, wo auf der Staffelei ein Bild stand, das ihr letztes sein sollte: das in den satten, leuchtenden Farben des Herbstes gemalte «Stilleben mit Sonnenblume, Malven und Georginen».

Plötzlich einsetzende Schmerzen im Bein, vom Arzt als eine Art Nervenschmerz diagnostiziert, zwangen die junge Mutter, über die normale Zeit ihres Wochenbetts hinaus zu liegen.

Am 20. November durfte Paula zum erstenmal wieder aufstehen. Otto Modersohn hatte das Wohnzimmer feierlich geschmückt. Die Kerzen des Kronleuchters brannten, auch der Lichterkranz um den Barockengel war angezündet.

Paula ließ sich einen Spiegel bringen, kämmte sich ihr Haar und steckte es zusammen. Sie schmückte sich mit roten Rosen, die sie geschenkt bekommen hatte und ging, begleitet von ihrem Mann und ihrem Bruder, in das Wohnzimmer. Als sie ihr Kind auf dem Arm hatte, sagte sie: «Nun ist es fast so schön wie Weihnachten.» Plötzlich mußte sie ihren Fuß hochlegen und brach zusammen.

«Wie schade», waren ihre letzten Worte.

ANHANG

Dank

Ohne die von Günter Busch und Liselotte von Reinken kenntnisreich und sorgfältig editierte Ausgabe «Paula Modersohn-Becker in Briefen und Tagebüchern» (erschienen im S. Fischer Verlag) hätte dieses Buch nicht geschrieben werden können.

Ich danke der Paula-Modersohn-Becker-Stiftung für ihre freundliche Unterstützung, insbesondere bei der Fotoauswahl.

Für die Einwilligung, aus bisher unveröffentlichten Briefen und Tagebüchern Otto Modersohns aus den Jahren 1889–1907 zitieren und das umfangreiche Archivmaterial des Otto-Modersohn-Museums einsehen zu dürfen, bin ich Christian Modersohn zu großem Dank verpflichtet. Für ihren unermüdlichen Einsatz möchte ich an dieser Stelle ganz besonders Antje Modersohn-Noeres danken.

Quellennachweis

Busch, Günter / Reinken, Liselotte von (Hrsg.), Paula Modersohn-Becker in Briefen und Tagebüchern. © S. Fischer Verlag, Frankfurt am Main 1979
Hauptmann, Carl, Briefe mit Modersohn. Paul List Verlag, Leipzig 1928
Hetsch, Rolf (Hrsg.), Paula Modersohn-Becker. Ein Buch der Freundschaft. Rembrandt Verlag, Berlin 1932.
Archiv Otto-Modersohn-Museum, Fischerhude. Briefe und Tagebücher Otto Modersohns 1889–1907. Teilweise bisher unveröffentlicht.
Rilke, Rainer Maria, aus: Briefe. © Insel Verlag, Frankfurt am Main 1987. (4.9.1900, 10.9.1900, S. 218, 214, 217. 15.9.1900, 29.9.1900, S. 15, S. 8, 4.10.1900, S. 16, S. 6)
Vogeler Heinrich, Erinnerungen mit Lebenszeugnissen aus den Jahren 1923–1942, © Verlag Rütten & Loening, Berlin 1989, in der Bearbeitung von Joachim Priew und Paul-Gerhard Wenzlaff.

Die Schreibweise der Zitate wurde dem heutigen Gebrauch angeglichen.

Die Rechteinhaber der Briefe konnten nicht in allen Fällen ermittelt werden. Rechtmäßige Ansprüche werden auf Anforderung vom Verlag abgegolten.

Bildnachweis

Fotos

Paula-Modersohn-Becker-Stiftung, Bremen: 1, 2, 3, 4, 5, 6, 8, 10, 11, 12, 13
Otto-Modersohn-Museum, Fischerhude: 7, 9

Gemälde:

14 Stilleben mit Früchten, um 1905/1906 (Kunsthalle Bremen), Pappe, 67×84 cm
15 Sonnige Kinder (Privatbesitz), Pappe, 38×33 cm
16 Kiefern im Abendlicht (Privatbesitz), Karton, 42×56 cm
17 Worpsweder Kind, 1907 (Privatbesitz), Leinwand, 74,5×49 cm
18 Kinderakt mit Storch (Privatbesitz), Leinwand, 73×59 cm
19 Bildnis Lee Hoetger, um 1906 (Kunstsammlungen Böttcherstraße, Bremen), Leinwand, 92×73,5 cm
20 Selbstbildnis am 6. Hochzeitstag (Kunstsammlungen Böttcherstraße, Bremen), Pappe, 101,5×70,2 cm
21 Selbstbildnis mit Hut und Schleier (Gemeente-Museum, Den Haag), Leinwand, 67,5×57,5 cm
22 Selbstbildnis als Halbakt, 1906 (SMPK, Nationalgalerie Berlin), Pappe, 62,5×47 cm

Literaturverzeichnis

Augustiny, Waldemar, Paula Modersohn-Becker. Sigbert Mohn Verlag, Gütersloh 1960

Berger, Renate, Malerinnen auf dem Weg ins 20. Jahrhundert. Du Mont, Köln 1982

Busch, Günter / Gerkens, Gerhard / Röver, Anne / Schnackenburg, Bernhard / Schultze, Jürgen / Winther, Annemarie (Hrsg.), Paul Modersohn-Becker zum hundertsten Geburtstag. Gemälde, Zeichnungen, Graphik. Ausst.-Katalog, Bremen 1976

Busch, Günter, Paula Modersohn-Becker. Malerin, Zeichnerin. Fischer Verlag, Frankfurt 1981

Gallwitz, Sophie Dorothee, Eine Künstlerin. Paula Becker-Modersohn. Briefe und Tagebuchblätter. Paul List Verlag, 2. Aufl. Bremen 1918. 10. Aufl. München 1927, 11. Aufl. München 1929

Gerkens, Gerhard / Schultze, Jürgen / Werner, Wolfgang, Paula Modersohn Becker. Die Landschaften. Worpsweder Verlag, Worpswede 1982

Güse, Ernst-Gerhard (Hrsg.), Otto Modersohn. Zeichnungen. München 1988

Hauptmann, Carl, Briefe mit Modersohn. Paul List Verlag, Leipzig 1928
Hetsch, Rolf (Hrsg.), Paula Modersohn-Becker. Ein Buch der Freundschaft. Rembrandt Verlag, Berlin 1932
Holthusen, Hans Egon, Rilke. Rowohlt Monographien. Hamburg 1958
Kirsch, Hans-Christian (Hrsg.), Worpswede – Die Geschichte einer deutschen Künstlerkolonie, C. Bertelsmann, München 1987
Murken-Altrogge, Christa, Paula Modersohn-Becker. Leben und Werk, DuMont, Köln 1980
Murken-Altrogge, Christa, Der französische Einfluß im Werk von Paula Modersohn-Becker. In: Die Kunst 87 (1975)
Naumann, Helmut, Rainer Maria Rilke und Worpswede, Galerie Verlag, Fischerhude 1990
Otto Modersohn Museum (Hrsg.), Otto Modersohn, Worpswede 1889–1907. Fischerhude 1989
Pauli, Gustav, Paula Modersohn-Becker. Kurt Wolff Verlag, Leipzig 1919
Reinken, Liselotte von, Paula Modersohn-Becker. Rowohlt Monographien. Reinbek 1983
Röver, Anne / Werner, Wolfgang, Paula Modersohn-Becker: Das Frühwerk, Worpsweder Verlag, Worpswede 1985
Sauer, Marina (Hrsg.), Die Bildhauerin Clara Rilke-Westhoff. Hauschild Verlag, Bremen 1986
Schneede, Uwe M. (Hrsg.), Paula Modersohn-Becker. Zeichnungen, Pastelle, Bildentwürfe. Ausst.-Katalog Kunstverein Hamburg 1977
Sieber-Rilke, Ruth / Sieber, Carl (Hrsg.), Rainer Maria Rilke. Briefe aus den Jahren 1906 bis 1907. Insel, Leipzig 1930
Sieber-Rilke, Ruth / Sieber, Carl (Hrsg.), Tagebücher aus der Frühzeit. Insel, 1942
Stelljes, Dr. Helmut (Hrsg.), Worpsweder Almanach. Schünemann Verlag, Bremen 1989
Stock, Wolf-Dietmar (Hrsg.), Worpswede. 100 Jahre Künstlerort. Galerie Verlag, Fischerhude 1989
Uhde-Stahl, Brigitte, Paula Modersohn-Becker. Frau, Künstlerin, Mensch. Belser Verlag, Stuttgart/Zürich 1989
Vollard, Ambroise, Erinnerungen eines Kunsthändlers. Diogenes Verlag, Zürich 1980

Register

Alberts, Jacob 33 ff., 61
Albiker, Karl 101
Andreas-Salomé, Lou 120
Archipenko, Alexander 223

Bashkirtseff, Marie 76, 118 f.
Bauck, Jeanne 44 f., 67
Becker, Arthur 59, 81, 116, 140, 166
– Bianca Emilie (Milly) 11, 26, 37, 57, 82, 87, 113, 120 f., 131, 146, 164, 210–213, 222 f., 236, 251 ff., 265, 271 f., 277, 279
  s. a. Rohland, Milly
– Bianca von, geb. von Douaillier 213
– Carl Woldemar 9–14, 17, 19 f., 23, 26, 31, 35–38, 40–44, 47, 54–59, 62, 82 f., 85, 87 f., 90, 93, 103, 116 f., 139, 145, 160, 162 ff., 171, 175
– Grete 59, 81, 140, 166
– Günther 11, 21
– Hans 11
– Henner 11, 79, 186
– Herma 11, 27 f., 79, 87, 113, 137, 157, 174 f., 213–216, 219, 223, 226–229, 231, 237, 239 f., 243, 250, 259, 266 f., 267, 275
– Kurt 11, 21 f., 28, 31, 33, 65 f., 79, 104 f., 213, 236, 252 f., 260, 275, 279 f.
– Marie 17
  s. a. Hill, Marie
– Mathilde 9 ff., 13 f., 20, 22–25, 27, 31, 35, 37 f., 41, 47, 54, 57 ff., 65, 82 f., 87, 103, 113, 139, 163 f., 188, 207 f., 218, 226, 236–239, 244, 252 ff., 263–266, 270 ff., 275, 279
  s. auch Bültzingslöwen, Mathilde von
– Oskar 12
– Paul Adam von 12

Behrens, Peter 132
Bernewitz, Carl 54
Bierbaum, Otto Julius 80, 120
Blanche, Jacques-Emile 98
Bock, Marie 73, 84, 106, 111, 120, 131, 174
Böcklin, Arnold 60, 67, 132, 153, 155, 158 f., 184, 202
Bodmann, Emanuel von 177
Bojer, Ellen 220 f., 221
– Johann 220
Bonnard, Pierre 60, 224, 248, 268
Böttcher, Adelheid 69
Braque, Georges 248
Brentano, Clemens 66
Brockhaus, Louise 263
Brünjes 114, 126, 133 f., 148, 158, 163, 166, 172, 174, 183 f., 208, 210, 230, 236, 271, 274, 280
– Hermann 113, 176, 226
Bulthaupt, Heinrich 25
Bültzingslöwen, Adolph von 13, 161
– Cora von 18, 37, 66
– Mathilde von 13
  s. a. Becker, Mathilde
– Paula von 32
– Wulf von 37, 63

Caillebotte, Gustave 98
Cassirer, Paul 41, 152
Cézanne, Paul 41, 97 ff., 107, 198 f., 225, 268, 270, 273 f., 277 ff.
Chardin, Jean Baptiste 198 f.
Chavannes, Puvis de 67, 98 f.
Colarossi, Philippo 92, 216
Collin, Raphael 93
Corinth, Lovis 15, 40
Corot, Camille 91, 132
Cottet, Charles 98, 107, 199, 208, 220
Courbet, Louis 217, 268

Courtois, Jacques 93
Cranach, Lukas d. Ä. 55

Daumiers, Honoré 152
David, Jacques Louis 199
Degas, Edgar 60, 97, 199
Dehmel, Richard 120
Delacroix, Eugène 199
Denis, Maurice 60, 218, 224, 248
Derain, André 268
Dettmann, Friedrich 39
Dufy, Raoul 224
Dupré, Jules 86
Durandt-Ruel, Paul 97
Dürer, Albrecht 55, 71, 153

Ende, Hans am 28, 30, 49, 81, 103, 169, 175, 189, 203, 270

Falcke, Pauline 58
Fiejol, Meta 69
Fiesole, Fra Giovanni da 91
Fitger, Arthur 84 f.
Franzius, Ludwig 26
Friedberg 267

Gauguin, Paul 60, 67, 95, 220, 224 f., 227, 229, 250, 268, 279
Gefken, Rieke 53
George, Stefan 182
Girardot, Louis Auguste 93
Goethe, Johann Wolfgang von 42, 49
Gonzalez, Eva 278
Grave, Friedrich 13
Gurlitt, Fritz 41, 60, 262

Haken, Helene 248
Hamsun, Knut 117
Hauptmann, Carl 102, 120 ff., 131 f., 135, 158, 171 f., 215, 234 f., 243 f., 247, 254
– Gerhart 38, 120, 151 f., 172
Hausmann, Ernst Friedrich 38, 45
Heine, Heinrich 66

Herder, Johann Gottfried 10
Heydt, Karl von der 233
Heymel, Alfred 80, 120
Hill, Charles 17, 19 f.
– Marie 17 f., 22 ff., 38, 47 f., 77, 81, 140, 149, 166, 175, 184, 186, 226
s. a. Becker, Marie
Hoetger, Bernhard 248 ff., 255, 261 f., 264 ff., 268 f., 276
– Lee 249, 261 f., 268, 276
Hoffmann, E. T. A. 66
Holbein, Hans 35, 55
Hugo, Victor 219

Ibsen, Henrik 38
Ingres, Dominique 199

Jacobsen, Jens Peter 63, 75 f., 138
Jeune, Bernheim 97 f., 277

Kalckreuth, Leopold Graf von 194
Kapff, Aline von 62
Keller, Gottfried 138, 184
Kellner, Johann 156, 240
Key, Ellen 203, 242
Klinger, Max 60 ff., 81, 102, 137
Kollwitz, Käthe 40, 224
Körte, Martin 39, 53

Langbehn, Julius 71
Leistikow, Walter 15, 40, 61
Liebermann, Max 15, 40, 61, 109

Macke, August 213
Mackensen, Fritz 28 f., 51, 59, 62, 65, 70–73, 75 f., 80 ff., 109, 169, 175, 189, 190 f., 194, 203
– Otto 80
Maeterlinck, Maurice 182
Maillol, Aristide 220, 229, 242
Malachowski, Marie von 201
Manet, Edouard 41, 97, 199

Mantegna, Andrea 194
Marnken, Tischler 218
Matisse Henri 97, 248, 268
Meunier, Constantin 53
Meyer, Familie 210
Meyer aus dem Rusch 68 f.
Milde, Nathalie von 42
Millet, Jean François 67, 91, 202
Modersohn, Elsbeth 109, 145, 173 f., 193, 196, 198, 201 f., 205, 207–210, 212, 218, 226, 243, 256, 271
– Ernst 145, 171
– Helene 79, 99, 107–112, 126 f., 155, 183
– Laura 145
– Louise 196, 221 f.
– Otto 28 ff., 52, 79–82, 85, 91, 99 f., 103, 106–115, 117, 120 ff., 126–134, 139 ff., 143 ff., 147, 149–164, 166, 169–176, 179, 181 f., 184, 186, 188, 190 f., 193, 195–198, 201, 203–216, 218 f., 221–226, 228–231, 234 ff., 239–247, 249, 251–256, 258–266, 268–271, 274, 276, 279, 280
– Willy 145

Moilliet, Louis 213
Monet, Claude 41, 91, 99
Moretto, Alessandro 55
Morisot, Berthe 278
Munch, Edvard 40, 60, 224, 248
Muther, Richard 120, 192, 203

Nietzsche, Friedrich 75, 191
Nolde, Emil 101

Osthaus, Karl Ernst 229
Ostiny, Fritz von 29
Overbeck, Fritz 28, 30, 52, 79, 81, 103, 111, 169, 189 f., 203, 226, 262, 270
– Hermine 78 f., 103, 111, 226

Parizot, Cora 11, 47
– Herma 150
– Maidli 11, 47, 140, 150, 157
Pauli, Gustav Dr. 13, 84, 270 f.
Pellerin, Auguste 107
Picasso, Pablo 220
Pissaro, Camille 41, 99

Ranke, Schneider 134
Rassow, Christiane 13, 237
– Gustav 14
Redon, Odilon 60
Renoir, Auguste 41, 90, 99, 229
Reyländer, Ottilie 73, 134, 137, 210
Rilke, Clara 176, 178 ff., 182, 184, 191, 193, 198 ff., 227–230, 233, 239, 243, 269, 273, 277 ff.
  s. auch Westhoff, Clara
– Rainer Maria 7, 11, 30, 62, 120–124, 127 f., 130–136, 138, 142, 146, 150 ff., 158, 160 ff., 167 f., 175 f., 177–181, 184, 190, 192 f., 195, 198 ff., 203 f., 204, 206 f., 220 f., 228, 233, 238, 241 f., 258 f., 263, 272 ff., 277 f., 278
– Ruth 177, 193, 230, 233
Rippl-Rònai, Joszef 60
Ritter, Paula 49
Rodin, Auguste 101, 108, 192 f., 196, 200, 203, 206, 208, 220, 228 f., 238, 259, 268, 278
Rohland, Milly 266, 272
  s. a. Becker, Bianca Emilie
Rousseau, Jean -Jacques 91, 121
Rousseau, Henri 248
Rousseau, Théodore 224
Rubens, Peter Paul 55

Schröder, Martha 120, 176
  s. auch Vogeler, Martha
Schröder, Rudolf Alexander 13, 80, 120
Schubert, Franz 26, 121
– Johannes 10

Schulte, Eduard 41
Scott, Sir Walter 21, 66
Segantini, Giovanni 108
Serruier, Galerie 220
Sérusier, Paul 60
Seurat, Georges 220
Shaw, Bernard 242
Siem, Martin 65
Signac, Paul 60, 224
Simon, Lucien 53, 98
Sisley, Alfred 41
Slevogt, Max 40
Sombart, Werner 235
Stammann, Lilli 54
Stelljes, Klempner 167
Strauß, Richard 121

Thackeray, William Makepeace 21
Thormann, Adolph 101
Toulouse-Lautrec, Henri de 60
Tschudi, Hugo von 41

Uhlemann, Familie 102
Uphoff, Karl Emil 223

Vallotton, Félix 60
Van Gogh 41, 57, 97, 220, 224, 229, 234
Velazquez, Diego Rodriguez de Silva y 153

Vinnen, Carl 79 ff., 189
Vlaminck, Maurice de 224
Vogeler, Franz 120, 131, 262
– Heinrich 13, 28, 30, 41, 49, 51, 63, 65 f., 72, 80 ff., 103, 105, 120, 122, 127, 133, 149, 152, 156, 167, 175 f., 182, 189, 203, 213, 219, 223 f., 227, 229, 243, 256, 260, 263 f., 268
– Maria 223
– Martha 78, 123, 167, 200, 202, 213, 223 f., 256, 268
s. a. Schröder, Martha
Vogelweide, Walter von der 52, 66, 138
Vollard, Ambroise 95 ff., 107, 220
Vuillard, Edouard 60, 220, 224

Walther, Emmi 101
Werner, Anton von 40
Westhoff, Clara 73, 75, 79 ff., 88, 90, 97, 101 f., 107 f., 111, 118–121, 123 f., 127, 131 ff., 137 f., 142, 144 f., 147, 149, 151, 154, 158 ff., 162, 166–169, 174–177, 179, 181, 185, 188, 197
s. a. Rilke, Clara
Wiegandt, Bernhard 27 f.
Wilhelm I. 12, 14
Wilhelm II. 41

Zuloaga, Ignacio 203, 220